HANS HERMANN KINDERMANN

Rechtsprobleme beim Bau und Betrieb von Erdölfernleitungen

AF883455

Schriften zum Wirtschaftsrecht

Band 2

Rechtsprobleme beim Bau und Betrieb von Erdölfernleitungen

Von

Dr. jur. Hans Hermann Kindermann

DUNCKER & HUMBLOT / BERLIN

Alle Rechte vorbehalten
© 1965 Duncker & Humblot, Berlin 41
Gedruckt 1965 bei Alb. Sayffaerth, Berlin 61
Printed in Germany
D 6

Vorwort

Bei der vorliegenden Abhandlung, die im Mai 1965 abgeschlossen wurde, handelt es sich um die Dissertation des Verfassers, die ursprünglich den Titel „Die Stellung der Erdölfernleitungen im Bodenrecht" führte.

Möge die vorliegende Untersuchung ein Beitrag zur Lösung der Probleme sein, die mit dem verstärkten Bau von Rohrleitungen aufgeworfen werden.

Die angeschnittenen Rechtsprobleme sind für alle Rohrleitungen ähnlich. Ein wichtiger Unterschied aber zwischen Ölleitungen und Leitungen für Strom und Gas ist, daß die Rohrleitungen für Öl nur eines unter mehreren Beförderungsmitteln sind.

Da die Bundesrepublik in der Ausstattung mit Rohrleitungen weit zurück liegt, wird die Bedeutung von Rohrleitungsfragen aller Art wachsen. Daß das Rohr als Transportmittel nicht allein für flüssige und gasförmige Stoffe geeignet ist, hat die Erfahrung erwiesen. Die Verwendung einer „Mehrzweckleitung" für Erdöl, Erdgas und Fertigprodukte ist technisch voraussehbar. Ferner sei auf die Idee einer „Müllpipeline" an das Meer hingewiesen.

Für die Unterstützung bei der Drucklegung dieser Arbeit habe ich dem Inhaber des Verlages Duncker & Humblot, Herrn Dr. J. Broermann, und der auch in Deutschland bekannten französischen Pipelinefirma „Omnium Technique Des Transports Par Pipelines" zu danken.

Berlin, im Juli 1965

Hans Hermann Kindermann

Inhaltsverzeichnis

Abkürzungsverzeichnis

ABG	=	Allgemeines Berggesetz für die Preußischen Staaten von 1865
ACP	=	Archiv für die zivilistische Praxis
AÖR	=	Archiv des öffentlichen Rechts
AVB	=	Allgemeine Bedingungen der Energieversorgung
BayVBl	=	Bayerische Verwaltungsblätter
BB	=	Betriebsberater
BGB	=	Bürgerliches Gesetzbuch für das Deutsche Reich von 1896
BGBL	=	Bundesgesetzblatt
BGH, BGHZ	=	Bundesgerichtshof; Entscheidungen des Bundesgerichtshofes in Zivilsachen
Bl GBW	=	Blätter für Grundstücks-, Bau- und Wohnungsrecht
BR	=	Bundesrepublik
BVerfG, BVerfGE	=	Bundesverfassungsgericht; Entscheidungen des Bundesverfassungsgerichtes
BVerwG, BVerwGE	=	Bundesverwaltungsgericht; Entscheidungen des Bundesverwaltungsgerichtes
BGG	=	Grundgesetz für die Bundesrepublik Deutschland vom 23. Mai 1949
DB	=	Der Betrieb
DNotZ	=	Deutsche Notar-Zeitschrift
DÖV	=	Die öffentliche Verwaltung
DVBl	=	Deutsches Verwaltungsblatt
EFL	=	Erdölfernleitung
ElWirtsch. R.Beil.	=	Elektrizitätswirtschaft, Rechtsbeilage
EnWG	=	Gesetz zur Förderung der Energiewirtschaft vom 12. 12. 1935
ErdölG	=	Erdölgesetz vom 12. 5. 1934
ErdölV	=	Erdölverordnung vom 13. 12. 1934
EWT	=	Energiewirtschaftliche Tagesfragen, Frankfurt
FAZ	=	Frankfurter Allgemeine Zeitung
FLU	=	Fernleitungsunternehmen
FStrG	=	Bundesfernstraßengesetz
GewO	=	Gewerbeordnung
GS	=	Gesetzessammlung
GVBl	=	Gesetz- und Verordnungsblatt
GWB	=	Gesetz gegen Wettbewerbsbeschränkungen vom 27. 7. 1957

GWF	=	Das Gas- und Wasserfach, Fachblatt für Gastechnik und Gaswirtschaft sowie für Wasser und Abwasser, München
HRR	=	Höchstrichterliche Rechtsprechung
IAV	=	Internationales Archiv für Verkehrswesen
JuS	=	Juristische Schulung
JW	=	Juristische Wochenschrift
JZ	=	Juristenzeitung
KG	=	Kammergericht
KGJ	=	Jahrbuch für Entscheidungen des Kammergerichts
KW	=	Kommunalwirtschaft, Organ des Vereins für Kommunalwirtschaft und Kommunalpolitik e. V., Düsseldorf
LG	=	Landgericht
LM	=	Lindenmaier-Möhring, Nachschlagewerk des Bundesgerichtshofes
LStrG	=	Landesstraßengesetz
MBl	=	Ministerialblatt
MDR	=	Monatszeitschrift für Deutsches Recht
NJW	=	Neue Juristische Wochenschrift
NRW	=	Nordrhein-Westfalen
NWO	=	Nord-West-Oelleitung
OGHZ	=	Oberster Gerichtshof für die Britische Zone
OLG	=	Oberlandesgericht
OVG	=	Oberverwaltungsgericht
PrEG	=	Gesetz über die Enteignung von Grundeigentum von 1874
RdL	=	Recht der Landwirtschaft
RG, RGZ	=	Reichsgericht; Entscheidungen des Reichsgerichtes in Zivilsachen (zit.: Band, Seite)
RGBl	=	Reichsgesetzblatt
Seuff Arch	=	Seufferts Archiv
TVbF	=	Technische Verordnung über brennbare Flüssigkeiten vom 10. 9. 1964
VbF	=	Verordnung über die Errichtung und den Betrieb von Anlagen zur Lagerung, Abfüllung und Beförderung brennbarer Flüssigkeiten
VDEW	=	Vereinigung Deutscher Elektrizitätswerke
VEnergR	=	Veröffentlichung des Instituts für Energierecht an der Universität Bonn
VerwArch	=	Verwaltungsarchiv
VkBl	=	Verkehrsblatt
WG	=	Preußisches Wassergesetz vom 7. 3. 1913
WHG	=	Gesetz zur Ordnung des Wasserhaushalts vom 27. 7. 1957
ZfB	=	Zeitschrift für Bergrecht
ZfW	=	Zeitschrift für Wasserrecht
ZPO	=	Zivilprozeßordnung vom 30. 1. 1877

A. Einleitung

Eine Begriffsbestimmung für „Pipelines" gibt es nicht. In der einzigen bisher erschienenen Monographie von Bullinger ist die Rede von Mineralölfernleitungen. Der Gesetzgeber hingegen spricht von „Rohrleitungsanlagen" und „Erdöl-Rohrleitungen"[1]. Rohrleitungsanlagen zum Befördern von Öl können m. E. als Mineralölleitungen *oder* Erdölleitungen, bzw. bei überörtlicher Bedeutung, als Erdölfernleitungen bezeichnet werden.

Der Rohrferntransport von Erdöl ist in Deutschland neu. Es gibt bei uns Erdölfernleitungen erst seit dem Jahre 1957[2], während großdimensionierte Wasser-, Gas- und Stromleitungen schon seit vielen Jahren betrieben werden. Im Rahmen des Strukturwandels in der Energiewirtschaft gewinnen Rechtsfragen, die den Transport durch Rohrfernleitungen über fremde Grundstücke und sogar über Ländergrenzen hinweg betreffen, in zunehmendem Maße Bedeutung. Deshalb darf zunächst auf die besonderen Umstände des Erdölferntransports, soweit sie wesentliche rechtliche Auswirkungen haben, kurz eingegangen werden. Die Aktualität und die weitreichenden Auswirkungen dieses Problems haben in den letzten Jahren zahlreiche Veröffentlichungen hervorgerufen, die sich auch mit der rechtlichen Einordnung des Fernleitungstransports in das geltende Recht befaßt haben, allerdings oft nur einseitig die Ziele eines bestimmten Interessenverbandes berücksichtigend[3].

---

[1] Vgl. §§ 19a ff. WHG; Raffinerie-Meldegesetz.

[2] Nach von Thümen, a.a.O., S. 331 gab es bis 1956 in Deutschland nur rund 312 km Erdölleitungen, die sich auf 38 Einzelanlagen des Nah- und Mittelsektors verteilten. Von ihnen maß die längste 28 km mit 2 zusammen 8 km langen Abzweigen. Den heutigen Stand gibt die Skizze im Anhang der Arbeit wieder. 1963 erreichte das Streckennetz der Erdölfernleitungen in der Bundesrepublik eine Länge von 1110 km, das der EWG 2700 km. Der Durchsatz betrug 28,8 Mill. t, die erreichbare Endkapazität liegt bei 61 Mill. t, vgl. Forstmeier in IAV 1964, 130. Die Nord-West-Ölleitung versorgt z. B. seit 1959 von Wilhelmshaven aus sieben Raffinerien, deren Standorte aus der Skizze im Anhang der Arbeit hervorgehen. Mit einem Durchmesser von 711 mm ist sie einschließlich der Abzweigungsleitungen 390 km lang und erzielte 1962 einen Durchsatz von 14 Mill. t und 1964 16,2 Mill. t Rohöl. Vgl. Uhde in Schweizer Archiv 1963, 114.

[3] Unter diesen Umständen muß die Zusammenstellung einer Bibliographie ein Versuch bleiben. Sie beschränkte sich in dieser Arbeit auf Veröffentlichungen rechtlicher und wirtschaftspolitischer Natur. Eine umfassende Zusammen-

Viele der Publikationen sind wegen der zwischenzeitlichen Entwicklung überholt. Entsprechend der auf boden- und liegenschaftsrechtlichen Fragen begrenzten Zielsetzung der Arbeit ist in erster Linie an diese, nicht etwa auch an frachtrechtliche und kartellrechtliche, wirtschaftspolitische und zwischenstaatliche Rechtsfragen der Leitungsverlegung und sonstige Probleme dieses neuen Verkehrsträgers gedacht.

Soweit im folgenden technische Ergebnisse und Begriffe eingeflochten werden, beruht deren Kenntnis auf Auskünften von Fernleitungsunternehmen.

Rohölleitungen befördern mit Hilfe von Pumpwerken ihr Fördergut, eine mehr oder weniger zähe, gelbe bis schwarze Flüssigkeit, die um $^1/_5$ leichter als Wasser ist, über eine theoretisch unbegrenzte Entfernung, wobei Abzweige von der Stammleitung eine Mehrheit von Anschließern gleichzeitig oder nacheinander versorgen können. Das Rohöl wird aus Tankschiffen oder ortsfesten Behältern oder Erdölsonden durch die Pumpwerke angesaugt und weitergedrückt[4]. Durch Hintereinanderschaltung beliebig vieler Pumpwerke[5], die durch Ventile mit Fernbedienung gesteuert werden, wird der Förderweg unabhängig von Längen- und Höhenunterschieden. Der stündliche Durchsatz in Tonnen Rohöl kann durch Steigerung des Druckes und damit der Fließgeschwindigkeit des Öls in weiten Grenzen erhöht werden. Drucke bis 70 Kilogramm je Quadratzentimeter des Rohrmantels sind dabei keine Seltenheit, wobei sich die Höhe des Leitungsdruckes nach der Wandstärke der Leitung richtet.

Aus dieser überschlägigen Darstellung ergeben sich bereits mehrere Folgerungen rechtlicher Art, die in der Arbeit näher zu untersuchen sein werden. Die Erhöhung des Durchsatzes an nutzbarem Fördergut durch Steigern des Pumpendruckes und der Fließgeschwindigkeit verändert nicht den äußeren, wahrnehmbaren Betriebsablauf einer Erdölfernleitung, obwohl sie die Betriebskosten und den Kapitaldienst, also ihre Wirtschaftlichkeit, wesentlich, ja geradezu entscheidend beeinflußt. Jeder andere Verkehrsträger — Eisenbahn, Binnenschiffahrt, Straße — entbehrt dieses Vorteils. Ihre Frequenz- und Leistungssteigerungen sind mit fühlbaren Folgen verbunden, die sich in Rauch, Staub, Geräuschen,

---

stellung fehlt bisher, daher sind zahlreiche Veröffentlichungen im Literaturverzeichnis aufgeführt, mit denen sich der Verfasser im Text nicht näher auseinandergesetzt hat. Angaben aus Zeitungen wurden nur übernommen, soweit deren Richtigkeit von den betroffenen Ölgesellschaften bestätigt wurde.

[4] Die modernen Tanker drücken das Öl durchweg mit eigener Kraft in die Land-Tankanlagen.

[5] Im Regelfalle in Abständen von 60 bis 100 km längs der Fernleitung und ihrer Verästelungen.

Entwertung des Materials usw. bemerkbar machen und die von der Durchleitung betroffenen Grundstücke nachhaltig beeinflussen. Dieser Vorteil war einer der zahlreichen Gründe, welche die Landesregierungen bewogen haben, den Fernleitungsgesellschaften das Enteignungsrecht zu verleihen und ihren Bau zu unterstützen.

Auch der Erdölfernleitung sind allerdings von der technischen Seite her Grenzen gesetzt. Oberhalb einer Fließgeschwindigkeit des Öls von zwei bis drei Metern in der Sekunde steigt der Kraftbedarf der Pumpwerke unvermittelt steil an, wodurch der Fernleitungsbetrieb unwirtschaftlich werden kann[6]. Mit erhöhter Fließgeschwindigkeit nimmt auch die Betriebsgefährdung durch Brüche oder Risse des Rohrmantels zu. Durch sie kann hochgespanntes Öl in das umgebende Medium auch durch kleine Leckstellen schnell und in großer Menge ausfließen. Allerdings dürften Rohrbrüche infolge der fortschrittlichen technischen Entwicklung der Erdölfernleitungen selten sein.

Zur Kennzeichnung dieser Gefahr gilt das Wort von den kleinen Ursachen und großen Wirkungen. Der Boden als Grundlage von Ernährung, Wasserversorgung und Gesundheit muß gegen die Verseuchung durch Öl möglichst weitgehend geschützt werden, ganz besonders in solchen Bezirken, in denen Menschen zusammenkommen, um Erholung und Gesundheit zu suchen, wie Heilbäder und Naturschutzgebiete[7]. Das öffentliche Interesse erfordert daher, daß beim Bau und Betrieb einer Ölleitung alle denkbaren Sicherheitsvorkehrungen getroffen werden, um ein Ausfließen von Öl zu vermeiden.

Eine Reihe von weiteren Merkmalen vollendet das bau- und bodenrechtliche Gesamtbild der Erdölfernleitungen, so z. B. Trassierung und Sicherung in Berg- und Bodensenkungsgebieten, gewerbepolizeiliche Überwachung, Haftungstrennung von Verbundnetzen, Raumordnungs- und Standortfragen der Erdölfernleitungen sowie der angeschlossenen Raffinerien usw. „Pipelines sind Adern des modernen Energieflusses;

---

[6] Zu der Relation Transportkosten — Leitungsdurchmesser, vgl. Sobek, a.a.O., S. 57 f.

[7] Nach dem Gutachten des Bundesverkehrsministeriums vom 30. 3. 1959 versickert durch Leckwerden jährlich etwa 1/1000 des in Leitungen und Behältern befindlichen Öls. Dadurch soll das Grundwasser bereits in einem extremen Verdünnungsverhältnis von 1 zu 1 Million verölt werden. Die Ölverseuchung kann mehrere Jahrzehnte die Entnahme aus Wassereinzugsgebieten unmöglich machen (Verband kommunaler Unternehmen e. V. in der Zeitung „Die Welt" Nr. 250 vom 27. 10. 1959). Wäre die Angabe in dem Gutachten richtig, müßte bei den gegenwärtigen Leitungskapazitäten in Deutschland jährlich 50 000 Tonnen Öl aus den Leitungen austreten! Zu der Richtigkeit dieser Angaben vgl. Engert in DVBl 1965, 10 (Anm. 44a) und die dort zitierten Stellungnahmen; BB 1964, 813.

sie sind die Klammern der Energieversorgung, die aber sorgfältig zu planen und anzuwenden sind, daß sie nicht zu Fesseln werden"[8].

Das Gemeininteresse und der öffentliche Nutzen, die mit den Versorgungsgütern Gas, Wasser und Strom verknüpft sind, erscheinen bei den Erdölfernleitungen von dem kommerziellen Interesse der Mineralölindustrie überlagert. Und doch darf man sie nicht für zweitrangig halten: Weltwirtschaft ohne Erdölfernleitungen ist nicht mehr denkbar.

Durch diese Arbeit soll ein Bild von der bodenrechtlichen Einordnung dieses für Deutschland und Europa neuen Verkehrsträgers, der in der Zukunft noch an Wichtigkeit gewinnen wird, gegeben werden.

Für die Anregung zu dieser Arbeit, sowie für zahlreiche Hilfen bin ich besonders meinen verehrten Lehrern Professor Dr. Westermann und Professor Dr. Boldt, Staatssekretär Professor Dr. Ernst, Rechtsanwalt Dr. Engert von der Nord-West-Oelleitung GmbH, Dr. Froeb von der Esso AG und meinem Vater, Oberbergrat a. D. Dr. Kindermann, zu Dank verpflichtet.

Die Arbeit kann zu keiner umfassenden und abschließenden Darstellung der durch die Erdölfernleitungen aufgeworfenen Rechtsprobleme kommen. Einmal ist dazu die Fülle des zu verarbeitenden Stoffes zu groß, zum anderen wird teilweise Neuland betreten.

---

[8] Winkhaus, a.a.O., S. 31.

B. Die liegenschaftsrechtlichen Verhältnisse bei Anlage und Betrieb einer Erdölfernleitung

Für den Erdöltransport als leitungsgebundenen Verkehrsträger ist die Inanspruchnahme fremder Grundstücke und Verkehrsräume unentbehrlich. Im Folgenden sollen die verschiedenen Rechtsformen aufgezeigt werden, unter denen solche Durchleiterechte heute möglich sind, welche Probleme sie aufwerfen und welche Möglichkeiten zu ihrer Lösung gegeben sind.

Mit den hier zu erörternden Rechtsfragen haben sich zahlreiche Grundstückseigentümer — private, gewerbliche und industrielle Unternehmen und die öffentliche Hand — zu befassen. Ist auch die Zahl der Unternehmen, die selbst Fernleitungen über fremden Grund und Boden verlegen, klein, so ist die Zahl derjenigen, über deren Grundstücke Fernleitungen verlegt werden und die u. U. im Enteignungswege die Verlegung dulden müssen, um so größer.

Die Rechtsordnung stellt mehrere Rechtsformen, von denen jede ihre Vor- und Nachteile aufweist, zur Verfügung, um fremde Grundstücke zur Leitungsverlegung zu benutzen. Die Wahl zwischen den verschiedenen Möglichkeiten erfordert die Abwägung der beteiligten Interessen und der beiderseitigen Zumutbarkeit. Es werden sich häufig mehrere Lösungsmöglichkeiten anbieten.

Ausgangspunkt müssen die Erfordernisse eines Fernleitungsbetriebes sein. Berücksichtigt werden muß ferner, daß die Mineralölwirtschaft leistungsfähige Verkehrsträger braucht. Das betreffende Durchleitungsrecht muß dem Fernleitungsunternehmen drei Hauptgruppen von Rechten einräumen[1]:

1. Das Recht, auf dem Grundstück eine Leitung bestimmter Art zu verlegen, zu betreiben und zu unterhalten;
2. das Recht, das belastete Grundstück jederzeit betreten zu dürfen, um eine Überwachung der Leitung zu gewährleisten und
3. die Auflage für den Grundstückseigentümer, einen Schutzstreifen von bestimmter Breite neben, über oder unter der Leitung von Fall zu Fall nicht zu bebauen oder nicht mit Bäumen zu bepflanzen oder

---

[1] Vgl. Foag in RdL 1963, 281.

den Schutzstreifen nicht oder nur landwirtschaftlich zu nutzen und keine Einwirkung vorzunehmen, die den Bestand der Leitung gefährden könnte[2].

Welche Rechtsform auch zur Begründung dieser Rechte gewählt wird, primäre Voraussetzung sind die Vorschriften der §§ 903 ff. BGB, die eine Grundstücksbenutzung *grundsätzlich nur mit Zustimmung des Grundstückseigentümers* erlauben.

In allen Fällen gilt für die Begründung der Durchleiterechte, abgesehen vom Falle der öffentlich rechtlichen Enteignung, Abschlußfreiheit. Einen Kontrahierungszwang gibt es nach den Vorschriften des BGB nicht. In diesem Zusammenhang ist zu beachten, daß nicht nur die Leitungsverlegung einer besonderen Einwilligung des betreffenden Grundstückseigentümers bedarf, sondern daß auch die einmal verlegten Leitungen „nur so lange auf dem Grundstück belassen werden (dürfen), als eine rechtswirksame Gestattung des Eigentümers vorliegt“[3].

I. Vertragliche Rechte zur Begründung von Durchleiterechten

1. Gestattungsvertrag

Als erstes vertragliches Recht zur Begründung von Durchleiterechten bietet sich der schuldrechtliche *Gestattungsvertrag* an.

Ein derartiger Vertrag würde zwar unter keine der im Recht der Schuldverhältnisse speziell enthaltenen Formen fallen, jedoch gewährt das Schuldrecht Vertragsfreiheit und den Weg zu Sonderregelungen. Wegen der Besonderheit der Erdölfernleitungen, die große Räume zu überwinden haben, wird für ein Fernleitungsunternehmen (FLU) eine Begründung seiner Durchleiterechte durch obligatorische Verträge in der Regel nicht genügen, insbesondere nicht wegen der obligatorischen

---

[2] Vgl. im einzelnen die „Sicherheitstechnischen Richtlinien für Fernleitungen zur Beförderung brennbarer Flüssigkeiten“ (Entwurf des Bundesministers für Arbeit und Sozialordnung vom Juni 1964), wo es u. a. heißt:

„Die Breite des Schutzstreifens muß bei Leitungen bis zu 400 mm ∅ mindestens 6 m, bei Leitungen bis zu 600 mm ∅ mindestens 8 m, bei Leitungen über 600 mm ∅ mindestens 10 m betragen. In besonderen Fällen kann eine größere Breite des Schutzstreifens gefordert werden. Die Mitte des Schutzstreifens soll in der Regel mit der Rohrachse übereinstimmen.

Der Schutzstreifen ist von Pflanzenbewuchs freizuhalten, der geeignet ist, die Sicherheit und Unterhaltung der Leitung zu beeinträchtigen.“

„Werden Leitungen parallel geführt, so muß der Abstand so gewählt werden, daß Korrosionsschutz, Reparaturmöglichkeiten etc. gewährleistet bleiben. Bei parallelgeführten Rohrleitungen vergrößert sich der geforderte Schutzstreifen um das Maß des Abstandes der beiden außenliegenden Rohrstränge.“

[3] BGH vom 5. 5. 1960 in BB 1960, 1361.

Verhältnissen anhaftenden Unsicherheiten. Bei einem FLU handelt es sich um ein investitionsintensives Unternehmen, das seine Anlagen — ebenso wie dies bei den an die Leitung angeschlossenen Raffinerien der Fall ist — für die Dauer errichtet. Die Mineralölversorgung durch Pipelines ist nur als Dauerzustand vorstellbar, selbst wenn die Eigentümer der angeschlossenen Raffinerien wechseln oder die EFL an andere Raffinerien angeschlossen wird; die Fernleitung soll langfristig die Zufuhr von Rohöl garantieren. Eine dingliche Sicherung der Anlagen erscheint daher vordringlich. Sie würde der langfristigen Sicherung der Versorgung zugute kommen und ihr am ersten gerecht werden[1].

Die Bindung an die Durchleiteverträge für Erdölfernleitungen sollte nicht nur unter den Vertragsschließenden bestehen. Die fehlende Absolutheit und die beschränkte Publizität von nur schuldrechtlich geschlossenen Verträgen kann sich sonst hindernd auswirken. „Gestattungsverträge im weitesten Sinne sind Rechtsfiguren, deren Begriff, Inhalt und Rechtsnatur keinesfalls als verläßlich geklärt angesehen werden können“[2]. Ob sich das FLU mit einem schuldrechtlichen Gestattungsvertrag begnügen kann, ist nur zu entscheiden, wenn der Unterschied zu den dinglichen Rechten im einzelnen abgewogen wird.

Im wesentlichen unterscheiden sich dingliches und obligatorisches Recht durch zwei Prinzipien: Die dingliche Rechtsstellung verleiht dem Rechtsinhaber im Gegensatz zur obligatorischen, die nur ein personenbezogenes Rechtsverhältnis herstellt, eine Ausschließlichkeitsbefugnis gegenüber Dritten. Diese Absolutheit des Rechtsschutzes ist ebenso „Ausfluß der güterzuordnenden Funktionen der dinglichen Rechte“[3], wie die Selbständigkeit und Abstraktheit des dinglichen Rechts als eines Rechts an der Sache. Demgegenüber steht die Personenbezogenheit, Abhängigkeit und Wechselhaftigkeit von schuldrechtlichen Verträgen.

Da die Fernleitungsgesellschaften ihre kostspieligen Anlagen vor jeder betriebsnachteiligen Einwirkung schützen müssen, werden sie auf dinglicher Sicherung ihrer Nutzungsrechte gegen Kündigungsmöglichkeit, Anfechtbarkeit, Beweisverlust und Abwehransprüche gegen Drittstörer aus §§ 1090 Abs. 2, 1027, 1004 BGB und auf der dinglichen Sicherung mit öffentlichem Glauben bestehen wollen und auch müssen.

Dem Fernleitungsunternehmen muß die Möglichkeit gegeben sein, leitungs- und betriebsgefährdende Fremdeinwirkungen nicht nur von der Leitung selbst, sondern aus Gründen der auch im öffentlichen Inter-

---

[1] Fischerhof, a.a.O., S. 127 Ziff. 2 Abs. 2; vgl. dazu auch Darge-Melchinger-Rumpf, S. 110 Nr. 3; Schulke in Bayerische Verwaltungsblätter 1963, 170 (171 und 173).

[2] Frohberg in BlGBW 1961, 52.

[3] Westermann, Sachenrecht S. 7.

esse liegenden Betriebssicherheit auch von einem beiderseits der Leitung sich mehrere Meter erstreckenden, sogenannten Schutzstreifen aus eigenem Recht abwehren zu können. Sind die Durchleiterechte der Fernleitungsgesellschaften nur durch einen obligatorischen Gestattungsvertrag gesichert, so sind den Gesellschaften die Möglichkeiten eines Klagerechts aus den §§ 1090 Abs. 2, 1027, 1004 BGB gegen Fremdeinwirkungen genommen, da diese nur dem jeweiligen Träger des dinglichen Rechts zustehen. Die Vertragspartner könnten die notwendigen Sicherheitsvorkehrungen allerdings in dem Gestattungsvertrag regeln.

Die in einem Gestattungsvertrag begründeten Unterlassungs- und Mitwirkungspflichten der Grundstückseigentümer geben dem FLU die Möglichkeit, sich aufgrund seiner entsprechenden vertraglichen Rechte gegen leitungsschädigende und gefährdende Einflüsse zu wehren. Ob dies aber im erforderlichen Maße und ohne Entstehung unvertretbarer Schwierigkeiten möglich ist, erscheint zweifelhaft. Eine Abtretung der Abwehransprüche aus den §§ 1090 Abs. 2, 1027, 1004 BGB durch den Vertragspartner des Gestattungsvertrages an das FLU wäre wirkungslos. Auch ein von dem Vertragspartner eingeräumtes Mitbenutzungsrecht an dem betreffenden Grundstück würde den Fernleitungsgesellschaften keine ausreichenden Schutzansprüche gewähren. Durch ein Mitbenutzungsrecht würde das betreffende FLU nicht einmal Mitbesitz an dem Grundstück erwerben[4]. Selbst wenn es aber Mitbesitz erwürbe, könnte es sich nicht gegen Besitzstörungen des Vertragspartners schützen[5].

Die Anlagen der Fernleitungsgesellschaften können vor leitungsgefährdenden Einwirkungen ausreichend geschützt werden, wenn das Leitungsrecht durch Eintragung einer Dienstbarkeit im Grundbuch kundbar gemacht und damit „verdinglicht" wird.

Nur das streng formell geregelte Grundbuchverfahren kann eine Beachtung aller beteiligten Rechte sichern und eine ständige Übersicht im Interesse der gebotenen einheitlichen, rechtlichen und katastermäßigen Verwaltung einer meist über mehrere hundert Kilometer führenden EFL gewähren. Ist die EFL nicht dinglich gesichert, besteht die Gefahr, daß die Leitung mangels grundbuchlicher Eintragung übersehen wird, dies vor allem nach Veräußerung und Nutzungsänderung der Grundstücke. Dabei kann es nicht nur zu Gefährdung und Schäden an der EFL selbst, sondern auch für die darüber errichteten Bauwerke und ihre Bewohner kommen. Ist das Leitungsrecht nicht dinglich gesichert, macht ferner die gegenseitige Abstimmung der einzelnen Rechte und Belange

---

[4] Erman-Westermann § 866 Anm. 1.

[5] Palandt-Hoche § 866 Anm. 2a; Engert in NJW 1964, 1304; gegen eine Besitzentziehung des Vertragspartners wäre der Schutz des § 861 BGB gegeben.

aufeinander Schwierigkeiten, wenn mehrere Leitungen in einem Grundstück zusammentreffen. Sofern das Leitungsrecht dinglich, z. B. durch eine Dienstbarkeit, gesichert ist, regelt § 1024 BGB die Belange zwischen gleichberechtigten Dienstbarkeitsberechtigten.

Aus § 1024 BGB kann der Dienstbarkeitsberechtigte gegen die anderen Rechtsinhaber auf Zustimmung zu einer sachgerechten und billigen Interessenabwägung klagen. Die Vorschrift des § 1024 BGB ist Ausdruck der klaren Rechtsbeziehung, die eine Dienstbarkeit zu schaffen imstande ist. Das FLU darf sich dieser Rechte nicht begeben. Im Zuge der technischen Entwicklung ist es durchaus möglich, daß der Transport durch Versorgungsleitungen noch erheblich zunimmt. Wird den einschlägigen Unternehmen das Enteignungsrecht verliehen — für ein Energieversorgungsunternehmen ist dies nach § 11 Energiewirtschaftsgesetz ein leichtes — so ist es nicht ausgeschlossen, daß sich auf fremden Grundstücken mehrere Dienstbarkeiten treffen und überschneiden.

Einen gerechten Interessenausgleich zu schaffen, wäre dann nur für Dienstbarkeitsberechtigte aufgrund des § 1024 BGB möglich, nach dem sich die widerstreitenden Berechtigten wie Eigentümer gegenüberstehen. Dieser Rechtsschutz fehlt bei Abschluß eines Gestattungsvertrages.

Bei obligatorischer Sicherung der Durchleiterechte besteht ferner das Risiko der Kündigung aus wichtigem Grund, das auch bei sogenannten Dauerschuldverhältnissen gegeben ist[6].

Eine derartige Kündigung ist für den Verpflichteten ein unabdingbares Recht, gleichgültig ob es sich um ein sogenanntes Dauerschuldverhältnis handelt oder nicht[7]. Das Recht der Kündigung aus wichtigem Grund folgt aus dem in §§ 626, 723 BGB enthaltenen allgemeinen Rechtsgedanken, der auf alle Dauerschuldverhältnisse anwendbar ist[8]. Einen derartigen Grund kann z. B. der Wegfall der Geschäftsgrundlage bilden, d. h. die grundlegende Änderung der Verhältnisse gegenüber dem Zeitpunkt des Vertragsabschlusses. Unter dem Gesichtspunkt der Generalvorschrift des § 242 BGB ergeben sich zahlreiche Möglichkeiten, um ein Dauerschuldverhältnis umzugestalten oder auch aufzulösen[9]. Ein Gestattungsvertrag mit mietähnlichem Charakter unterliegt nach längstens 30 Jahren der Gefahr der Kündigung (§ 567 BGB). Auch ein „auf Lebenszeit“ des Fernleitungsunternehmens abgeschlossener Vertrag würde keinen Ausweg bilden, da § 567 Satz 2 BGB auf juristische Per-

---

[6] BGH in NJW 1951, 836; RGZ 160, 257; Eiser-Riederer V, S. 39a; Engert in NJW 1964, 1303.

[7] BGH in NJW 1951, 836; RGZ 160, 257; Eiser-Riederer V, S. 38.

[8] BGH in NJW 1960, 1614; RGZ 160, 257; OLG Köln, Urteil vom 10. 11. 1961 — 9 U 103/61.

[9] Palandt-Danckelmann § 242 Anm. 6

sonen unanwendbar ist[10]. Ein derartiger mietähnlicher Vertrag stünde zudem bei Zwangsversteigerung des Grundstückes, bei Konkurs- oder Vergleichsverfahren gegen den Vermieter unter der Gefahr vorzeitiger Kündigung (§§ 57a, 21 Abs. 4 ZVG, 126 KO, 51 Abs. 2 VglO). Großräumige, die Landesplanung, Boden- und Raumgestaltung wesentlich beeinflussende Erdölfernleitungen werden auf *die Dauer* angelegt. Die Sicherung solches Zustandes nach der Systematik des BGB können aber nicht obligatorische Verträge herbeiführen, sondern nur dingliche Rechte.

Als Ergebnis ist mit dem Oberlandesgericht Stuttgart[11] festzustellen, daß „als legitime Sicherung einer Dauereinrichtung auf fremdem Grundstück die dingliche Sicherung anzusehen und in erster Linie vom Gesetz gewollt ist“.

Daher bleibt zu untersuchen, welche Möglichkeiten der dinglichen Sicherung sich anbieten. Inwieweit Ausnahmen für die Verlegung einer EFL in Grundstücken der öffentlichen Hand durch Beschränkung auf ein obligatorisches Durchleiterecht zu gelten haben, wird an späterer Stelle zu prüfen sein.

2. Dienstbarkeiten

Die größtmögliche Sicherheit für das Durchleiterecht von Erdölfernleitungen an fremden Grundstücken bietet — außer dem in der Regel kaum in Betracht zu ziehenden Eigentumserwerb — die Einräumung von dinglichen Nutzungsrechten. Als geeignetste Rechtsform bietet sich die Dienstbarkeit an, die darauf gerichtet ist, die berührten Grundstücke für die Durchleitung von Erdöl zu nutzen und zu diesem Zweck eine Anlage auf oder unter dem Erdboden zu unterhalten. Die Dienstbarkeit dient in der Praxis auch der Begründung und Gestaltung nachbarrechtlicher Grundverhältnisse.

Welche Rechte die Dienstbarkeit dem FLU im einzelnen gewähren muß, ist bereits gesagt. Als dingliches Nutzungsrecht unterscheidet sie sich durch ihre dingliche Natur von inhaltlich ähnlichen obligatorischen Verträgen zur Verlegung und Durchleitung. Je nachdem die Dienstbarkeit dem jeweiligen Eigentümer des Grundstücks oder einer individuell bestimmten Person zusteht, unterscheidet man Grunddienstbarkeit und beschränkte persönliche Dienstbarkeit.

---

[10] Erman-Schopp § 567 Anm. 3.

[11] Urteil vom 9. 2. 1956 in ElWirtsch.RBeil. 1956, 69. So auch Engert in NJW 1964. 1303. Hamerla, a.a.O., S. 72 hält Gestattungsverträge für die Errichtung elektrischer Leitungen ebenfalls für ungeeignet, „denn die Investitionen, die mit einem Leitungsbau verbunden sind, erfordern eine sichere Vertragsbasis“. Vgl. auch Bonczek-Halstenberg, a.a.O., S. 355 (zu § 92 BBauG), wo es heißt: „Geh-, Fahr- und Leitungsrechte werden grundsätzlich nur als beschränkt *dingliche* Rechte in Betracht kommen (§ 92 I S. 2, § 42).

a) Grunddienstbarkeit

Als mögliche Rechtsform einer dinglichen Sicherung kommt die Grunddienstbarkeit nach §§ 1018 ff. BGB in Betracht. Welche Vorteile und welche Nachteile sind für unseren Zweck mit dieser Rechtsform verbunden?

Die Grunddienstbarkeit als dinglich gesichertes Recht, fremde Grundstücke zu benutzen, um die Bewirtschaftung des eigenen Grundstücks zu ergänzen, erzeugt eine Interessengemeinschaft zwischen den Eigentümern des berechtigten, sogen. herrschenden Grundstücks und des belasteten, sogen. dienenden Grundstücks, die der Erhaltung des dienenden Grundstücks im nutzbaren Zustande gilt[12]. Diese Interessengemeinschaft ist von der Konkurrenz der Nutzung des Berechtigten und des Belasteten an ein und demselben Objekt beeinflußt. Sie ist aber inhaltlich dadurch eingeschränkt, daß sie für das herrschende Grundstück objektiv vorteilhaft sein muß und daß rein subjektive Vorteile des Berechtigten ausscheiden (§ 1019 BGB).

Auch die Vorteilhaftigkeit ihrer Ausübung für das herrschende Grundstück (§ 1019 BGB) ist durch Parteiabrede nicht abdingbar. Sie muß sich vielmehr ständig aus der objektiven Beschaffenheit, Lage und Zweckbestimmung des herrschenden Grundstücks ergeben und ist dadurch in Gegensatz gestellt zu subjektiven Bedürfnissen beider Seiten. Benachbarte Lage der Grundstücke ist nicht unbedingt erforderlich[13]. Mit steigender Entfernung des dienenden vom herrschenden Grundstück vermindert sich allerdings die rechtliche und praktische Bedeutung einer Grunddienstbarkeit im Allgemeinen.

Mittelbare Vorteile für die Ausübung genügen, z. B. Förderung eines Gewerbebetriebes, wenn und solange das herrschende Grundstück ihm zu dienen bestimmt ist[14].

Gleichbleibende Art der Vorteilhaftigkeit ist nicht notwendig. Sie muß aber immer auf privatrechtlichem und wirtschaftlichem Gebiet liegen.

Die Beteiligten können bei der Bestellung von Grunddienstbarkeiten auch der zukünftigen Entwicklung der Grundstücke Rechnung tragen. Wo dies nicht geschehen ist, richtet sich der Umfang der Ausübung in der Regel nach der Zeit der Bestellung. Doch sind voraussehbare Veränderungen wirtschaftlicher Verhältnisse je nach dem Zweck der Grunddienstbarkeit zugunsten des herrschenden Grundstücks zu berücksichtigen[15]. Eine Aushöhlung des Eigentums am dienenden

---

[12] Westermann, Sachenrecht, S. 604.

[13] KGJ 52, 175.

[14] BGH DNotZ 1956, 41.

[15] RG in JW 1930, 3851; Erman-Ronke § 1019 Anm. 3.

Grundstück ist durch die Bindung der Grunddienstbarkeit an die konkrete Beschaffenheit des herrschenden Grundstücks und an dessen tatsächlichen Sach- und Rechtszustand verhindert. Nur unter und mit diesen Voraussetzungen treten Inhalts- und Umfangsänderungen der Grunddienstbarkeit ein. Änderungen im Grundbuch aus diesen Gründen werden als bloße Berichtigungen angesehen.

Dies gilt auch bei Teilungen und Vereinigungen der Grundstücke. Die damit für die Grunddienstbarkeit verbundenen Rechtsänderungen sind Folgen der tatsächlichen Änderungen.

Die „Bestandteileigenschaft" (§ 96 BGB) der Grunddienstbarkeit schließt ihre selbständige Übertragung und Belastung aus. Beides ist nur zusammen mit dem herrschenden Grundstück möglich. Aus dem gleichen Grunde erfordert die Bestellung von Grunddienstbarkeiten nach § 873 BGB die Einigung über das rechtsträgerbestimmende Grundstück. Rechtsbegründend ist dabei die Eintragung auf dem Grundbuchblatt des belasteten Grundstücks. Der Vermerk im Bestandsverzeichnis des berechtigten Grundstücks hat nur formalrechtliche Bedeutung. Für die Rechtsentstehung ist er weder nötig noch ausreichend[16].

Die mittelbare Bestimmung des Berechtigten folgt aus dem Eigentum am herrschenden Grundstück als sogenannte subjektive Verdinglichung. Ein Wechsel des Eigentümers läßt die Grunddienstbarkeit automatisch mit übergehen. Die Grunddienstbarkeit ist vom herrschenden Grundstück nicht mit dem Erfolge zu trennen, daß ein selbständiges Recht entsteht.

Ob die Grunddienstbarkeit für die Eigenart des Rohrferntransports das geeignete Rechtsinstitut ist, kann nicht uneingeschränkt bejaht werden. Daran hindert ihre Unbeweglichkeit als liegenschaftsgebundene Rechtsform. Nirgends erlaubt sie Erwerb, Übertragung, Teilung, Ausdehnung, Veräußerung, Verschachtelung usw. durch eine Wirtschaftseinheit als modernes Unternehmen, Gesellschaft oder Betriebsgemeinschaft. Sie klammert sich vielmehr untrennbar an die Bodenständigkeit des Grundeigentums und lebt und endet mit diesem. Der Spielraum für Sonder- und Nebenvereinbarungen bei ihrer Bestellung ist denkbar gering. Ihre Verselbständigung ist ausgeschlossen.

Gleichwohl würden diese Mängel ihre Verwendbarkeit zur Begründung eines langgestreckten Durchleiterechts zwar erschweren, aber nicht ausschließen. Es treten aber technisch-wirtschaftliche Fragen und Erscheinungen auf, die nur dem Erdölfernleitungstransport innewohnen und auf Basis der Grunddienstbarkeit als Rechtsform der Leitungsverlegung praktisch unlösbar sind. Hierfür seien mehrere Beispiele aufgeführt:

---

[16] Westermann, Sachenrecht S. 609 und 612.

(A) Eine Erdöltransportgesellschaft bezieht Erdöl im grenzüberschreitenden Leitungsverkehr von einer ausländischen Erdöltransportgesellschaft und befördert es im Lohnverkehr durch eigene Leitungen ins benachbarte Ausland.

(B) Eine Erdöltransportgesellschaft bezieht Erdöl wie zu A), drückt es aber durch eigene Leitungen in die Tanks einer inländischen Raffinerie, wo es verarbeitet wird[17].

(C) Eine Erdöltransportgesellschaft betreibt eine Landebrücke auf dem Meer im küstennahen Gebiet und befördert das Erdöl aus den Tankschiffen durch eigene Leitungen zu Übernahmestellen[18].

(D) Ein inländisches Erdölunternehmen betreibt auf Grund von Abbauverträgen mit den beteiligten Grundstückseigentümern Grundeigentümerbergbau und befördert sein Erdöl aus Bohrungen in eigenen Leitungen zum Anschlußpunkt einer eigenen oder fremden Raffinerie.

(E) Mehrere inländische und ausländische Erdöltransportgesellschaften schließen ihre Fernleitungen zu einem Verbundnetz[19] zusammen mit dem Ziel, bei Ausfall von Leitungsstrecken sich gegenseitig Hilfe zu leisten, indem eine Stockung in der Erdölversorgung der an das Verbundnetz angeschlossenen Raffinerien von der Gesamtheit aller Pumpwerke der Verbundgemeinschaft durch Umstellung und Schaltung der Strömungsrichtung des Öls in den Leitungen oder in Teilen der Leitungen beseitigt wird.

Diese wenigen Beispiele zeigen, daß Grunddienstbarkeiten in der Mehrzahl der Fälle *ungeeignet* sind, die industrielle Versorgung von Erdöl im nationalen oder gar internationalen Rahmen zu sichern.

Im Falle (A) fehlt es überhaupt an inländischem Grundeigentum als Anknüpfungspunkt einer Grunddienstbarkeit sowohl am Ausgangs- wie am Zielpunkt der inländischen Fernleitung. Zweifelhaft könnte sein, ob nicht als herrschendes Grundstück dasjenige angesehen werden kann, auf dem sich der Sitz der Fernleitungsgesellschaft befindet, also nicht das Betriebsgrundstück, von dem die Leitung ausgeht oder zu dem sie hinführt. Diesem könnte aber die Durchleitung nicht als Vorteil im Sinne des § 1019 BGB zugeordnet werden.

---

[17] Das ist bei der Rhein-Donau-Ölleitung (RDO) der Fall.

[18] Eine derartige Regelung hat die Nord-West-Ölleitung in Wilhelmshaven getroffen.

[19] Ein derartiges Verbundnetz war durch einen Zusammenschluß der Fernleitung Wilhelmshaven-Wesseling mit der Fernleitung Marseille-Karlsruhe zu einem Verbundsystem geplant. Der Verwirklichung dieses Planes stehen aber technische und wirtschaftliche Faktoren entgegen. Zu einer „Ringleitung“ wird es voraussichtlich kommen, wenn die Trans-Alpine-Pipeline an die RDO angeschlossen wird; vgl. S. 163.

Für den Fall (B) besteht zwar Grundeigentum als Anknüpfungspunkt, denn die Raffinerie besitzt ja ein Tanklager auf eigenem Grund; die rechtlich selbständige Fernleitungsgesellschaft braucht aber keinen Grundbesitz, sondern allenfalls nur ein Pumpwerk, in dem lediglich eine mechanische Behandlung des Öls ohne Rechts- und Wesensänderung stattfindet.

Im Fall (C) liegt an der Aufgabestation ein Gewerbebetrieb vor, der nicht als herrschendes Grundstück gelten kann. An der Zielstation fehlt es daran ebenfalls; die Übergabe des Öls erfolgt dort in der Regel unmittelbar in die Meßtanks der Bezieher.

Bei (D) allein ließe sich die Annahme eines herrschenden Grundstücks an der Zielstation rechtfertigen, für das die Durchleitung durch die vorgelagerten Grundstücke vorteilhaft ist, wenn das FLU die eigene Raffinerie beliefert; aber inländisches Erdöl stellt bei uns nur einen geringen Prozentsatz des Gesamtbedarfs, der von Jahr zu Jahr anwächst[20].

Der Fall (E) ist besonders instruktiv für die uns beschäftigende Frage, denn in ihm tritt die Verflechtung und Vielseitigkeit der zukünftigen Erdölversorgung besonders hervor; durch die mehrseitige Bedienung nicht nur von Abnehmern, sondern von ganzen Netzen und Teilnetzen treten Überlagerungen der vorbeschriebenen Fälle auf. Dabei kann in der Versorgungskette das Substrat eigenen Grundeigentums teils gänzlich fehlen, teils können aus Startgrundstücken Zielgrundstücke und deshalb (rechtlich gesehen) aus herrschenden Grundstücken dienende Grundstücke und umgekehrt werden. Die Starrheit jeder Grunddienstbarkeit müßte zu Konflikten und Anfechtungen führen. Die Herstellung eines technischen und wirtschaftlichen Verbundes der Erdölfernleitungen beinhaltet das Durchfließen durch ein und dieselbe EFL in zwei Richtungen. Das ist ein *Novum.*

Der Rohrtransport von Erdöl über große Strecken von Ländern und Kontinenten ist auf ausgedehnte bodenrechtliche Nutzung und auf bewegliche Zusammenarbeit mit den Grundstückseigentümern angewiesen. Wegen der hohen Drücke, die zur Fortleitung des Öls im Gegensatz zu Gasfernleitungen angewandt werden, und wegen der großen Entfernungen, die Wasserfernleitungen weit übertreffen, *muß* dem Erdölfern-

---

[20] Im Jahre 1959 erzeugte die Bundesrepublik 5,1 Mill. Tonnen (1958: 4,43 Mill. t) eigenes Erdöl. Die Einfuhr fremden Erdöls betrug 17,5 Mill. t (1958: 10,89 Mill. t). Ende 1959 wurden 24 Raffinerien betrieben mit einer Durchsatzfähigkeit von 30,4 Mill. t Erdöl, nach Glückauf 1960, 585 ff. Für Ende des Jahres 1963 ergibt sich folgendes Bild (vgl. Forstmeier in IAV 1964, 129): Die einheimische Förderung stieg seit 1950 von 1,1 Mill. t auf das siebenfache, während der Bedarf an importiertem Rohöl in dieser Zeit von 2,2 Mill. t auf 40 Mill. t stieg. Der prozentuale Anteil des deutschen Rohöls am Gesamteinsatz ging also von 33 % auf 15 % zurück.

transport eine besondere rechtliche und wirtschaftliche Stellung eingeräumt werden, wenn er seine Aufgaben erfüllen soll.

Die starre Rechtsform der Grunddienstbarkeit ist in der Regel nicht geeignet, seinen zukünftigen Bedürfnissen zu genügen. Das Recht zur Führung und Unterhaltung von Rohrleitungen kann zwar Inhalt einer Grunddienstbarkeit sein[21], die beschränkte persönliche Dienstbarkeit hat aber die Anwendung der Grunddienstbarkeit zurückgedrängt[22].

b) Beschränkte persönliche Dienstbarkeit

Die Bestellung einer beschränkten persönlichen Dienstbarkeit nach §§ 1090 ff. BGB kann für die Fernleitungsgesellschaften für Planung und Bau ihrer Erdölfernleitungen eher vorteilhaft sein.

Als dingliches Recht auf Nutzung eines Grundstücks und Bildung einer Nutzungsgemeinschaft zwischen Grundeigentümer und Berechtigtem steht sie natürlichen und juristischen Personen zu. Beschränkte persönliche Dienstbarkeiten entstehen durch Einigung und Eintragung im Grundbuch des belasteten Grundstücks (§ 873 BGB). Sie sind jedoch gemäß § 1092 BGB nicht übertragbar, daher auch nicht vererblich, und würden damit praktisch als Grundlage eines Betriebes ausscheiden. Soweit beschränkte persönliche Dienstbarkeiten zugunsten juristischer Personen bestellt sind, ist ihre Übertragung zusammen mit dem Unternehmen oder Unternehmensteil durch das frühere „Gesetz über die Veräußerung von Nießbrauchsrechten und beschränkt persönlichen Dienstbarkeiten“ vom 13. Dezember 1935 möglich geworden (§ 1092 Abs. 2 i. V. mit § 1059 a—d BGB).

Die Reglung dieses Gesetzes sowie die Durchführungsverordnungen von 1936 und 1944 wurden mit dem „Gesetz zur Wiederherstellung der Gesetzeseinheit auf dem Gebiet des Bürgerlichen Rechts“ vom 5. März 1953 in das BGB übernommen. Im übrigen kann die bedingte Bestellung zugunsten des Rechtsnachfolgers des Berechtigten oder der schuldrechtliche Anspruch auf Bestellung eines Rechtes für denjenigen, den der jetzige Inhaber bezeichnet, in etwa die Lücke der Nichtübertragbarkeit füllen[23].

aa) Inhalt der beschränkten persönlichen Dienstbarkeit

Bei der Abgrenzung von Rechten und Pflichten aus einer beschränkten persönlichen Dienstbarkeit zeigt sich ein weiterer Unterschied zwi-

---

[21] KG in RJA 5, 205; Erman-Ronke § 1018 Anm. 5a).

[22] Die Bestellung eines Niessbrauchrechtes als Nutzungsrecht unbeschränkten Inhalts ist für die Verlegung einer EFL nicht erforderlich. Auf eine Erörterung soll daher hier verzichtet werden.

[23] Westermann, Sachenrecht S. 612.

schen dinglicher und bloßer obligatorischer Sicherung. Der Inhalt von dinglichen Durchleitungsrechten wird weitgehend durch das Gesetz selbst geregelt, während er sich bei den obligatorischen Durchleitungsrechten grundsätzlich nach dem Parteiwillen richtet. Da sich der Umfang einer beschränkten persönlichen Dienstbarkeit gemäß § 1091 BGB „im Zweifel nach den persönlichen Bedürfnissen des Berechtigten" bestimmt, kann er auch nach dem für ein Unternehmen erforderlichen Zweck bestimmt werden, d. h. nach den Bedürfnissen des Fernleitungsunternehmens, das die EFL verlegen will. Die Beteiligten können den Umfang der Ausübung nach Belieben regeln. Das „Bedürfnis" muß sich zwar zur Verfolgung mit Rechtsbehelfen des Privatrechts eignen, ist aber weit zu fassen[24].

Der Berechtigte ist jedoch verpflichtet, nach § 1090 Abs. 2 und § 1020 BGB das Interesse des Eigentümers des belasteten Grundstücks tunlichst zu schonen. Diese Verpflichtung darf aber nicht dahin führen, daß eine Beeinträchtigung der Bewirtschaftung des belasteten Grundstücks gänzlich unterbleiben muß, da durch den Grundsatz der schonenden Ausübung der Berechtigte nicht zu einem auch nur teilweisen Verzicht auf seine Rechte gezwungen werden darf[25].

Der Inhalt der beschränkten persönlichen Dienstbarkeit als Grundlage eines dinglichen Durchleitungsrechts wird weitgehend durch Gesetz bestimmt. Es kann nicht zum Inhalt einer beschränkten persönlichen Dienstbarkeit gehören, daß für die Benutzung des Grundstücks eine Vergütung bzw. Entschädigung zu zahlen ist. Über den Charakter dieser Leistungen und ihre Höhe werden bei der Untersuchung der Enteignungsentschädigung nähere Ausführungen zu machen sein. Eine derartige Vereinbarung sowie alle anderen Abreden, die von den §§ 1020 und 1021 i. V. mit § 1090 Abs. 2 BGB abweichen, können nur in dem auf die Begründung der Dienstbarkeit gerichteten schuldrechtlichen Vertrag geregelt werden. Solchen Vereinbarungen wird deshalb auch keine dingliche Wirkung zuteil.

Bei dem Eintragungsantrag für eine beschränkte persönliche Dienstbarkeit genügt die Angabe — ähnlich wie bei der Eintragung eines Wegerechts —, daß sich die Leitungslegung auf das *gesamte* Grundstück erstreckt. Das widerspricht nicht dem Grundsatz der grundbuchmäßigen Bestimmtheit, denn das eingetragene Recht ist für jeden im Grundbuch klar erkennbar. Es ist somit nicht erforderlich, daß der genaue Verlauf der Leitung und damit der vereinbarte Schutzstreifen auf einen bestimmten Grundstücks*teil* beschränkt ist[26]. Vielmehr hat das

---

[24] Palandt-Hoche § 1091 Anm. 1.
[25] Erman-Ronke § 1020 Anm. 1 .
[26] LG Kassel, Beschluß vom 30. 12. 1963 in NJW 1964, 932.

FLU noch das Wahlrecht der Leitungsführung, das erst mit der einmaligen Ausübung verbraucht ist[27]. Es empfiehlt sich, den Inhalt der Dienstbarkeit möglichst genau zu umschreiben. Insbesondere ist zu klären, ob ein bloßes Durchleiterecht mit der Pflicht zur Verlegung der Rohre bei anderer Verwendung des Grundstücks oder die Schaffung einer Sicherheitszone mit Bau- und Pflanzverbot während der Servitutsdauer gewollt ist.

bb) Die beschränkte persönliche Dienstbarkeit als geeignete Rechtsform für die Verlegung von Erdölfernleitungen

Mit diesen Attributen besitzt die beschränkte persönliche Dienstbarkeit, die sonst die seltenere Rechtsform für die Bestellung von Nutzungsrechten ist, für unseren Zweck eine befriedigende Eignung, die besonders in der Elastizität der mit ihr zu verbindenden Abreden liegt.

Eine ausreichende Sicherheit bietet die Bestellung einer Durchleitungs-Dienstbarkeit jedoch nur, wenn sie im Grundbuch an rangerster Stelle eingetragen ist. Ihr Bestehen ist durch eine mögliche Zwangsversteigerung gefährdet, wenn rangbessere Hypotheken oder Grundschulden vorliegen. Öffentlich-rechtliche Lasten, die auf dem Grundstück ruhen, wie Gemeindeabgaben, Deichlast usw. bleiben bestehen, ohne den Leitungszweck zu gefährden. Wird die Dienstbarkeit durch freie Vereinbarung erworben, und sind vor Eintragung derselben schon andere Grundpfandrechte im Grundbuch eingetragen, wird das FLU versuchen müssen, den Rangrücktritt dieser Rechte zu erreichen[28]. Tatsächlich sind in jüngster Zeit von den Fernleitungsgesellschaften für die betriebenen und in Bau befindlichen Fernleitungen beschränkte persönliche Dienstbarkeiten fast ausnahmslos zur Begründung der Verlegungs- und Durchleiterechte gegenüber fremden Grundstücken in Anspruch genommen worden. Es handelt sich dabei regelmäßig um eine erhebliche Anzahl von Einzelfällen. Auf 300 Kilometer Nutzfläche einer neu erbauten Erdölleitung, die zum großen Teil durch nicht zersplitterten Grundbesitz führt, wurden z. B. 2000 private Grundstücke berührt. Werden die mit den einzelnen Grundstückseigentümern zu schließenden Verträge vereinheitlicht, so nähern sie sich damit auch den beiderseitigen Interessen der Partner. Die Verträge über Bestellung einer Durchleitungs-Dienstbarkeiten haben daher ihren Invidualcharakter meist ver-

---

[27] wie Anm. 26.

[28] Da die Kreditinstitute bei Kreditsicherung erstrangige Grundpfandrechte verlangen, andererseits Leitungsduldungsrechte nur eine sehr geringe Wertminderung für die Rechte der Kreditinstitute bedeuten und die Beleihungsfähigkeit der Grundstücke kaum beeinträchtigen, hat der Bundesverband des privaten Bankgewerbes seinen Mitgliedern empfohlen, den Rangrücktritt von Leitungs-Dienstbarkeiten nicht zu verlangen.

loren. Von den Fernleitungsgesellschaften entworfene Formularverträge sind an ihre Stelle getreten[29].

Treffen auf einem Grundstück mehrere Dienstbarkeiten zusammen, so schafft § 1024 BGB bei Interessenkollisionen zugunsten des Dienstbarkeitsberechtigten einen sachgerechten Ausgleich. Dem Dienstbarkeitsberechtigten steht auch nach den §§ 1090 Abs. 2, 1027, 1004 BGB ein ausreichender Schutz — sei es auf Unterlassung oder Beseitigung — bei Beeinträchtigung der Dienstbarkeit und der aufgrund derselben errichteten Anlagen zur Verfügung. Er bleibt nämlich, wie an späterer Stelle der Arbeit nachzuweisen sein wird, Eigentümer der errichteten Anlage. Notfalls kann er auch die Rechte aus § 823 Abs. 2 BGB — § 1027 BGB ist ein Schutzrecht im Sinne von § 823 Abs. 2 BGB[30] — geltend machen. Aus dieser Rechtsposition folgt, daß sie den Dienstbarkeitsberechtigten ebenso günstig stellt wie den Eigentümer selbst.

3. Erbbaurecht

Zu dem Kreis der möglichen Rechtsformen für die dingliche Sicherung von Durchleiterechten muß noch das Erbbaurecht gezählt werden. Nach § 1 der Erbbaurechtsverordnung vom 15. Januar 1919 gibt ein Erbbaurecht das vererbliche und veräußerliche Recht, „auf oder unter der Oberfläche des Grundstücks ein Bauwerk zu haben". „Das Erbbaurecht ist, trotz seiner Gleichstellung mit einem Grundstück, begrifflich ein Recht an einem Grundstück"[31], es ist also ein Sachenrecht, das im Gegensatz zu dem bloß schuldrechtlich wirkenden Gestattungsvertrag gegen jeden Dritten durchgreift. Erfüllt eine EFL den Begriff des „Bauwerks", unter dem man — als maßgebende Auslegung gilt der Sprachgebrauch — „eine unbewegliche, durch Verwendung von Arbeit und Material in Verbindung mit dem Erdboden hergestellte Sache"[32] versteht? Nach der Rechtsprechung rechnen dazu u. a. auch Gleisanlagen[33] und ein Wasserkanal mit eingemauertem Schacht[34], hingegen nicht ein Röhrenbrunnen, bei dem das Wasser durch Röhren hochgepumpt wird[35].

---

29 Ein Fall einer derartigen Rahmenregelung ist z. B. der anläßlich des Baus der NW-Ölleitung von Wilhelmshaven nach Wesseling geschlossene Vertrag zwischen der Nord-West Oelleitung GmbH und dem Rheinisch- und Westfälisch-Lippischen Landwirtschaftsverband vom 12. 11. 1957. Er regelt den allgemeinen Wertausgleich wegen des Rechtsverlustes bzw. der Rechtsbeeinträchtigung durch die Bestellung von beschränkten persönlichen Dienstbarkeiten für den Bau der Fernleitung. Die Durchleiterechte für die NWO GmbH sind jedoch im Enteignungswege eingeräumt worden.

30 Erman-Ronke § 1027 Anm. 4.

31 Westermann, Sachenrecht S. 338.

32 RGZ 30, 153; Erman-Ronke § 1 ErbbVO Anm. 2 B.

33 KGJ 29, 130.

34 JW 1910, 148.

35 RGZ 56, 43.

Es muß immer eine *feste* Verbindung mit dem Erdboden vorhanden sein und eine unbewegliche Sache hergestellt werden. Die Ausnutzung des Bodens allein wird man selbst dann nicht genügen lassen dürfen, wenn eine gewisse, aber nicht feste Verbindung gegeben ist. Daher hat man auch nicht unter die Begriffsbestimmung „Bauwerk" eine Röhrenleitung gerechnet, die lediglich durch Ausheben einer Grube, Einbetten der Rohre, Verbindung dieser untereinander und Wiederzuschütten der Grube hergestellt wird[36].

In der Entscheidung heißt es:

„Das Recht, eine Rohrleitung auf fremdem Grund und Boden zu haben, kann als Erbbaurecht nicht schon dann begründet werden, wenn es sich lediglich um die Verbindung einzelner Rohre zu einem Rohrnetz handelt, die im Erdboden versenkt liegen. Hierzu bedarf es vielmehr einer festen Verbindung mit dem Boden durch Vorrichtungen baulicher Art."

Staudinger[37] und Seufert[38] bejahen das Tatbestandsmerkmal „Bauwerk" für eine Rohrleitung, die in gemauerten Kanälen verlegt wird. Würden auch die bloß ins Erdreich verlegten Rohre unter den Begriff „Bauwerk" im Sinne von § 1 ErbbVO fallen, ergäbe das eine vom Gesetzgeber nicht gewollte Ausweitung, würde doch dann jedes „Werk" unter diesen Begriff fallen. Wäre das vom Gesetzgeber gewollt, hätte er den zum Beispiel in den §§ 95, 836, 908 BGB benutzten Begriff des „Werkes" wählen können.

Für die Verlegung einer EFL scheidet die Einräumung eines Erbbaurechts daher aus.

Es ist demnach festzustellen, daß die geeignete Rechtsform für die dingliche Sicherung der Erdölfernleitungen die beschränkte persönliche Dienstbarkeit ist. Nur in Ausnahmefällen wird für ein FLU ein Gestattungsvertrag ausreichend sein.

Von der Art der Sicherung der Durchleiterechte — obligatorisch oder dinglich — hängt die Beantwortung der Frage nach der Folgekostenverteilung ab.

4. Rechtslage bei Umlegung oder Änderung einer Erdölfernleitung und die Folgekostenverteilung

Die sogenannte Folgepflicht hat durch die von den Straßenbaulastträgen gegen die Fernleitungsunternehmen angestrengten Musterprozesse gerade in jüngster Zeit an Bedeutung gewonnen.

---

[36] KGJ 29 A, 132 ff.; Erman-Ronke § 1 ErbbVO Anm. 2 B.

[37] Staudinger-Ring § 1 ErbbVO Anm. 9.

[38] a.a.O., S. 39.

Außer den gesetzlich geregelten Fällen[39] kann eine Leitungsänderung durch Umlegung, Verlegung von Erdkabeln, Anbringung von Schutzmaßnahmen, bauliche Veränderungen auf den benutzten oder benachbarten Grundstücken, Neuanlage von Straßen, Kanalbauten usw. erforderlich werden. Es hängt jeweils vom Einzelfall und von den vertraglichen Vereinbarungen ab, ob das FLU zur Leitungsumlegung verpflichtet ist, und wen die Kostenpflicht trifft.

a) Bei dinglicher Sicherung

Dem Eigentümer eines mit einer beschränkten persönlichen Dienstbarkeit belasteten Grundstücks, also nicht auch dem Berechtigten, steht ein unabdingbares Recht auf Umlegung der Erdölleitung zu (§ 1090 i. V. mit § 1023 BGB). Dieses Recht ist unverzichtbar und nicht verjährbar (§ 902 BGB)[40]. Der Grundstückseigentümer verliert dieses Recht auch nicht, wenn die Dienstbarkeit durch Enteignung begründet ist. Dieses Recht auf Umlegung besteht nur, wenn sich die Ausübung der Dienstbarkeit auf einen *Teil* des belasteten Grundstücks beschränkt.

Der Grundstückseigentümer kann auf seine Kosten die Verlegung der Ausübung auf eine andere für den Berechtigten ebenso geeignete Stelle verlangen, soweit die Ausübung an der bisherigen Stelle für ihn besonders beschwerlich ist. Das kann der Fall sein, wenn die Linienführung der EFL für ihn wesentliche wirtschaftliche Nachteile mit sich bringt. Die Dienstbarkeit muß ihrem Inhalt nach auf jedem beliebigen Grundstücksteil ausgeübt werden, und von der Ausübung darf jeweils nur ein Teil des Grundstücks betroffen sein[41]. Der Grundstückseigentümer kann also jederzeit verlangen, daß das FLU die Leitung in einer anderen Linienführung unter dem Grundstück herführt, soweit diese neue Linienführung für das FLU ebenso geeignet ist wie die bisherige. Im Einzelfall wird aber zu prüfen sein, ob das FLU überhaupt eine Änderung zuzulassen verpflichtet ist, und ob es sie nicht notfalls mit der Abwehrklage (§§ 862, 1004 i. V. mit §§ 1027, 1090 BGB) verhindern kann.

Die Ausübung an der neuen Stelle darf keine Erschwerung zur Folge haben. Nicht erhebliche Unbequemlichkeiten wird der Berechtigte aller-

---

[39] z. B. aufgrund des Flurbereinigungsgesetzes vom 14. 7. 1953 oder des inzwischen aufgehobenen Baulandbeschaffungsgesetzes vom 3. 8. 1953. In beiden Gesetzen ist die Entschädigungspflicht (§ 105 bzw. § 9 Abs. 1 b, 11 und 12) bei notwendiger Leitungsverlegung geregelt.

[40] Erman-Ronke § 1023 Anm. 1.

[41] Das Reichsgericht (in ElWirtsch.R.Beil. 1935, S. 21) hat entschieden, daß eine Dienstbarkeit für eine Stromleitung zwar dem Rechte nach das gesamte Grundstück belastet, der Ausübung nach aber nur den in Anspruch genommenen Streifen ergreift.

dings in Kauf nehmen müssen. Eine derartige Verlegung kann zwar technisch unter Umständen möglich sein, würde aber hohe Kosten verursachen — die Leitung dürfte ja im Zeitpunkt der Verlegung nicht gefüllt sein und müßte, da sie keine scharfen Knicke enthalten darf, eine erhebliche Änderung in ihrer Linienführung erfahren —, so daß der private Grundstückseigentümer von seinem Recht nur geringen Gebrauch machen kann und wird. Anders ist es natürlich, wenn es sich um *öffentliche* Wege oder dergleichen handelt.

Die den Grundstückseigentümer treffende Kostenpflicht ist ein Ausgleich für die durch § 1023 BGB geschaffene Rechtswohltat. Die Kostenfolge des § 1023 BGB ist keine servitutsrechtliche Sondervorschrift, sondern sie folgt aus dem Grundsatz von Treu und Glauben, der verlangt, daß der Rechtsinhaber bei einer von ihm nicht veranlaßten Veränderung des Rechtsobjektes geschützt wird[42].

Diese in § 1023 Abs. 1 BGB ausgesprochene Kostenfolge ist im Gegensatz zum Änderungsanspruch selbst (§ 1023 Abs. 2 BGB) abdingbar; sie ist jedoch kein selbständiges Recht, dessen Abdingung gemäß § 877 BGB eintragungsfähig wäre. Eine Folgepflichtabrede läßt sich nur auf schuldrechtlicher Ebene regeln. Die Folgekostenverteilung wird auch nicht dadurch eine andere, daß das Servitut im Wege der Enteignung zur Entstehung gelangt ist. Die Kostenfolge steht im Zusammenhang mit der Entschädigung, die das FLU für die Erlangung der Dienstbarkeit zu entrichten hat. Bleibt es bei der in § 1023 Abs. 1 BGB getroffenen Kostenregelung, so wird die Entschädigung höher sein, als wenn sich das FLU zur Kostentragung bereit erklärt. „Das Kostenrisiko ist also der Entschädigungskategorie zuzurechnen[43]."

Soweit ein Änderungsbegehren von dem FLU ausgeht, richten sich Ausübung und Kostenpflicht allein nach dem Inhalt der Dienstbarkeit. Ein Recht zur Verlegung wird ein FLU aber kaum in Anspruch nehmen.

b) Bei Abschluß eines Gestattungsvertrages

Auch die weitere Problematik der Folgepflicht bei Abschluß eines Gestattungsvertrages soll um des dogmatischen Zusammenhanges willen an dieser Stelle behandelt werden.

Macht die Änderung des Durchleitegrundstückes — dies kann insbesondere der Fall sein, wenn es sich um Straßen, Bahnen oder Wasserwege handelt — die Änderung der Leitung notwendig oder umgekehrt, wird die Frage der Kostentragung meist in dem Gestattungsvertrag

---

[42] Staudinger-Ring, § 1023 Anm. 2e; vgl. auch OLG Naumburg in JW 1931, 1722, wonach § 1023 BGB Grundlage des Veranlassungsprinzips ist.

[43] Dittus in BlGBW 1960, 354.

ausdrücklich geregelt sein. Erwachsen dem Vertragsgegner des Fernleitungsunternehmens Kosten, so wird er diese aus dem Gestattungsvertrag[44] oder aus Geschäftsführung ohne Auftrag (§§ 677 ff. BGB) erstattet verlangen können.

Bei einer Straßenbenutzung sind meist die „Bedingungen für die Benutzung von Bundesstraßen und Landstraßen erster Ordnung" maßgebend[45]. Deren § 7 lautet:

„Die Straßenverwaltung bleibt berechtigt, alle für die Straße oder den Verkehr erforderlichen Arbeiten und Anlagen an der Straße auszuführen. Dem Unternehmer erwachsen hieraus weder Schadens- noch sonstige Ansprüche."

Wenn die Straßenbauverwaltung es für erforderlich hält, die Rohrleitungen zu verlegen oder zu beseitigen, weil die Straße verlegt, tiefer oder höher gelegt oder eingezogen wird, „... so ist der Unternehmer verpflichtet, die ... leitung *ohne* einen Anspruch auf Schadensersatz ... zu verlegen oder zu beseitigen und die Straße wieder in den früheren Zustand zu versetzen". In einem Runderlaß Nr. 12/37 des Generalinspekteurs für das deutsche Straßenwesen von 1937[46] heißt es unter Ziffer I 3:

„Ist aus Gründen der Verkehrssicherheit oder des Straßenbaus eine Änderung der Leitungen erforderlich, so kann der neue Baulastträger verlangen, daß der Benutzungsberechtigte die erforderlichen Maßnahmen auf eigene Kosten durchführt, soweit nicht die Kostenlast nach bestehenden gesetzlichen Vorschriften oder vertraglichen Abmachungen anders geregelt ist. Das gleiche gilt für den Fall der Beseitigung der Leitungen ...[47]."

Haben die Parteien eine Bestimmung in dem Gestattungsvertrag getroffen, so ergibt sich daraus die Kostenpflicht des Fernleitungsunternehmens. Ist der Vertragspartner die öffentliche Hand, so kommt es ihr darauf an, „kein irgendwie geartetes eigenes Kostenrisiko zu übernehmen"[48].

Mit Recht hat der BGH[49] den Einwand der Fernleitungsgesellschaften zurückgewiesen, die Übernahme der vertraglich vereinbarten Kosten müsse aus dem Gesichtspunkt des Wegfalls der Geschäftsgrundlage entfallen.

---

[44] Vgl. § 8 Abs. 10 FStrG.

[45] BGH in VkBl 1963, 564.

[46] Abgedruckt bei Marschall, FStrG, S. 1028.

[47] Vgl. dazu auch Ziff. 2 d und e der „Richtlinien für Versorgungsleitungen beim Wechsel der Straßenbaulast vom 1. 2. 1962, abgedruckt bei Marschall, FStrG, S. 791, sowie die auf S. 795 abgedruckten „Richtlinien über die Behandlung von Versorgungsleitungen beim Ausbau von Bundesstraßen" vom 2. 11. 1960.

[48] BGH in VkBl 1963, 566 (567).

[49] VkBl 1962, 572 (573); 1963, 566 (567) und 564 (565).

Der BGH hat in den genannten Entscheidungen auch den Einwand zurückgewiesen, bei der Verpflichtung zur Tragung der Folgekosten handele es sich um eine „entschädigungslose Enteignung im Gewande eines privatrechtlichen Vertrages“[50] und damit sei ein „Rechtsformmißbrauch“ gegeben. Die Gesellschaften haben die Gestattungsverträge freiwillig abgeschlossen, überdies fehlt es an einem hoheitlichen Eingriff. Aus diesen Gründen verstößt auch die Bestimmung des § 7 der Benutzungsbedingungen für Bundesstraßen nicht gegen § 138 BGB. Eine Sittenwidrigkeit wegen Ausnutzung einer Monopolstellung seitens des Straßeneigentümers ist nicht erkennbar.

Ist keine Regelung getroffen, können sich in der Praxis erhebliche Schwierigkeiten ergeben. Eine ausdrückliche Erwähnung oder Regelung dieser Frage findet sich in unseren Rechtsvorschriften nirgends. Eine Entscheidung kann daher nur unter allgemeinen Gesichtspunkten getroffen werden. Bei der Ähnlichkeit eines Gestattungsvertrages mit einem auf Dauer abgeschlossenen Mietvertrag könnte man an die Regelung des § 536 BGB anknüpfen. Danach hat der Mieter, hier das Fernleitungsunternehmen, einen Anspruch auf Ersatz der Kosten, die ihm durch das Verhalten des Vermieters entstehen. Ob ein FLU einen Vertrag mit dieser Rechtsfolge abgeschlossen hat, kann nur im Einzelfall im Wege der Auslegung nach § 157 BGB gefunden werden. Maßgebend für die Entscheidung wird vor allem die Höhe des vereinbarten Entgelts sein[51].

Enthält der Gestattungsvertrag keine Regelung, ist zweifelhaft, wen die Kostenpflicht trifft. Ein Prinzip der weitestgehenden Kostenabwälzung auf die Leitungsunternehmen verbietet sich, weil es an einem sachlichen Verteilungsmaßstab fehlt. Werden die Durchleiterechte im Enteignungswege eingeräumt und ist der Staat aus seiner monopolartigen Eigentumssituation heraus gehalten, die Inanspruchnahme seines Grundeigentums für Leitungskreuzungen zu dulden, so kann die Leitungsunternehmen nicht deshalb eine Lastenabwälzung treffen, weil sie auf die Mitbenutzung staatlichen Grundeigentums angewiesen sind.

Bei der Kreuzung von Bundesstraßen bietet § 17 Abs. 4 FStrG keine Lösung, da eine EFL nicht zu den dort aufgeführten Anlagen rechnet[52].

Einen geeigneten Weg für die Verteilung der Kostenlast bietet das *Veranlassungsprinzip,* wonach jeder der Beteiligten für die Kosten dem anderen Ersatz leisten muß, deren Gründe in seiner Sphäre liegen. So ist z. B. der Straßenbaulastträger im Verhältnis zu einem FLU für das verantwortlich, was im Bereich der Straße und des Verkehrs liegt. Das

---

[50] VkBl 1962, 572 (574).

[51] Fischerhof, a.a.O., S. 126.

[52] Bayer. VGH vom 21. 12. 1964, in VkBl 1965, 313.

FLU hingegen trifft die Verantwortung und die Kosten für alles, was mit der Verlegung und dem Betrieb der Leitung zusammenhängt. Anlaß und Ursache für die Entstehung der Kostenlast zu finden, dürfte keine Schwierigkeiten bereiten. Bei Einflüssen von dritter Seite ist eine Anwendung des Veranlassungsprinzips naturgemäß ausgeschlossen.

Das Reichsgericht hat in einer Entscheidung vom 7. Januar 1904[53] folgendes ausgeführt:

„Die Verpflichtung der Beklagten zur Erstattung von Kosten der im Klageantrag bezeichneten Art ergibt sich aber ohne weiteres aus dem nicht bloß bei der Werkverdingung, sondern allgemein geltenden Grundsatz: Wenn bei einem Rechtsverhältnis, das den einen Teil zu fortlaufender Leistung verpflichtet, der andere Teil aus einem vom Gegner nicht zu vertretenden Grunde die Änderung der Leistung verlangt, so hat er die dadurch entstandenen Kosten zu tragen."

Der BGH hat sich mehrfach[54] mit dem Problem des Veranlassungsprinzips auseinandergesetzt, eine Entscheidung darüber, ob die Geltung eines solchen Prinzips anzuerkennen ist, aber ausdrücklich, ebenso wie das Bundesverwaltungsgericht[55] offengelassen.

Das an der Veranlassung ausgerichtete Kostenverteilungsprinzip findet seine Stütze im geltenden Recht und rechtfertigt seine Anwendung auch auf die gesetzlich nicht geregelten Fälle. „Ein Vergleich mit verwandten Kostenregelungen zeigt, daß das Veranlassungsprinzip sich im Lauf der letzten Jahrzehnte zu einem *allgemeinen Rechtsgrundsatz* entwickelt hat[56]."

Bei Kreuzung mehrerer öffentlicher Straßen hat bereits das Preußische Oberverwaltungsgericht[57] das Veranlassungsprinzip als allgemeinen Rechtssatz angewendet. So hatte der Baulastträger einer neu hinzukommenden Straße alle mit der Kreuzung verbundenen Kosten zu tragen. Eine ähnliche Regelung treffen §§ 12 Abs. 1 und 13 Abs. 1 und 3 FStrG[58]. In § 12 des Eisenbahn-Kreuzungsgesetzes vom 14. August 1963 ist für die Änderung von Überführungen das Veranlassungsprinzip mit Vorteilsausgleich eingeführt (vgl. den früheren § 5). Nach § 2 Abs. 2 und 3 des Telegraphenwegegesetzes vom 18. Dezember 1899 hat die Post die Kosten des Straßenbaulastträgers zu übernehmen, die bei der Herstellung der Fernmeldeanlagen entstehen[59]. In diesen Fällen stehen sich die Kostenträger jedoch in etwa gleich starker Position gegenüber.

---

[53] Recht 1904, 140 Nr. 638.

[54] BGHZ 36, 1 (10); 37, 353 (363); in VkBl 1962, 572 (573); 1963, 566 (568).

[55] BVerwGE 13, 75 (79).

[56] Peters-Salzwedel, a.a.O., S. 58; Engert in NJW 1964, 1552.

[57] Bd. 79, 131.

[58] Vgl. Marschall, FStrG, S. 341, 431, 435 und 454.

[59] Vgl. Peters-Salzwedel, a.a.O., S. 61.

Ein privatwirtschaftlich betriebenes FLU hat eine ungleich schwächere Position, gleichwohl „hat sich das Veranlassungsprinzip später doch allgemein als verbindlicher Rechtsgrundsatz durchgesetzt“[60].

Nach § 23 des Fernmeldeanlagengesetzes vom 14. Januar 1928 hat bei Kreuzungen zwischen Elektrizitätsleitungen und Fernmeldekabeln derjenige, der mit seiner Anlage Störungen verursacht, die Kosten der Störung zu tragen. Nach §§ 5 und 6 Telegraphenwegegesetz hat die Post den Trägern von Verkehrs- und Versorgungsleitungen die im Zusammenhang mit der Verlegung oder Veränderung von Fernmeldekabeln aufzuwendenden Mehrkosten für Schutzvorkehrungen, sowie die Kosten für eine Verlegung oder Veränderung der Verkehrs- oder Versorgungsleitungen zu erstatten.

Auch der Entwurf eines Bundeswasserstraßengesetzes geht in § 40 bei der Kreuzung von Bundeswasserstraßen mit öffentlichen Verkehrswegen vom Veranlassungsprinzip aus. In der Begründung zu § 40 des Gesetzentwurfes[61] heißt es: „Die §§ 40 und 41 folgen überwiegend dem Veranlassungsprinzip. Danach hat der Beteiligte, der eine Maßnahme veranlaßt, die dadurch entstehenden Kosten zu tragen.“

Diese Hinweise zeigen, daß sich das Veranlassungsprinzip bei Kostenregelungen, die mit denjenigen zwischen FLU und öffentlicher Hand vergleichbar sind, als beherrschender Rechtsgrundsatz allgemein durchgesetzt hat.

Bei der Kreuzung einer EFL mit Grundstücken der öffentlichen Hand bietet das Veranlassungsprinzip einen geeigneten Verteilungsmaßstab, wobei sich die jeweiligen Kostenträger im Verhältnis der Gleichrangigkeit gegenüberstehen.

Das Veranlassungsprinzip ist m. E. in allen den Fällen als geeigneter Kostenverteilungsmaßstab zu verwenden, in denen eine besondere Kostenregelung fehlt[62].

Bei der Kreuzung einer EFL mit Grundstücken der öffentlichen Hand, bei denen — z. B. Wasserstraßen — außer einem privatrechtlichen Nutzungsvertrag noch eine *Verleihung* üblich ist, muß sich das FLU „einseitig-öffentlich-rechtlichen Bindungen unterwerfen, in denen ihm regelmäßig auch jedwede Änderungskosten überbürdet werden“[63].

---

[60] Vgl. Peters-Salzwedel, a.a.O., S. 62.

[61] Bundestagsdrucksache IV 241/65, S. 27.

[62] So auch Fischerhof, a.a.O., S. 131; Eiser-Riederer V, S. 1/2 und 42c; H. J. Wolff, a.a.O., S. 345, wo es heißt: „Bei Kreuzungen obliegt die Baulast i. d. R. dem, der sie veranlaßt hat“; vgl. auch BGHZ 36, 1 (10); OLG Naumburg in JW 1931, 1722.

[63] Fischerhof, a.a.O., S. 133.

II. Gesetzliche Rechte zur Begründung von Durchleiterechten

Außer den im vorangegangenen Abschnitt dargestellten vertraglichen Rechten gewähren verschiedene gesetzliche Bestimmungen einen unmittelbaren Anspruch, fremden Grund und Boden zur Verlegung von Leitungen zu benutzen. Zu beachten bleibt aber, daß auch dann, wenn ein FLU nach dem Gesetz zur Leitungsverlegung ermächtigt ist, es nicht gegen den Willen des betroffenen Eigentümers eigenmächtig vorgehen darf.

Das Einverständnis des Grundeigentümers entfällt nur in wenigen gesetzlich geregelten Fällen, die im allgemeinen Interesse liegende Beschränkungen des Eigentums betreffen, so z. B. auf Gebieten des Bau- und Bodenrechts, des Berg- und des Jagdrechts, des Bundesleistungsgesetzes und der aufgrund des § 6 Abs. 1 und 2 Energiewirtschaftsgesetz für öffentlich verbindlich erklärten Allgemeinen Bedingungen der Energieversorgung (AVB), nach denen jeder Energieabnehmer seine Grundstücke der örtlichen öffentlichen Versorgung unentgeltlich zur Verfügung stellen muß. Auch gewisse, im Interessenbereich der Nachbarn liegende Vorschriften können das Grundeigentum beschränken (§§ 906 ff. BGB).

Bei der Verlegung von Erdölfernleitungen sind diese Rechtsbehelfe im allgemeinen nicht anwendbar. Wenn sie auch „Energie“ befördern, die in verarbeiteter und veredelter Form das Wirtschaftsleben maßgeblich beeinflußt, z. B. als Motorentreibstoff, Heizöl, Schmieröl und Bitumen, so würde ihnen auf ihrem Wege vom Hafen oder von der Landesgrenze oder von der inländischen Erdölsonde zur Raffinerie doch niemand — was noch näher auszuführen sein wird — den Charakter einer „öffentlichen Versorgungsleitung“ zugestehen[1]. Dieser Gesichtspunkt könnte höchstens dann Bedeutung erlangen, wenn sich der Staat in Kriegs- oder Notzeiten zum Bau einer Erdölfernleitung entschließt[2]. Die in Deutschland vorhandenen und bekannten Mineralölfernleitungen werden jedoch von privatwirtschaftlichen Unternehmen betrieben. Sie dienen also nicht der Versorgung jedermanns, sondern der unternehmensinternen Versorgung.

1. Auf Grund des § 905 BGB

Nur § 905 BGB eröffnet unter bestimmten Voraussetzungen das in ihm enthaltene begrenzte gesetzliche Benutzungsrecht an fremden Grundstücken auch für Erdölfernleitungen.

[1] Kodal, Straßenrecht S. 856.

[2] Hier ist auf die „gemeinsame Ölleitung der Nato“, welche u. a. auch in der Bundesrepublik verläuft, hinzuweisen. Die Pipelines der Nato in Mitteleuropa umfassen etwa 4800 km Rohre mit Durchmessern von 22,5 und 10 cm. Vgl. Handelsblatt vom 4. 1. 1965, S. 2.

Die Verlegung einer Erdölfernleitung erfolgt, soweit dies möglich ist, in offenen Gräben, die unmittelbar danach wieder verfüllt, verfestigt und der Nutzung überlassen werden, in frostfreier Tiefe mit ein bis drei Metern Erddeckung unter den tiefsten genutzten Stellen der Oberfläche und mit Rohren von 8 bis 12 Millimetern Wandstärke bis zu 90 Zentimetern Durchmesser[3]. Wo eine solche Verlegung nicht möglich ist, wie z. B. unter Gebäuden, Straßen, Bahnen und Kanälen, werden die Rohre im Tunnelverfahren mit hydraulischer Kraft unter dem Grundstück her in das Erdreich eingedrückt, ohne daß der Betrieb auf der Straße usw. unterbrochen werden muß. Die eigentlichen Leitungsrohre werden an solchen Stellen häufig noch durch Schutzrohre umschlossen und gesichert[3]. Die spätere Füllung und Inbetriebnahme der EFL geschieht selbst bei größerer Belastung derselben ohne wahrnehmbare Belästigung des Grundstückeigentümers. Ähnliches läßt sich auch von ihrer oberirdischen Verlegung sagen. Diese tritt an sich schon gegenüber der unterirdischen Verlegung streckenmäßig weit zurück und ist nur am Anfang und am Ziel der Trasse sowie an den wenigen geräuschlos arbeitenden Pumpwerken erforderlich. Hiernach wäre es durchaus denkbar, das Ausschließungsinteresse des Grundeigentümers gegenüber der Verlegung von Erdölfernleitungen zu verneinen oder wenigsten weitgehend einzuschränken. Soweit er „als Eigentümer nicht mehr daran interessiert ist, Dritte von der Einwirkung auszuschließen, ist ihm das Verbietungsrecht genommen“[4]. Gerade in jüngster Zeit hat sich — gestützt auf Art. 14 Abs. 2 GG — in der Eigentumsauffassung eine Wandlung zur Anerkennung eines sozial gebundenen Eigentums hin vollzogen. Diese Sozialgebundenheit als immanente Grenze des Eigentums macht bei den Privatpersonen nicht halt, sondern erstreckt sich auch auf das Grundeigentum öffentlich-rechtlicher Körperschaften, z. B. des Bundes, der Länder und der Gemeinden und auf das Eigentum an den öffentlichen Sachen, die der Benutzung durch alle auf besondere Art zu dienen haben, z. B. auf Wege, Straßen, Plätze, Anlagen usw. „§ 905 Satz 2 BGB ist damit einer der Fälle, in denen die Zuordnung eines Rechts ausdrücklich als Mittel anerkannt ist, bestimmte Interessen zu befriedigen und in denen das Recht (des Grundeigentümers) entsprechend beschränkt ist[5].“

Eigentümer von Grundstücken, die dem Gemeingebrauch gewidmet sind, können Einwirkungen, die sich innerhalb der Grenzen des bestimmungsgemäßen Gebrauchs halten, nicht verhindern. Einer Erdölraffinerie als Straßenanlieger steht beispielsweise zur Zufuhr ihrer Roh-

---

[3] Vgl. dazu Uhde in Schweizer Archiv 1963, 118 ff.

[4] Westermann, Sachenrecht S. 300.

[5] Westermann, Sachenrecht S. 300; Erman-Westermann § 905 Anm. 2.

stoffe und Abfuhr ihrer Erzeugnisse ein gesteigerter Gemeingebrauch an der Straße zu. Diesen Verkehr in eine Rohrleitung unter Flur zu verlegen und die Straße dadurch zugunsten anderer, ihrer Widmung entsprechenden Aufgaben zu entlasten, sollte dem Interesse des Eigentümers und Straßenbaupflichtigen begegnen.

Die Protokolle zum BGB[6] äußern sich über die Bestimmung des § 905 BGB dahin[7], daß die Stellungnahme des Gesetzes durch die Entwicklung des modernen Verkehrs geboten sei, die eine immer weitergehende Benutzung des Raumes über und unter der Grundfläche für Leitungen, Tunnelbauten und dergleichen nötig mache. Grundsätzlich brauche der Eigentümer Einwirkungen nicht zu dulden. Davon seien aber solche auszunehmen, an deren Beseitigung er nach Beschaffenheit und Entfernung von der Oberfläche des Grundstücks kein Interesse habe. Bei der Begrenzung des Ausschließungsinteresses nach § 905 Satz 2 BGB ging der Gesetzgeber von einem weitgestreckten Interessenbegriff aus. Nach den Protokollen zum BGB müsse jedes Interesse mit Rücksicht auf die Bedeutung der Einwirkung für die Benutzung und den Wert des Grundstückes Beachtung finden.

Maßgebend war also das subjektive Interesse des Grundstückseigentümers. Die Rechtsprechung sah für ein schutzwürdiges Ausschließungsinteresse z. B. schon die Möglichkeit an, daß der Eigentümer später durch die Verlegung in der eigenen Nutzung gestört werden könnte[8]. Insbesondere, wenn der Eigentümer in der Verlegung eigener Leitungen behindert wird[9], oder wenn die Festigkeit seines Grundstücks beeinträchtigt wird[10], oder wenn die spätere Verwertung des Grundstücks als Bauplatz gestört wird[11], hat die Rechtsprechung ein Ausschließungsinteresse bejaht. Ein berechtigtes Ausschließungsinteresse an einer Leitungsverlegung wird man auch dann bejahen müssen, wenn dadurch der Fluß einer Quelle oder das Grundwasser verändert wird. Die durch die Leitungsverlegung regelmäßig auftretende Gefährdung des Baumpflanzenwuchses braucht der Eigentümer ebenfalls nicht zu dulden. Ein schutzwürdiges Ausschließungsinteresse ist bei der Verlegung einer EFL m. E. schon durch die potentielle Gefahr einer Ölverseuchung infolge eines Bruchs der Leitung gegeben. Eine gefahrdrohende Einwirkung verletzt grundsätzlich das Interesse des Eigentümers an der ungefährdeten Grundstücksnutzung. Diese mögliche Gefahr kann

---

[6] Band 3, Seite 122.
[7] OLG Hamm in JW 1927, 2533.
[8] Hamburg OLGE 10/107; Erman-Westermann § 905 Anm. 3.
[9] RG in JW 1928, 502; Celle OLGE 5, 383; Erman-Westermann § 905 Anm. 3.
[10] RG in Warn. 1913 Nr. 419; München OLGE 26/20.
[11] Kassel OLGE 18/121.

auch nicht durch weitestgehende Haftung eines Fernleitungsunternehmens ausgeräumt werden, zumal eine Gefährdungshaftung nach § 1 a Reichshaftpflichtgesetz für Erdölfernleitungen nicht besteht[12].

Dieses Moment der Bewertung jedes Interesses nach seiner jeweiligen Bedeutung für das einzelne Grundstück stellt eine erste Einschränkung der Zugänglichkeit und der Unter- oder Überquerung fremder Grundstücke für Erdölfernleitungen im Rahmen des § 905 BGB dar. Das schutzwürdige Abwehrinteresse des Grundeigentümers wird aber noch durch weitere, von Rechtsprechung und Praxis angenommene Gesichtspunkte verstärkt. Eine Gemeinde als Straßeneigentümerin wird z. B. die Unterquerung mit Aussicht auf Erfolg verbieten können, weil sie selbst für den Gemeingebrauch bestimmte Rohrleitungen für Wasser, Gas, Fernheizung, Kanalisation und dergleichen plant oder den Erdkörper unter der Straße durch den Verkehr schwerer Lastwagen als voll beansprucht ansieht oder überhaupt die Durchlöcherung des Untergrundes wegen des immer stärker werdenden Verkehrs mit ihrer Verantwortung und Unterhaltungspflicht nicht vereinbaren zu können glaubt. In diesen Fällen handelt es sich um ein Interesse, bei dem „soweit der öffentliche Zweck geht, der Eigentümer ausgeschaltet ist, das Privatrecht ausscheidet und (nur) mit der Widmung nicht zusammenhängende Nutzungsmöglichkeiten in Form des privaten dinglichen Rechts Dritten zugewandt werden können“[13].

Eine Erschwernis für die Erdölfernleitungsunternehmen, die Vorteile des § 905 BGB auszunutzen, besteht ferner in der Betonung der zukünftigen Entwicklung, die das zu unterquerende Grundstück einmal nehmen kann[14].

Als Kriterium für die Schutzwürdigkeit des Interesses der jeweiligen Grundstückseigentümer wird man auch den Verkehrswert des Grundstücks heranziehen können. Wird dieser durch die Verlegung einer EFL wesentlich geändert, was nach dem oben Ausgeführten regelmäßig der Fall sein wird, ist ein Abwehrinteresse nach § 905 Satz 2 BGB zu bejahen.

Bebauung, Besiedlung, industrielle Erschließung und Verkehr schreiten unaufhaltsam fort. Der zivile Luftschutz braucht unterirdische Bewegungsfreiheit, Untergrundbahnen und Fußgängertunnels werden erforderlich usw. Wer möchte sich dieser Einwände freiwillig begeben, um

---

[12] Malzer, Leitungsverlegung, S. 35. Die bereits 1961 in einem Referentenentwurf zum Reichshaftpflichtgesetz geforderte Ausweitung des § 1 a auf sonstige Leitungen ist bisher nicht durchgeführt worden.

[13] Westermann, Sachenrecht S. 301.

[14] BGH in NJW 1957, 1397.

mit einer unentgeltlich — der Wunsch für die Duldung, entschädigt zu werden, begründet das Verbietungsrecht nicht[15] — verlegten Erdölleitung in seinem Grundstück bedacht zu werden? Die Beweislast, daß ein dies einwendender Grundstückseigentümer Unrecht hat und des schutzwürdigen Abwehrinteresses entbehrt, trifft die Fernleitungsgesellschaft[16]. Der Beweisantritt wäre in solchen Fällen und Gebieten nahezu ohne Aussicht auf Erfolg.

Kreuzt eine EFL Grundstücke, die dem öffentlichen Verkehr gewidmet sind, und ist zu deren Nutzung eine öffentlich-rechtliche Genehmigung erforderlich, bleibt dies auf das privatrechtliche Grundeigentum an den betreffenden Grundstücken ohne Einfluß. Die Verfügungsgewalt der Eigentümer ruht nur soweit, wie der Gemeingebrauch an der Sache reicht. „Dieser Gemeingebrauch aber ändert ... nichts an den an den festen Erdkörper sich anschließenden Eigentums- und Ausschließungsbefugnissen des § 905. Der Luftraum gehört, ebenso wie das Innere des Erdkörpers, auch da, wo Wasser und Luft sich befindet, dem Grundeigentümer unbeschadet der durch den Gemeingebrauch des Wassers und der Luft gebotenen Beschränkungen[17].“

Bei Abwägung des Für und Wider muß man m. E. zu einer verneinenden Beantwortung der Frage kommen, ob § 905 BGB für die Verlegung und Durchleitung von Erdölfernleitungen unter und über fremden Grundstücken eine praktische Bedeutung zukommt.

Selbst in bergbaufreien Moor- und Heidegebieten z. B. kann eine EFL nicht unentgeltlich im Rahmen des § 905 BGB verlegt werden. Auch in solchen Gebieten, die volkswirtschaftlich nicht oder nur sehr wenig genutzt werden, stellt eine Rohrleitung für die jeweiligen Grundeigentümer eine Beeinträchtigung dar. Ihnen muß ein schutzwürdiges Abwehrinteresse zugestanden werden, nicht zuletzt auch deshalb, weil die Gefahr einer Ölverseuchung auch auf ihren Grundstücken durch Bruch der Fernleitungen besteht[18].

2. Auf Grund des § 917 BGB

Eine gesetzliche Duldungspflicht ergibt sich aus § 917 BGB. Nach der Vorschrift über die Schaffung eines Notweges kann ein Grundstückseigentümer, dem die zur ordnungsmäßigen Benutzung notwendige Verbindung mit einem öffentlichen Weg fehlt, von den Nachbarn verlangen,

---

[15] RGZ 123, 182.

[16] RGZ 59, 120; JW 1928, 503; Erman-Westermann § 905 Anm. 3.

[17] RGZ 92, 46 (48).

[18] Hamerla, a.a.O., S. 40 verneint aber ein Ausschließungsinteresse der Eigentümer von landwirtschaftlich genutzten Grundstücken gegenüber Stromleitungen, sei es, daß sie als Freileitung oder als Erdkabel errichtet werden.

daß sie die Benutzung ihrer Grundstücke zur Herstellung der erforderlichen Verbindung dulden. Es ist streitig, ob sich aus § 917 BGB auch ein Anspruch auf Duldung der Verlegung von Leitungen herleiten läßt. Nach Wortlaut und Sinn des § 917 BGB wird man nicht nur eine Wegebenutzung, sondern auch die Benutzung zur unterirdischen Leitungsverlegung unter diese Vorschrift fassen können[19]. Diese Leitungsduldungspflicht kann sich aber nur auf rein örtliche Versorgungs- und Wirtschaftsleitungen beziehen. Der BGH[20] hat z. B. entschieden, daß ein Notwegerecht zum Inhalt haben kann, von dem Nachbarn die Duldung zur Verlegung eines unterirdischen Abwässerkanals durch sein Grundstück zu verlangen. Auf die Frage dieser Duldungspflicht kann es aber nur ankommen, wenn es sich um Verlegung von Versorgungs- oder örtlichen Leitungen handelt. Eine Überlandleitung, wie eine viele hundert Kilometer lange EFL, kann nicht im Rahmen des § 917 BGB verlegt werden[21]. Fehlt es doch schon für eine Fernleitungsgesellschaft an dem Tatbestandsmerkmal der mangelhaften Verbindung mit einem öffentlichen Weg. Auf ein derartiges Notwegerecht kann sich auch jeweils nur der Eigentümer des zu versorgenden Grundstücks beziehen, nicht auch ein Fernleitungsunternehmen.

Eine Anwendung der §§ 905 oder 917 BGB scheidet daher praktisch für die Verlegung von Erdölfernleitungen aus.

3. Auf Grund des Allgemeinen Preußischen Berggesetzes in Verbindung mit dem Erdölgesetz

Den sogenannten „Feldleitungen" kommt eine große Bedeutung zu[22].

Nach der deutschen Erdölstatistik für das Jahr 1963 gibt es über 100 Erdölfelder. Wegen der oft kleinen und weit verstreut liegenden Felder sind diese zu einem Verbundsystem zusammengefaßt. Zur Sammlung des geförderten Erdöls an Aufbereitungs- und Verladeanlagen ist ein dichtes Netz von Zubringerleitungen erforderlich. Diese Leitungen sind

---

[19] Westermann, Sachenrecht, S. 325; Erman-Westermann § 917 Anm. 2.

[20] BHG vom 4. 11. 1959 in NJW 1960, 93.

[21] Hamerla, a.a.O., S. 42 verneint die Anwendbarkeit von § 917 BGB für die Errichtung von elektrischen Leitungen.

[22] Bei welcher Länge einer Pipeline man von *Fern*leitung sprechen sollte, ist nicht entscheidend. Der Gesetzgeber spricht nur von „Rohrleitungsanlagen" (vgl. § 19a WHG) und „Erdöl-Rohrleitungen". Vgl. aber die Meldepflichtverordnung vom 28. 7. 1965 zum Raffinerie-Meldegesetz, wo auf Länge und Kapazität einer Leitung abgestellt wird. Eine Feldleitung braucht jedenfalls nicht zugleich eine „Werksleitung" zu sein, die nach § 19a WHG keiner wasserrechtlichen Genehmigung bedarf. Nach Bullinger, a.a.O., S. 63, unterscheiden sich Erdölfernleitungen und Feldleitungen „im wesentlichen nur dadurch, daß (erstere) das Verkehrsaufkommen der klassischen Verkehrsträger ungleich stärker beeinflussen".

bis zu 20 km lang. Das so entstehende Zubringersystem umfaßte bereits im Jahre 1955 eine Länge von 350 km[23].

Durch das Gesetz zur Erschließung von Erdöl und anderen Bodenschätzen (Erdölgesetz) vom 12. Mai 1934 und durch die Verordnung über die Berechtigung zur Aufsuchung und Gewinnung von Erdöl und anderen Bodenschätzen (Erdölverordnung) vom 13. Dezember 1934 sind Erdöl und Erdgas unter den echten Staatsvorbehalt und unter die berggesetzliche Regelung gestellt worden.

Nach § 2 Abs. 1 Ziff. 5 des Erdölgesetzes gelten die §§ 135—147 ABG unter anderem auch für Anlagen, „die der Lagerung oder Fortleitung von Erdöl dienen". Voraussetzung für die Anwendung der Vorschriften über die Grundabtretung nach §§ 135 ff. ABG ist aber, daß die Anlagen am Gewinnungsort errichtet werden[24], denn unter diese Bestimmungen fallen nur „Leitungen vom Gewinnungs- zum Verarbeitungsort. Nur wenn keine Verarbeitung stattfindet, wie bei Erdölgas und Erdgas, kann ausnahmsweise auch eine Fortleitung vom Gewinnungsort unmittelbar zum Verbraucher in Betracht kommen"[25]. Das bergbauliche Grundabtretungsrecht als unmittelbares, durch das Gesetz begründetes Recht wohnt ihnen also kraft Gesetzes inne und braucht nicht erst, wie bei der Enteignung, durch besonderen Rechtsakt auf sie zu übertragen werden. Dies erleichtert für derartige Erdölleitungen den Abschluß dinglich gesicherter Fortleitungsrechte an den berührten Grundstücken. So heißt es in der Begründung zu § 2 Erdölgesetz[26]:

„Die berggesetzlichen Vorschriften über die Grundabtretung werden auch Anwendung finden müssen, um nötigenfalls den erforderlichen Grund und Boden für Verarbeitungsanlagen mannigfacher Art (z. B. Raffinerien) am Gewinnungsorte des Vorkommens sowie für Leitungen vom Gewinnungs- zum Verarbeitungsort sicherzustellen."

Demnach sind auch solche Grundstücke betroffen, die nur *mittelbar* dem Zweck der Erdölgewinnung dienstbar gemacht werden sollen. Das trifft z. B. für ein Grundstück zu, das für die Errichtung einer Pumpstation benötigt wird.

Nach § 136 ABG darf die Abtretung nur aus überwiegenden Gründen des öffentlichen Interesses versagt werden. Der Abtretungsanspruch nach § 135 ABG besteht, wenn die Benutzung des fremden Grundeigentums *notwendig* ist. Scheitert eine gütliche Einigung, so entscheidet nach

---

[23] Deilmann, a.a.O., S. 41.

[24] Die Erdölraffinerie Holthausen bei Lingen wird z. B. weitgehend von 10 bis 30 km entfernt von den einzelnen Ölfeldern ausgehenden Leitungen versorgt.

[25] Ebel-Weller, Anm. 2 zu § 2 Erdölgesetz (Seite 460).

[26] Vgl. ZfB 75, 89; Gerber, Erdölgesetzgebung, § 135 ABG, S. 73.

§ 142 ABG das zuständige Oberbergamt im Einvernehmen mit dem Regierungspräsidenten, ob und in welchem Umfang den Grundeigentümer eine Abtretungsverpflichtung trifft. Die Behörde prüft, ob die Grundabtretung betriebsnotwendig ist und ihr nicht ein öffentliches Interesse entgegensteht[27].

Dieses Verfahren läßt eine grundsätzliche Wesensverschiedenheit der „bergbaulichen" und der „kommerziellen" Erdölleitungen hervortreten, obwohl beider Versorgungsaufgaben die gleichen sind[28]. Das bergbauliche Grundabtretungsrecht für die ab Sonde inländisches Öl transportierenden Fernleitungsunternehmen wird insoweit eingeschränkt, als es nach jeder Umbehandlung, Speicherung, Leitungs-, Fest- und Schwimmdachtankvermischung, jedem Verkauf usw. nicht mehr anwendbar ist. Durch die Geltung der §§ 135 ff. ABG wird auch die Aufsichtszuständigkeit für derartige Erdölleitungen den Bergbehörden übertragen. Bei Leitungen von Erdölsonden bis zu einer Raffinerie könnte dies zweifelhaft sein, da bei sehr langen Leitungen ein räumlicher Zusammenhang mit der Erdölgewinnung unter Umständen nicht mehr gegeben ist. Meines Erachtens müssen dem Gesetzeswortlaut des § 2 Abs. 1 Ziff. 5 Erdölgesetz zufolge den Erdölleitungen abhängig von dem alleinigen Kriterium, daß das Öl unmittelbar aus einer Sonde in die Leitung fließt, das bergbauliche Grundabtretungsrecht und die einheitliche Bergaufsicht eingeräumt werden. Die alleinige Zuständigkeit der Bergbehörden für „Feldleitungen" folgt aus § 2 Erdölgesetz i. V. mit § 142 ABG. Daß der Gesetzgeber von einem Kompetenzvorrang der Bergbehörden ausgeht, macht der 1964 neu in das Wasserhaushaltsgesetz eingeführte § 19 f deutlich. Danach hat eine nach Gewerbe- oder Bergrecht für Rohrleitungsanlagen zuständige Behörde auch die wasserrechtlichen Entscheidungen im Einvernehmen mit den zuständigen Wasserbehörden zu treffen.

Ob für derartige Leitungen eine Energieaufsicht nach §§ 4, 5 Energiewirtschaftsgesetz gegeben ist, soll hier nicht untersucht werden. Für Erdgasleitungen dürfte eine solche Zweispurigkeit jedenfalls zu bejahen sein[29].

---

[27] Vgl. VG Aachen in ZfB 105, 103 (107). Unter welchen Voraussetzungen das Wohl der Allgemeinheit eine Grundabtretung oder Enteignung erforderlich macht, wird im folgenden Abschnitt über die Enteignung im einzelnen untersucht.

[28] Nach § 19a WHG erfahren beide Leitungen eine gleiche Behandlung, eine Feldleitung bedarf nur dann keiner wasserrechtlichen Genehmigung, wenn sie „den Bereich eines Werkgeländes nicht überschreitet". Vgl. § 19 f WHG.

[29] Vgl. ZfB 102, 373 (Besprechung eines Aufsatzes von Kohl).

Wie an späterer Stelle der Arbeit[30] zu zeigen sein wird, kann für die Verlegung einer EFL, für die das bergbauliche Grundabtretungsrecht in Anspruch genommen werden kann, nicht das Enteignungsrecht nach dem Preußischen Enteignungsgesetz von 1874 beansprucht werden.

III. Begründung von Durchleiterechten durch Enteignung

Da die Planung und der Bau einer meist mehrere hundert Kilometer langen EFL die Inanspruchnahme einer Vielzahl von Grundstücken erfordert, und nicht alle Grundstückseigentümer bereit sind, freiwillig der Fernleitungsgesellschaft ein Durchleitungsrecht einzuräumen oder aber übermäßige Entgelte anstreben, ist der Bau einer solchen Fernleitung oft abhängig von einem der Gesellschaft verliehenen Enteignungsrecht.

Aus Gründen der Wirtschaftlichkeit und Sicherheit ist ein Fernleitungsunternehmen auf eine kurze, möglichst geringe Umwege anstrebende, sparsame und technisch richtige Linienführung angewiesen. Wird im Einzelfall auch der überwiegende Teil der Belastungen auf dem erforderlichen Grund und Boden freihändig erworben[1], so wird diese Freiwilligkeit doch häufig auf dem Druck beruhen, der von der dahinterstehenden Enteignungsmöglichkeit ausgeht.

Mineralöltransporte werden durch rechtlich selbständige Gesellschaften durchgeführt, die meist im Abhängigkeitsverhältnis zu ihren Gesellschaftern als Kunden stehen. Es wird sich daher im Zweifel nicht um gewerblichen Verkehr, sondern um Privat- und Werkverkehr[2] handeln, zu dem „alle Verkehrsbetriebe rechnen, auf die der Produktions- oder Handelsbetrieb maßgeblichen Einfluß hat, und durch die er einen wesentlichen Teil seiner Transporte durchführen läßt"[3]. In diesem Zusammenhang ist interessant zu erfahren, daß ein Pipelineunternehmen vom

---

[30] s. Seite 87.

[1] Außer der Nord-West-Oelleitung sind die bisher in Deutschland gebauten Pipelines ohne Inanspruchnahme des Enteignungsrechtes verlegt worden.

[2] Streicher, a.a.O., S. 133 benutzt den Begriff „Internumverkehr". Legaldefinitionen für den Begriff „Werkverkehr" hat der Gesetzgeber aber nur für die Binnenschiffahrt und den Güterkraftverkehr auf der Straße (§ 48 des Güterkraftverkehrsgesetzes vom 17. 10. 1952) geschaffen. Vgl. zu diesen Fragen insbesondere: Seidenfus in Zeitschrift für Verkehrswissenschaft 1961, S. 101/102 und Sobek, a.a.O., S. 99. Bullinger, a.a.O., S. 63 bezeichnet Erdölfernleitungen „als wirtschaftsakzessorische Sonder- und Beförderungswege", mit der Folge, daß „verkehrswirtschaftliche Vorschriften des Bundes für die Mineralölfernleitungen auch unter dem Gesichtspunkt des Sachzusammenhanges gerechtfertigt" sind (a.a.O., S. 71 und 77). Holland in Rohre, Rohrleitungsbau, Rohrleitungstransport 1965, 140 vergleicht den Rohrtransport mit dem innerbetrieblichen Transport, weil er wie dieser untrennbar mit den Produktionsstätten verbunden sei.

[3] Predöhl, a.a.O., S. 184. Die Abgrenzung der Verkehrsarten ist im Rahmen des zu schaffenden gemeinsamen Verkehrsrechts der EWG äußerst umstritten. Auch für das Steuerrecht kann die Frage von Bedeutung sein.

Fiskus „als eine von verschiedenen Gewinnungsunternehmen gemeinsam in Anspruch genommene *Transportgesellschaft* angesehen“ wurde. Das Durchleiten von Öl sei unter Anwendung von § 1 Steueranpassungsgesetz als *Befördern* anzusehen[4].

Auf die Problematik, die sich dadurch ergibt, daß ein privatwirtschaftliches Unternehmen um das Enteignungsrecht nachsucht, soll an späterer Stelle eingegangen werden[5].

Der Erdöltransport ist Glied der Energiewirtschaft, deren Zweck laut Präambel zum Energiewirtschaftsgesetz es ist, „den notwendigen öffentlichen Einfluß in allen Angelegenheiten der Energieversorgung zu sichern, volkswirtschaftlich schädliche Auswirkungen des Wettbewerbs zu verhindern, einen zweckmäßigen Ausgleich der Verbundwirtschaft zu fördern und durch all dies die Energieversorgung so sicher und billig wie möglich zu gestalten“[6].

Ungeachtet der bei Ausdehnung des Erdölfernleitungsnetzes auch in Deutschland auftretenden weitergehenden Ordnungsprobleme könnte es vorerst der Überwindung der vorerwähnten Widerstände der rechtlichen Gleichstellung mit den öffentlichen Verkehrsträgern für jeden einzelnen Fall der Planung, des Baus und des Betriebs dienlich sein, wenn die Fernleitungsgesellschaft für sich um die Ausstattung mit dem Enteignungsrecht nachsucht und von den Enteignungsbehörden die Entziehung bzw. Beschränkung des Grundeigentums aus Gründen des öffentlichen Wohls anerkannt wird.

Bei der Frage des Enteignungsrechts zugunsten von Erdölfernleitungsgesellschaften ergeben sich allerdings neuartige Probleme, die nur dem Erdölfernleitungstransport eigen sind, und mit denen sich Rechtsprechung und Lehre bisher nur wenig beschäftigt haben.

1. Begriff und Abgrenzung der Enteignung

Eine Enteignung bedeutet — gleich welchen Wesensgehalt man ihr öffentlich-rechtlich beimißt — eine durch die Verfassung geschaffene Ausnahmeregelung, die das im Grundgesetz gewährleistete Prinzip des Eigentumsschutzes durchbricht. Diese Ausnahmeregelung rechtfertigt auch, daß die Enteignung in einem förmlichen Verfahren und aufgrund eines Gesetzes — eine Legalenteignung durch Gesetz scheidet hier aus dem Kreis der Betrachtungen aus — vollzogen werden muß. Auf eine Klärung des Begriffs und des Wesens der Enteignung soll hier verzichtet werden.

---

[4] DB 1964, 642.

[5] Seite 66 ff.

[6] Abgedruckt bei Ludwig-Cordt-Stech II. Teil c IX 1, S. 23.

Eine Rückkehr zu dem klassischen Enteignungsbegriff, unter dem man die Ubertragung von Liegenschaften durch Hoheitsakt auf ein im öffentlichen Interesse stehendes Unternehmen zum Zwecke der Durchführung eines bestimmten Unternehmens verstand[7], ist ausgeschlossen. Der moderne, vor allem durch BGH[8] und BVerfG entwickelte Enteignungsbegriff fordert keinen Übertragungsakt mehr. Es genügt ein Rechtsverlust bei dem Betroffenen, der auf einem unmittelbar gezielten Eingriff beruhen muß[9]. Entscheidende und weitere Folgerung daraus ist, daß kein voller Entzug des Enteignungsobjektes mehr erforderlich ist, sondern auch schon dessen inhaltliche Beschränkung unter den Enteignungstatbestand fällt. Dazu rechnet jede dingliche Änderung des Enteignungsobjekts, also auch die Belastung mit einer Dienstbarkeit. Es handelt sich dabei um Teilenteignungen, von denen dann gesprochen werden kann, wenn das Grundeigentum oder andere bereits bestehende dingliche Rechte nicht entzogen, sondern lediglich beschränkt werden.

Diese Wandlung des Enteignungsbegriffs ist im Zuge der grundlegend geänderten Verhältnisse geboten. Eine solche Entwicklung, welche die Enteignung unter erheblich leichteren Bedingungen als früher ermöglicht, bedeutet gerade im Hinblick auf die uns interessierenden Rohrleitungsprobleme einen großen Fortschritt. Wurde doch früher in der Enteignung ausschließlich die Abkehr vom Eigentumsschutz gesehen, und der Enteignungsvorgang somit als Eigentumsvernichtung betrachtet. Die Reformbedürftigkeit dieser Auffassung in einem industrialisierten Zeitalter entstand bei der Erörterung der Erfordernisse des Allgemeinwohls. Heute läßt sich nicht leugnen, „daß das Institut der Enteignung der Geburtshelfer für viele oder gar für die meisten der heutigen Zivilisationsanlagen und -einrichtungen gewesen ist“[10].

Man denke nur an das verzweigte Bahn-, Straßen- und Kanalnetz, das erst durch Verleihung des Enteignungsrechts geschaffen werden konnte. Die moderne Auffassung der Enteignung darf jedoch nicht so weit gehen, daß die in Art. 14 Abs. 2 GG verbürgte Eigentumsgarantie in ihrer Substanz angegriffen wird. Das Grundrecht des Eigentums darf nicht stärker und nicht in weiterem Umfang eingeschränkt werden, als es die sachlichen Gründe zwingend erfordern.

---

[7] H. J. Wolff, S. 376.

[8] BGHZ 6, 280.

[9] H. J. Wolff, S. 381.

[10] Dittus, in BlGBW 1958, 258.

2. Rechtsgrundlagen und Zulässigkeit der Enteignung

Die „landesgesetzlichen Vorschriften über die im öffentlichen Interesse erfolgende Entziehung, Beschädigung oder Benutzung einer Sache, Beschränkung des Eigentums und Entziehung oder Beschränkung von Rechten“[11] blieben bei Neuregelung der Enteignung in Kraft. Rechtsgrundlage für die Enteignung sind demgemäß in erster Linie die verschiedenen Enteignungsgesetze der Länder[12] unter Berücksichtigung des Grundgesetzes und der Verfassungsprinzipien. Da ein Eingehen auf alle Landesenteignungsgesetze zu weit führen würde, soll hier nur auf das Preußische Gesetz zur Enteignung von Grundeigentum vom 11. Juni 1874, das heute noch in den ehemals preußischen Ländern gilt, also z. B. auch in NRW, näher eingegangen werden.

Die Erdölfernleitungen sind weder als öffentliche Versorgungsanlagen noch als Verkehrsanlagen für das Gesamtinteresse anerkannt. Eine Investitionskontrolle nach § 4 Energiewirtschaftsgesetz findet auf sie keine Anwendung. Die in § 11 EnWG geschaffene Enteignungsmöglichkeit für Elektrizitäts- und Gasleitungen, die als Bundesgesetz lex specialis zu allen anderen Landesrechten ist, findet auf Erdölfernleitungen keine analoge Anwendung[13], da es sich nicht um „öffentliche Versorgungsleitungen“ handelt. Die Erdölfernleitungen unterliegen in der Bundesrepublik keiner öffentlich-rechtlichen Bindung; bei ihnen kann wegen Fehlens einer Beförderungs-, Anschluß- oder Versorgungspflicht daher auch nicht von einer „öffentlichen Versorgungsleitung“ die Rede sein. Auch der Gesetzgeber hat diese Trennung vorgenommen. So heißt es in Nr. 10.26 Abs. 2 der Allgemeinen Verwaltungsvorschriften zur TVbF vom 10. September 1964:

> „Unterirdische Rohrleitungen müssen so verlegt sein, daß ... ein Abstand von mindestens 1 Meter zu öffentlichen Versorgungsleitungen vorhanden ... ist.“

Auch die Enteignungsvorschriften im Bundesbaugesetz haben für Erdölfernleitungen keine Bedeutung[14]. Im BBauG sind nur Vorschriften

---

[11] Vgl. Art. 109 Einführungsgesetz zum BGB.

[12] Bullinger, a.a.O., S. 78 und Hamann, in BB 1957, 1259, befürworten eine bundeseinheitliche Regelung. Die Bundeszuständigkeit soll sich aus Art. 74 Nr. 11 GG ergeben, da das „Recht der Wirtschaft“ eine entsprechende Auslegung erfahren müsse.

[13] Malzer, Leitungsverlegung S. 26.

[14] Vgl. Bonczek-Halstenberg, a.a.O., S. 347, wo es heißt: „Soweit es sich bei den die Enteignung veranlassenden Anlagen um solche von überörtlicher Bedeutung handelt (z. B. Überlandleitungen ...), sind *allein* die spezialgesetzlichen Enteignungsvorschriften anwendbar. Nur bei Verkehrs- und Versorgungsleitungen von örtlicher Bedeutung besteht die Möglichkeit der Konkurrenz.“

über Elektrizitäts-, Gas- und Wasserleitungen zu finden. Ihre Duldung durch den Grundeigentümer erscheint in ihm als ein Fall des „baulichen Nachbarrechts“.

Die Verleihung des Enteignungsrechts ist an bestimmte Voraussetzungen geknüpft, von deren Erfüllung die Zulässigkeit der sogenannten Enteignungsanordnung abhängig ist.

a) *Öffentliches Interesse bei Verlegung einer Erdölfernleitung*

Contemplatio publicae utilitatis privatorum commodis praefertur[15].

Wichtigstes materielles Zulässigkeitsmerkmal, das für die Verlegung von Erdölfernleitungen besondere Bedeutung erlangt, ist nach Artikel 14 Abs. 3 GG das „Wohl der Allgemeinheit“, dem eine Enteignung zu dienen hat.

Der verfassungsrechtliche Begriff „Wohl der Allgemeinheit“ wird meist durch die einschlägigen gesetzlichen Bestimmungen konkretisiert. Diese Bestimmungen sind unter Berücksichtigung von Art. 14 Abs. 3 GG verfassungskonform auszulegen. Die Frage, ob Gründe des Allgemeinwohls eine Enteignung rechtfertigen, ist eine von den Verwaltungsgerichten in vollem Umfang nachprüfbare Tat- und Rechtsfrage.

Nach § 1 PrEG kann nur aus „Gründen des öffentlichen Wohls“ eine Enteignung ausgesprochen werden. Der Begriff „Wohl der Allgemeinheit“ ist unbestimmter Rechtsbegriff und läßt sich nicht für alle denkbaren Fälle verläßlich definieren. Eine feste Umschreibung ist nicht möglich, weil der Gesetzgeber bewußt von einer Präzisierung absah[16]. Es muß jeweils auf den Einzelfall abgestellt werden. Das Wohl der Allgemeinheit als Generalklausel ist zwar umfassend und elastisch, darf aber nicht dazu führen, ausschließlich verkehrspolitischen Interessen zu dienen[17]. Die Entscheidung darüber, ob Gründe des öffentlichen Wohls vorliegen, wird oft „von den jeweiligen Staatszielen, Machtverhältnissen und volkswirtschaftlichen Gegebenheiten abhängen“[18]. Für das Land Nordrhein-Westfalen hat die Regierung Richtlinien aufgestellt, nach denen hinsichtlich der Bejahung des öffentlichen Wohls „ein strenger Maßstab abzulegen“ ist und wonach auch „die Rechtsform des

---

[15] Pauli, sententiae II, 19, 2.

[16] Eger § 1 Anm. 9.

[17] Seidenfus in Zeitschrift für Verkehrswissenschaft 1961, S. 103 stellt dazu treffend fest: „Bei richtiger Handhabung des Enteignungsrechts bedarf es neben der Überwachung der Einhaltung der Sicherheitsbestimmungen keiner weiteren verkehrspolitischen Maßnahmen.“

[18] Neufang § 1 Anm. 5.

Unternehmers und des Unternehmens von Bedeutung" sein kann[19]. Das Wohl der Allgemeinheit im Sinne von Art. 14 Abs. 3 GG ist nicht jedes öffentliche Interesse, das nach Nützlichkeits- und Zweckmäßigkeitserwägungen bestimmt wird. Es ist dann gewahrt, wenn die Enteignung dem gemeinen Besten dient und einen unzweifelhaft erheblichen Nutzen für das gesamte Volk bringt, der „über den durch die vorgenommene Rechtsentziehung an sich und ohne weiteres erreichten Vorteil hinausgeht oder außerhalb dieses Vorteils besteht"[20]. Interessen, welche nur einzelnen Personen oder einem kleinen Personenkreis dienen, reichen nicht aus. Hingegen kann eine Reihe solcher Einzelinteressen berührt werden, deren Zusammenfassung das Gemeinwohl mittelbar oder unmittelbar beeinflußt.

Der Begriff „Wohl der Allgemeinheit" deckt sich nicht mit dem Begriff „öffentliches Interesse", „sondern hat eine darüber hinausgehende Bedeutung, indem er nicht auf das jeweilige Einzelinteresse der öffentlichen Hand abstellt, sondern eine Abwägung des Gesamtwohls mit der geschützten Rechtsstellung des Eigentümers verlangt"[21].

Worin liegt nun bei Verlegung einer EFL das öffentliche Interesse und inwieweit wird durch sie das Wohl der Allgemeinheit berührt? Das Allgemeinwohl beim Bau einer EFL ist unter den verschiedensten Gesichtspunkten beteiligt und betroffen. Wichtig ist zunächst die ökonomische Bedeutung der Fernleitung. Wichtig aber können auch sozialpolitische, kulturelle, sicherheitstechnische und militärische Erwägungen sein. Der Bau einer EFL muß, um der Allgemeinheit Nutzen und Vorteile bringen zu können, gewisse auf volkswirtschaftlichem und wirtschaftspolitischem Gebiete liegende Voraussetzungen erfüllen. Eine EFL bringt regelmäßig eine Kostenersparnis[22] und technische Verbesserung des Transportwesens mit sich. Bei ihrem Betriebe handelt es sich aber nicht um eine öffentliche Versorgungsleitung, sondern um einen Transportvorgang eigener Art[23]. Ein wohlverstandenes öffentliches Interesse daran ist aber zu bejahen, wenn die EFL Kostenvorteile bringt, und wenn

---

[19] Erlaß des Innenministeriums des Landes NRW vom 20. 8. 1960 im Ministerialblatt für das Land NRW, Ausgabe Nr. 98, vom 31. 8. 1960.

[20] Badischer Staatsgerichtshof in VRsp 2, 411.

[21] Schrödter, § 87 BBauG Anm. 1.

[22] Von Fachleuten der Montanunion wurde das Transportkostenverhältnis zwischen EFL und Schiene auf 1 zu 6 geschätzt. Vgl. die Welt Nr. 110 vom 13. 5. 1963.

[23] In der neueren Verkehrsliteratur ist die Eigenschaft einer Pipeline als Bestandteil der Verkehrswirtschaft weitgehend anerkannt. Vgl. Mische, a.a.O., S. 15; Stohler, a.a.O., S. 100, hat nachgewiesen, daß die Benutzung eines Fahrzeuges nicht Voraussetzung für die Erbringung einer Verkehrsleistung ist. Ein Verkehrs- und Transportmittel erfordert m. E. auch nicht, daß es jedermann zugängig sein muß. Es genügt zur Begriffsbestimmung Verkehr, daß eine Raumüberwindung vorliegt.

diese auch weitergegeben werden, so daß sie sich bei den für die Allgemeinheit bestimmten Erdprodukten auswirken. Dabei sollte der Umfang der Kostenvorteile nicht als unbedingtes Kriterium herangezogen werden.

Abzulehnen ist m. E. die Auffassung von Seidenfus[24], der immer nur dann einem FLU das Enteignungsrecht zugestehen will, wenn die mit dem Bau der EFL verbundenen Kostenvorteile langfristig eine mögliche 10-prozentige Kostensenkung der Rohöltransporte durch die Leitung gegenüber dem konkurrierenden Straßen-, Schienen- und Schiffahrtsverkehr ergeben. Eine derartige 10-prozentige Abgrenzung erscheint willkürlich. In der Praxis wird sie zudem für verschiedene Raffineriestandorte in weiten Grenzen über- und unterschritten.

Die Ersparnis wird sich vor allem in der langfristigen Kostenentwicklung zeigen. Durch den geringen Personalaufwand[25] dürfte eine Beständigkeit der Kosten garantiert sein, die selbst durch Lohnerhöhungen nicht wesentlich beeinträchtigt wird.

Fraglich ist, ob das öffentliche Interesse nur bis zum Vollzug der Enteignung zu berücksichtigen ist. Mit der Erwartung von Kostenersparnis z. B. ist auch die Erörterung von deren Weitergabe in der Zukunft verbunden. Eine Gewähr hierfür durch eine laufende staatliche Einflußnahme ist schwer durchführbar[26]. Es läßt sich kaum eine Rechtspflicht für ein FLU begründen, die Kostenvorteile an die Allgemeinheit weiterzugeben, es sei denn, man erwägt eine zwangsläufige Staatsaufsicht oder Staatsbeteiligung, wie Kruchen sie vorschlägt. Dazu aber bedarf es besonderer Gesetze[27]. Eine bloße Zusage der Fernleitungsgesellschaft wird schwerlich als bindend erachtet. Eher ließe sich die Enteignungsanordnung mit einer öffentlich-rechtlichen Auflage verbinden[28]. Die Bewilligung des Enteignungsrechtes als eines begünsti-

---

[24] Energie und Verkehr, S. 204.

[25] Die Süd-Europäische-Pipeline kommt z. B. mit etwa 220 Arbeitskräften aus (vgl. FAZ vom 27. 3. 1965, S. 5), um bis zu 30 Mill. t Öl über 750 km zu transportieren. Diese Zahlen gewinnen im Vergleich zu den Investitionskosten von über 500 Mill. DM an Bedeutung.

[26] So Kruchen, a.a.O., S. 740.

[27] Ob eine gesetzliche Verpflichtung zur Offenlegung der Ergebnisrechnungen mit dem Prinzip unserer Wirtschaftsordnung vereinbar wäre, soll hier dahingestellt sein. Die Landesregierung von NRW hat am 1. 12. 1964 eine Resolution gefaßt, ein Bundesgesetz zur Regelung des Baues von Pipelines und Raffinerien zu schaffen. Vgl. FAZ vom 2. 12. 1964. Im April 1965 hat der Bundestag einstimmig ein Gesetz über die Meldepflicht von Raffinerien und Erdölfernleitungen verabschiedet. Vgl. Bundestagsdrucksache IV/2953 und die Welt vom 27. 3. und 10. 4. 1965. In dem Gesetz ist jedoch nur eine Meldepflicht von geplanten Vorhaben, nicht auch eine Genehmigung derselben vorgesehen.

[28] Hier erhebt sich jedoch die Schwierigkeit, wer Adressat einer solchen Auflage sein soll. In der Regel hat ein FLU mehrere Konsortialmitglieder, die schwer zur Einhaltung einer Auflage gezwungen werden könnten.

genden Verwaltungsaktes kann mit Auflagen oder Bedingungen verknüpft werden, welche das FLU veranlassen, die von ihm erzielten Kostenvorteile weiterzugeben. Das Preußische Enteignungsgesetz von 1874 sieht außer in § 14 als sicherheitspolizeilicher Ordnungsvorschrift keine bestimmten Auflagen oder Bedingungen vor, lehnt solche aber auch nicht als unzulässig ab. Mit einem begünstigenden Verwaltungsakt können in der Regel Bedingungen und Auflagen verbunden werden[29]. Die Bewilligung des Enteignungsrechtes ist an die Voraussetzung geknüpft, daß durch sie das Allgemeinwohl gefördert wird. Um dies zu sichern, widerspricht es dem Gesetzeszweck nicht, die Bewilligung mit entsprechenden Bedingungen oder Auflagen zu versehen. Es kann mit Bullinger[30] festgestellt werden, daß ein enteignungsberechtigtes FLU „in ganz besonderer Weise die Bereitschaft zur *dauernden* Unterwerfung unter das Allgemeininteresse erkennen lassen und der Verwaltung gegenüber die erforderlichen Bindungen und Verpflichtungen übernehmen (muß), wenn nicht die Enteignung mangels eines genügenden Allgemeininteresses unzulässig sein soll". Diese „Unterwerfung unter das Allgemeininteresse" darf aber m. E. nicht dazu führen, daß eine EFL ähnlich wie in den USA zum „common carrier"[31] wird. Das hätte zur Folge, daß ein FLU Kapazitätsreserven schaffen müßte, „die besonders groß sind bei Verkehrsträgern, die einer gemeinwirtschaftlichen Verpflichtung zur Durchführung aller nachgefragten Beförderung unterstellt sind ... Folge des Zwanges zur Aufrechterhaltung von Kapazitätsreserven und der fluktuierenden Nachfrage ist ein relativ niedriger Ausnutzungsgrad der Kapazität"[32]. Damit würden entscheidende Vorteile des Fernleitungstransportes wieder aufgehoben. Seidenfus[33] fordert, daß die betreffenden Gesellschaften, die den Bau einer EFL beabsichtigen, bei der Betreibung des Enteignungsverfahrens nicht nur ihre Baupläne, sondern auch ihre Kostenunterlagen einzureichen haben. Die herkömmlichen Verkehrsträger, insbesondere Bundesbahn und Binnenschiffahrt, müssen dazu gehört werden, um ihrerseits Stellung nehmen zu können und gegebenenfalls ihre langfristigen Kostenberechnungen mit derjenigen der Fernleitungsgesellschaft zu vergleichen. Einmal wird dadurch eine von den betreffenden Interessenverbänden immer wieder gewünschte und geforderte Koordination erreicht, zum anderen wird bei Versagen des Enteignungsrechtes aus Gründen des Kostenvergleichs erreicht, daß etwa zugestandene Kostensenkungen der herkömmlichen Verkehrsträger „auch nachhaltig in entsprechend

---

[29] Forsthoff, a.a.O., S. 197/198.

[30] Der Staat 1962, 449 (457).

[31] Vgl. Westermann, Dokumentation, S. 10.

[32] Stohler, a.a.O., S. 4.

[33] Energie und Verkehr, S. 212.

niedrigeren Mineralöltarifen oder -frachten zum Ausdruck kommen"[34]. Aus obigen Erwägungen folgt, daß es im Zweifel nicht vertretbar wäre, den Bau einer zweiten Rohrleitung parallel zu einer schon bestehenden durch die Verleihung des Enteignungsrechtes zu unterstützen, solange die Durchleitekapazität der ersten noch gesteigert werden kann, ohne daß die Sicherheit durch den erhöhten Pumpendruck gefährdet würde[35]. Im eigenen Interesse der Fernleitungsgesellschaften wird damit eine zweckmäßige Linienführung angestrebt und Fehlinvestitionen vorgebeugt[36]. Ein Erdölfernleitungsbetrieb erweist sich wegen der hohen Fixkostenquote nur als lohnend bei großen und hinreichend beständigen Durchsatzmengen, die eine laufende Beförderung garantieren, um so einen niedrigen Kostensatz pro durchgesetzte Tonne zu erreichen, der — wie dargelegt — mittelbar der Gesamtheit zugute kommen muß. Wer unnötige Kosten hervorruft, ist nicht gemeinnützig. Fallen die Kosten der Allgemeinheit zur Last, ist er gemeinschädlich.

Wenn die volkswirtschaftliche Bedeutung beim Bau von Fernleitungen für das öffentliche Wohl entscheidend ist, so wird die Kostenersparnis allein doch nicht ausreichen, um ein Allgemeininteresse bejahen zu können. Wichtig für die Gesamtwirtschaft ist auch die Entwicklung von Verbundsystemen, die durch den Bau von Erdölfernleitungen gefördert werden. Die Einrichtung von Fernleitungsanlagen ist ein wichtiges Mittel des Rohstoff- und Energieverbundes der industriellen Wirtschaft und von Bedeutung für die Wettbewerbsfähigkeit ganzer Industriezweige[37]. Andererseits wird die Konkurrenz anderer Energiearten entscheidend beeinflußt. Der Erdölfernleitungstransport bietet nach Angaben der Generaldirektion Verkehr der EWG-Kommission Vorteile für eine harmonische und rationelle Entwicklung der Energiepolitik des

---

[34] Seidenfus, Energie und Verkehr, S. 212.

[35] Die Abhängigkeit der Transportkosten von der Dimensionierung der Leitungsanlage hat Cookenboo, a.a.O., S. 8—32 im einzelnen nachgewiesen. Die Steigerung des Leitungsdurchsatzes auf bestimmten kurzen Strecken erfolgt durch ein sogenanntes „Looping".

[36] Eine Fehlinvestierung beim Bau einer EFL wird mittelbar verursacht durch Fehlinvestierungen bei Raffinerieneubauten. Es wäre bei dem wirtschaftlichen Zusammenwachsen des EWG-Raumes und den Bestrebungen zu einer gemeinsamen Energiepolitik interessant, zu untersuchen, inwieweit 1965 noch Kapazitätserweiterungen rentabel sind. Bei dem bekannten Kapazitätsüberhang von Raffinerieprodukten in Italien, droht auch in Bayern, daß kostendeckende Preise für viele Produkte nicht mehr zu erzielen sind. (Wichtige Hinweise geben die Geschäftsberichte der Ölkonzerne für 1964.) Deshalb dürfte auch die Wintershall AG von dem zusammen mit der Texaco geplanten Raffinerieneubau in Bayern zurückgetreten sein.

[37] Wäre die Nord-West-Oelleitung nicht so schnell gebaut worden, wäre es u. U. bei den Raffinerien im Kölner Raum zur Einschränkung der Kapazitätsausnutzung gekommen. Selbst die Förderung von Erdöl kann gedrosselt werden, wenn ein Leitungsbau unterbleibt, vgl. Verwaltungsgericht Hamburg in ZfB 105, 111.

westeuropäischen Raums[38]. „Der Ausbau der Erdölfernleitungen in den EWG-Ländern im festgelegten Rahmen müsse sichergestellt werden[39].“ Eine optimale Energieversorgung Europas wird man als das Ziel einer sinnvollen Energiewirtschafts- und Investitionspolitik bezeichnen dürfen.

Dadurch wird es möglich, Raffinerien und Verarbeitungsanlagen in die Verbrauchszentren zu verlagern, was wiederum die Erzeugnisse verbilligt[40]. Letztlich ist nicht das einzelne Unternehmen durch die Enteignung begünstigt, sondern der Verbraucher, welcher vermöge der neuen Leitungen frachtgünstig Treib- und Brennstoffe beziehen kann. Eine unter solchen verkaufspolitischen Gesichtspunkten gebaute EFL nützt dem Allgemeinwohl und ist Teil oder Schlußstein der weltweiten, von denselben Erwägungen bestimmten Planungen von Rohöl bis zu allen Fertig- und Enderzeugnissen der Raffinerien, ohne die ein moderner Staat nicht leben kann.

Die Öffentlichkeit hat ein Interesse daran, daß das Mineralöl als entscheidender Produktions- und Preisfaktor am besten, zweckmäßigsten und vor allem sichersten transportiert wird. Die Feuergefahr bei der Beförderung von Öl, die sich durch einen Verkehrs- oder Betriebsunfall beim herkömmlichen Transport zu Brandkatastrophen auswirken kann, fehlt bei einer EFL. Die entscheidenden Vorteile des Rohrferntransportes sind, daß Transportmittel, Transportweg und Speicherung zusammenfallen und das Bewegen von toten Lasten entfällt. Das Problem der Leerkosten wird vermieden, denn es gibt keinen Rücklauf von Leergut gegen die Lastrichtung. Die Nachteile der herkömmlichen Verkehrsmittel[41], ungünstiger Ausnutzungsgrad, Diskrepanz zwischen Verkehrsnachfrage und Fahrzeugdichte, fehlende Nachfrage für notwendige Rückkehr des Fahrzeuges an den Ursprungsort, Unpaarigkeit der Verkehrsströme usw., entfallen beim Rohrleitungstransport weitgehend. Interessant in diesem Zusammenhang sind die Ausführungen des Verwaltungsgerichts Hamburg[42] zur Notwendigkeit des Baus einer Feldleitung:

---

[38] Der Einfluß von Erdölfernleitungen auf die Raumordnung wird unter Abschnitt C der Arbeit untersucht werden.

[39] Dokument Nr. VII/Kom. (61) 81 vom 15. 7. 1961 „Probleme im Zusammenhang mit dem Ausbau der Rohrleitungen zur Beförderung flüssiger Brennstoffe“, herausgegeben von der Generaldirektion Verkehr der Kommission der EWG.

[40] Ein eindrucksvolles Beispiel bietet die „Südeuropäische Pipeline“ von Marseille/Lavéra bis Karlsruhe und Ingolstadt. Von den arabischen Ölfeldern bis zu den Nordseehäfen ergibt sich eine Wegeersparnis von 3000 km. Vgl. Handelsblatt vom 15. 6. 1964 „Südeuropäische Pipeline — ein Wirtschaftsmotor“.

[41] Vgl. Stohler, a.a.O., S. 5.

[42] in ZfB 105, 111 (112).

„Es liegt auf der Hand, daß der Transport dieser Mengen in Tankwagen zum nächsten Verladebahnhof den Verkehr auf den öffentlichen Straßen stark belastet, so daß schon aus diesem Grund die unverzögerte Fertigstellung der Ölleitung im öffentlichen Interesse liegt."

Ein weiterer Vorteil liegt in der Platzeinsparung, die mit jedem Rohrtransport für Massengüter verbunden ist. Um die gleiche Menge zu befördern, benötigt eine EFL erheblich weniger Fläche als die traditionellen Verkehrsträger. Bei dem knappen Raum in unseren Städten und auf den Straßen zwingt der Einsatz von Kesselwagen zur Beförderung von Erdöl mit seiner „Platzverschwendung" zu der Frage, inwieweit ein derartiger Transport der Bevölkerung noch zugemutet werden kann. Vielleicht wird die Zukunft erweisen, daß bei dem Neubau einer Raffinerie der Hin- und Abstransport von Rohöl bzw. Fertigprodukten zur Auflage gemacht wird.

Der m. E. entscheidende Vorteil der EFL, der eine Enteignung ihres bodenrechtlichen Bedarfes unter den anderen aufgezeigten Voraussetzungen als zulässig, ja sogar als volkswirtschaftlich förderlich erscheinen läßt, ist folgender: Der Grund und Boden, ein Produktionsfaktor, der nicht vermehrt werden kann, wird bei der Verlegung von Fernleitungen seinem „eigentlichen und ursprünglichen Zweck und seiner eigenen Funktion nicht entwidmet"[43], wie das beim Bau von Straßen, Eisenbahnen und Schiffahrtswegen der Fall ist. Selbst ein Schutzstreifen neben der Leitung ist nicht überall erforderlich.

Die Beanspruchung großer Land- und Waldflächen durch den Bau von Autobahnen, Straßen und Transportwegen wächst zusehends. Welche Auswirkungen der Erdölfernleitungsbau auf die Raumordnung und das Planungsrecht hat, wird später (Kapitel c) im einzelnen behandelt werden. Mit dem Bau von Ferntransportleitungen verwirklicht sich aber unbestritten eine Intensivierung der Bodennutzung. Damit kommt der Rohrleitungstransport den Zielen der Raumordnung, der ständig zunehmenden Verknappung des Grund und Bodens bei wachsenden Ansprüchen an seine Nutzung Rechnung zu tragen, entscheidend entgegen. Er ist boden- und raumsparend und fordert keine vollständige Enteignung der in Anspruch genommenen Grundstücke, wie es der Bau neuer Straßen, Bahnen und Wasserwege täte." Die Entlastung des beengten oberirdischen Raumes von den sich mehrenden Verkehrsanforderungen ist fraglos förderungswürdig[44]." Die Förderung des Baus

[43] Burchard in „Verkehrswirtschaftliches Seminar", S. 2.

[44] Kries, a.a.O., S. 210, dessen Ausführungen zu diesem Thema besondere Bedeutung zukommen, da sie schon 1956, also vor dem Bau der ersten EFL in Deutschland, veröffentlicht wurden.

von Fernleitungen bietet die Möglichkeit, ungünstige Einflüsse und unnötige Belästigungen von der Bevölkerung fernzuhalten.

Da es sich um die Beförderung großer Mengen flüssiger Stoffe handelt, bietet der Transport durch Leitungen den höchsten Grad an Sicherheit in der Versorgung der ihr angeschlossenen Raffinerien und Tanklager. Diese Betriebe erfordern eine kontinuierliche Rohstoffversorgung. Ob diese durch die herkömmlichen Verkehrsmittel, z. B. bei Frost- oder Schneeperioden, erbracht werden kann[45], erscheint zumindest zweifelhaft. „Die Transportleistung von Rohrleitungen mit hohen Drücken ist so groß, daß sie bei der Eigenart der zu transportierenden Stoffe mit den herkömmlichen Mitteln nicht erreicht werden kann[46]."

Erfüllt ein FLU bei der Verlegung einer Erdölfernleitung die aufgezeigten Voraussetzungen, dient die Leitung insbesondere der Rationalisierung und Verbilligung, läßt sich die Verleihung eines Enteignungsrechtes vertreten.

Wegen der bisher in Deutschland gegebenen Voraussetzungen haben die Länder der Nord-West-Oelleitungs GmbH beim Bau ihrer EFL das Enteignungsrecht verliehen. Die übrigen fertiggestellten Fernleitungen in Deutschland sind bislang ohne Inanspruchnahme des Enteignungsrechtes ausgekommen. Allerdings dürften die Länder erst den Bau von Pipelines durch ihre Förderung ermöglicht haben.

Solange der Bau von Erdölfernleitungen offensichtlich von Vorteil für die Gesamtwirtschaft ist, dürfte diese Entwicklung zu begrüßen sein. Erst wenn das Rohrleitungsnetz engmaschiger wird, vor allem durch Produktenleitungen, wird zu überlegen sein, inwieweit der Allgemeinheit eine weitere Förderung durch Verleihung des Enteignungsrechtes zum Nutzen gereicht.

Unter diesen Voraussetzungen dürfte das öffentliche Interesse beim Bau von Mineralölfernleitungen die beeinträchtigten Individualinteressen überwiegen.

Die Voraussetzungen des Allgemeinen Wohls kann jeder Betroffene verwaltungsrechtlich überprüfen lassen. Es handelt sich dabei nicht um eine Ermessensfrage, sondern um Tat- und Rechtsfragen, die der richterlichen Nachprüfung unterliegen[47]. Als zur Klage legitimiert nach § 42

---

[45] so Bullinger, a.a.O., S. 39.

[46] Kries, a.a.O., S. 21; vgl. auch Forstmeier in IAV 1964, S. 131, der nachgewiesen hat, daß „allein die Größenordnungen und der Zeitraum, innerhalb dessen die gewaltigen Rohölströme zu verkraften waren, zeigen, daß für diese Versorgungsleitungen die herkömmlichen Verkehrsträger aus Kapazitäts- und Investitionserwägungen und schließlich auch aus Kostengründen nicht in Betracht kommen konnten".

[47] Seufert, a.a.O., S. 48.

Verwaltungsgerichtsordnung wird man aber nur den von der Enteignung betroffenen Grundeigentümer, nicht etwa auch ein Wettbewerbsunternehmen der Fernleitungsgesellschaft ansehen können. Auf die Frage, ob eine derartige Klage bereits gegen die Verleihung des Enteignungsrechtes[48] oder erst gegen die Planfeststellung möglich ist, soll hier nicht näher eingegangen werden.

b) Interessenkollision bei Verleihung des Enteignungsrechtes

Beherrschende Elemente eines Fernleitungstransportes sind dessen boden- und raumsparende Anlage. Dies macht ihn zu einem wichtigen Faktor der Landesplanung und Raumordnung als des „juristischen Werkzeugs zur Erreichung derjenigen Grundstücksnutzung, die vom Standpunkt der höheren und gemeinsamen Interessen aus für notwendig befunden worden ist“[49]. Unter diesen Gesichtspunkten bedarf allerdings gerade das überörtliche Interesse an der Anlage eines neuen Verkehrsträgers mit derart weitreichenden Auswirkungen einer besonders kritischen Würdigung. Nicht nur die zweckmäßigste, sondern vor allem die überörtliche Interessen und Bedürfnisse wahrnehmende Raumausnutzung muß berücksichtigt werden. Besteht bereits eine boden- und raumbestimmende Ausnutzung, so bedarf es der Abwägung, inwieweit eine neue Anlage mit dem bereits Bestehenden harmoniert. Dabei sollten Interessenkollisionen nach Möglichkeit vermieden werden. Bei der Abwägung, ob ein öffentliches Interesse an der Neuanlage eines bestimmten Unternehmens besteht, dürfen nicht nur die Verhältnisse und das Interesse der Neuanlage berücksichtigt werden. „Ein gemeiner Nutzen liegt nicht vor, wenn das Unternehmen nur auf der einen Seite das Gemeinwohl fördern, auf der anderen Seite es aber ebensoviel oder in noch höherem Maße schädigen würde[50].“ Eine Enteignung ist unzulässig, „wenn unter dem Gesichtspunkt des allgemeinen Wohls das eine Interesse hinter dem anderen zurückstehen muß“[51]. Die Fragen der Interessenkollision und des Interessenausgleichs gewinnen besondere Bedeutung, wenn ein bereits einem gemeinnützigen Zweck dienendes Grundstück enteignet oder ein das Allgemeinwohl förderndes Unternehmen beeinträchtigt werden soll. Interessenabwägung und Prüfung von Allgemeinwohl und Gemeinnützigkeit eines Unternehmens sind dann besonders wichtig, wenn es sich um ein privatwirtschaftliches Unternehmen handelt. Hier „muß immer wieder von neuem und in jedem Einzelfall geprüft werden, ob ein gesichertes öffentliches Inter-

---

[48] So das Hamburger und Bremer Enteignungsrecht, vgl. BVerwGE 2, 36.

[49] Dittus in BlGBW 1958, 258.

[50] Seufert, a.a.O., S. 48.

[51] Schack in NJW 1963, 1908.

esse von solchem Gewicht vorliegt, daß der schwerwiegende Grundrechtseingriff der Enteignung verantwortet werden kann"[52]. Jede Beeinträchtigung schon bestehender Unternehmen oder Anlagen durch ein Unternehmen wie eine Erdölfernleitung, die nur mittelbar dem Gemeinwohl dient und nicht unmittelbare Bedürfnisse des Staates und der Öffentlichkeit befriedigt, muß genau geprüft werden. Schädliche Folgen für das Fortbestehen der vorhandenen Anlage sollten auch in der Zukunft nicht eintreten. Die Interessen eines zwar für das Gemeinwohl nützlichen, aber doch verhältnismäßig gleichgültigen Unternehmens sind nicht ranggleich mit anderen nützlichen Unternehmen. Eger[53] hat diese Interessenabwägung treffend formuliert:

„Diese Gründe (des öffentlichen Wohls) sind aber nicht immer gleich stark, und daraus ergibt sich, daß auch die Enteignungsrechte, welche in jenen Gründen ihre Quelle haben, von verschiedener Stärke und Intensivität sind. Vielmehr muß die im öffentlichen Interesse weniger wichtige Anlage der wichtigeren weichen oder wenigstens sich dieser unterordnen oder akkomodieren."

Interessenkollisionen dieser Art bei Neuanlage einer EFL lassen sich bereits im Stadium der Planung klären. Über die Zweckmäßigkeit der geplanten Trasse[54] müssen von der Enteignungsbehörde geeignete unabhängige Stellen, darunter insbesondere die Landesplanungs- und Raumordnungsbehörden, gehört werden[55]. Eine Linienführung, die hauptsächlich die Inanspruchnahme von hochindustrialisiertem Grund und Boden statt Weideland oder weniger industrialisierten Gebieten erforderlich macht, sollte die Enteignungsbehörde zurückweisen.

Unter diesem Gesichtspunkt ist auch die Kreuzung einer EFL mit Grundstücken, die dem öffentlichen Verkehr gewidmet sind und somit unmittelbar dem Gemeinwohl dienen, zu betrachten. Liegt eine Interessenkollision vor bei Enteignung von Grundeigentum der öffentlichen Hand zugunsten einer Fernleitungsgesellschaft, wäre die Enteignung aus oben genannten Gründen bedenklich[56]. „In solchen Fällen müssen Dringlichkeit und überwiegender Nutzen für das Gemeinwohl entscheiden[57]." Da eine Mehrstufigkeit oder Mehrmaligkeit des Enteignungs-

---

[52] Bullinger in „Der Staat" 1962, 456.

[53] Anm. 7 zu § 1, S. 17.

[54] Diese geht aus dem Plan hervor, welchen das FLU zunächst einreichen muß.

[55] Bedenklich ist die Lösung in Österreich. Dort kann der Bau einer EFL verhindert werden, wenn er eine „unzumutbare Konkurrenz" für bestehende Verkehrsträger bedeutet oder den Bergbau „unzumutbar" berührt. Vgl. „Der Volkswirt" 1964, Nr. 18, S. 728 „Pipeline-Gesetz gegen Pipelines"; vgl. auch bei Westermann, Dokumentation S. 43.

[56] Engert in NJW 1964, 1304 leugnet die Möglichkeit einer Interessenkollision schlechthin.

[57] Seufert, a.a.O., S. 48.

vorganges an demselben Objekt nicht ausgeschlossen ist, kann „eine Grundfläche für einen Straßenbau enteignet worden sein, und doch schließt dies eine neue Enteignung zur Begründung einer Dienstbarkeit nicht aus, weil diese Bodenfläche eine mehrfache und verschiedenartige Benutzung gestattet, die sich allerdings — und dies ist das maßgebliche Kriterium, auf das es ankommt — nicht gegenseitig behindern oder stören dürfen“[58]. Wie an späterer Stelle auszuführen sein wird, beeinträchtigt der Rohrleitungszweck den Straßenzweck nicht; beide vertragen sich und können nebeneinander bestehen, ohne sich zu beeinflussen[59]. Das gilt entsprechend auch für Grundstücke, die dem Eisenbahn- und Schiffahrtsverkehr gewidmet sind. Bei dieser Abwägung zweier, dem öffentlichen Nutzen dienender Zwecke muß aber neben der Nützlichkeit und Vorrangigkeit auch die Art der Durchführung berücksichtigt werden. Bei Inanspruchnahme eines schon gemeinnützigen Zwecken dienenden Grundstückes wird die Dringlichkeit der Enteignung besonders zu prüfen sein, vor allem wenn die Enteignung zugunsten eines Fernleitungsunternehmens erfolgen soll, das ausschließlich privatwirtschaftlichen Zwecken dient. Sind mit der Leitungsverlegung nachteilige Folgen für die Wasserwirtschaft oder für Naturschutz- und Heilquellengebiete verbunden, oder drohen derartige Nachteile auch nur, später einmal einzutreten, ist die Verleihung eines Enteignungsrechtes für die EFL abzulehnen. Bei Wassergewinnungsanlagen, die selbst gemeinnützigen Zwecken in hervorragender Weise dienen, wird eine Inanspruchnahme von Grund und Boden in deren Nähe zurückstehen müssen. Hier wird zu prüfen sein, ob nicht eine andere Linienführung, selbst wenn sie erhebliche Mehrkosten verursacht, geboten ist. Selbst bei den Vorteilen, die ein Fernleitungstransport mit sich bringt, dürfte das öffentliche Interesse dann nicht mehr gewahrt sein, wenn Ölverseuchungsschäden weitreichende schädliche Auswirkungen auf die Trinkwasserversorgung für die Allgemeinheit hervorrufen können[60]. Auch etwaige Kriegseinwirkungen, die den Bruch einer EFL zur Folge haben können, müßten Berücksichtigung finden.

c) Verlegung einer Erdölfernleitung durch Bergbaugebiete

Eine besondere Problematik wirft die erste, in der Bundesrepublik mit Hilfe des Enteignungsrechts von Wilhelmshaven nach Wesseling verlegte EFL auf, führt sie doch über weite Strecken durch Gebiete, unter denen Bergbau betrieben wird oder in Zukunft betrieben werden

---

[58] Dittus in BlGBW 1960, 337.

[59] Engert in NJW 1964, 1304.

[60] Erinnert sei in diesem Zusammenhang an die Streitigkeiten, die sich an die Trassenführung der Pipeline der ENJ parallel dem Bodensee ergeben haben, vgl. Handelsblatt vom 14. 8. 1964; Gnüg in DVBl 1965, 149/150.

kann[61]. Die schädlichen Einwirkungen, die der Bergbau auf eine empfindliche Anlage wie eine Rohrleitung haben kann, sind bekannt. Gelegentliche Brüche von Wasser- und Gasleitungen in Bergschadengebieten sind vorgekommen. Eine im Boden oder mit festem Auflager auf dem Boden verlegte EFL kann aber auch durch chemische, vom Boden induzierte Wirkungen beschädigt werden. Die chemische Beschädigung der Rohre verursacht auf die Dauer eine korrosive Zerstörung der Rohrleitung, so daß diese dem inneren Druck des durchfließenden Erdöls nicht mehr standhält. Asphaltierung, Umwicklung und elektrische Isolierung der Leitung sind die üblichen Vorbeugungsmittel.

Bedrohlicher sind die mechanischen Einflüsse von Bodenbewegungen, welche die Erdölfernleitungen unter Spannung, Pressung, Biegung und Zerrung setzen und das durchfließende Erdöl an Stellen geringen Widerstandes durch feine oder grobe Risse des Rohrmantels austreten lassen können. Dazu reichen unter Umständen auch natürliche, latent vorhandene bodenmechanische Einwirkungen aus, die durch Niederschläge, Grundwasserströme oder Erschütterungen ausgelöst werden, Böschungs-, Gleit- und Rutschbewegungen, mooriger Untergrund usw. Größere und intensivere Beeinflussung ist den durch Bergwerksbetrieb erzeugten Bodenbewegungen zuzuschreiben. Sie erzeugen im Untergrunde durch Abbau des Minerals einen Massenmangel, der sich durch Auflockern und Eingleiten der darüber liegenden Schichten in einem oft Jahrzehnte dauernden Vorgang wieder ausgleicht. Je nachdem wie dabei das Senkungszentrum und die sich an der Tagesoberfläche bildende trogartige Mulde zu der Erdölfernleitung liegen, erfährt diese entweder eine relativ unschädliche, absolute Senkung und Pressung in der Trogmitte oder eine Zerrung und Biegung an den Trogrändern. Diese, oft mit einer Abtreppung des Geländes um erhebliche Beträge auf kurzen Strecken verbunden, wie z. B. die auf Autobahnen bekannten Bergsenkungen zeigen, sind für langgestreckte Objekte wie Erdölfernleitungen gefährdend. Durch technische Maßnahmen, z. B. Rohrbögen, Dehner, Gleitlager und Kompensatoren, können Erdölfernleitungen dagegen gesichert werden.

Wenn unter einem Grundstück gar nicht oder in geringem Maße, unter den umgebenden Grundstücken aber stark abgebaut wird, entsteht ein sogenannter „Horst" für das mittlere Grundstück. Umgekehrt wird es zum „Graben", wenn darunter stärker als in der Umgebung abgebaut wird. Liegt eine EFL in einem Graben, der zur Bewegungsbahn für das Grundwasser wird, so vergrößert sich dadurch die Gefahr einer Ölverschleppung.

---

[61] Die Nord-West-Oelleitung liegt in ihrem Verlauf mit etwa 40 km Länge in Bergbaufeldern, ebenso führen die Zweigleitungen zu den Raffinerien BP, Scholven und Purfina durch bergbaulichen Felderbesitz; vgl. Uhde in Schweizer Archiv 1963, 128.

Das FLU, von dem die erste EFL in Deutschland gebaut worden ist, hat diese Bedenken der Planungs- und Enteignungsbehörden dadurch zu zerstreuen gewußt, daß es mit den einzelnen Bergwerksgesellschaften[62], in deren Gerechtsamen die Leitung verlegt worden ist, einen Bergschadensverzichtsvertrag geschlossen hat, der auch die Haftungsübernahme für alle *Drittschäden*, die von der Leitung — verursacht durch den Bergbau — ausgehen, enthält. Die Fernleitungsgesellschaft hat ferner auf jegliche Ansprüche aus Sicherungskosten verzichtet und sich zur Kostentragung einer durch den Bergbau später bedingten Umlegung der Leitung bereit erklärt. Der Bergbau ist dadurch von jeglicher Kostenaufbürdung freigeworden. Ob dadurch das primäre öffentliche Interesse an dem Bau einer EFL durch die bergschadenbedrohten Gebiete „wiederhergestellt" ist, ist m. E. zweifelhaft. Eine Beeinträchtigung des Bergbaus durch Kostenrisiken oder erhöhte kostenverursachende Abbaumaßnahmen ist in diesem Fall zwar nicht gegeben. Im gleichen Ausmaße ist aber am Bau der EFL das öffentliche Interesse gemindert, wenn derartige Kosten beim Bau oder später überhaupt entstehen. Durch einen Verzichts- und Erfüllungsübernahmevertrag werden Kostenelement und Kostenrisiko nicht ausgeschaltet, vielmehr werden die Kosten nur verlagert. Ein wesentliches Merkmal des öffentlichen Interesses am Bau einer EFL sind aber gerade die niedrigen Bau- und Betriebskosten. Die Verbilligung im Transport soll der Verbilligung der Endprodukte dienen. Dieses Ziel wird nicht oder nicht voll erreicht, wenn der Fernleitungstransport von vornherein mit artfremden Kosten belastet wird. Diese und die Sicherungsmaßnahmen[63], z. B. Einbau von Dehnern, verteuern den Fernleitungsbau nicht unerheblich. Wen die Kostentragungspflicht trifft, ob Bergbau oder Fernleitungsgesellschaft, sie wird sich bei den Preisen der Kohle oder der Ölprodukte auswirken[64]. Entscheidend für die Versagung des Enteignungsrechtes bei Leitungsverlegungen in Bergbaugebieten sollte m. E. die erhöhte Gefahr für die Grundwasser- und Trinkwasserversorgung sein. Der Bruch einer EFL kann durch auslaufendes Öl von sehr kostspieligen Folgen begleitet sein, ja es können daraus in dichtbesiedelten Bergbaugebieten Folgeschäden eintreten, die erst nach Jahren zu beseitigen sind.

---

[62] Vertragspartner war der Unternehmensverband Ruhrbergbau, der die Interessen der einzelnen Bergwerksgesellschaften vertreten hat.

[63] Die Nord-West-Oelleitungs GmbH hat wegen der Qualität des Rohrmaterials keine Dehner für nötig befunden, vielmehr hält ein im Dienstverhältnis der NWO stehender Markscheider laufend Fühlung mit den einzelnen Zechengesellschaften. Vgl. Uhde in Schweizer Archiv 1963, 129, ebenso zu den einzelnen Sicherheitsmaßnahmen, welche die NWO in Bergbaugebieten getroffen hat.

[64] Daß sich die nicht unerheblichen Kosten für Sicherungsmaßnahmen auf die Endverbraucherpreise auswirken, konnte nicht festgestellt oder nachgewiesen werden.

Einer Verleihung des Enteignungsrechtes für Inanspruchnahme von bergschadengefährdetem Gelände oder von Wassereinzugsgebieten kann daher ein mangelndes öffentliches Interesse entgegenstehen. Auch Gründe einer kurzen und sparsamen Leitungsverlegung können die oben aufgeführten Bedenken nicht zerstreuen. Beim Bau der ersten EFL in Deutschland wäre es vielleicht besser gewesen, Gebiete, auf oder unter denen Bergbau betrieben wird, zu umgehen, oder diese Trasse wenigstens nicht durch Verleihung des Enteignungsrechtes an die Fernleitungsgesellschaft zu unterstützen. Allerdings standen dem die Standorte der Raffinerien im Kölner Raum entgegen.

d) Umfang und Notwendigkeit der Enteignung

Eine Enteignung, selbst wenn sie dem öffentlichen Interesse dient, ist nur dann zulässig, wenn das betreffende Unternehmen ohne Inanspruchnahme der Enteignung nicht ausgeführt werden kann. Das kommt zum Ausdruck in § 1 PrEG und folgt aus dem Wesen der grundgesetzlichen Eigentumsgarantie. Eine Enteignung ist solange unzulässig, „als der Zweck, dem die Enteignung dienen soll, auch auf andere, weniger schwer in die Rechte des einzelnen eingreifende Weise erreicht werden kann, ohne daß es zu unvertretbaren Schwierigkeiten kommt“[65]. Dieser Grundsatz der Erforderlichkeit oder des geringstmöglichen Eingriffs[66] ist von entscheidender Bedeutung für die Linienführung einer EFL oder im Hinblick auf die Gesamtheit aller dafür beanspruchten Grundstücke. Kann dabei die Inanspruchnahme von Grundstücken auf andere, weniger schwer in Rechte des Einzelnen und der Allgemeinheit eingreifende Weise erreicht werden, ist die Enteignung unzulässig. Sie darf immer nur das äußerste Mittel zur Erreichung des beabsichtigten Zweckes sein. Darüber, daß dieser Zweck nicht ohne Inanspruchnahme der Enteignung erreicht werden kann, muß sich die Planungs- oder Enteignungsbehörde Gewissheit verschaffen, und mit dem FLU die Möglichkeit anderer rechtlicher und wirtschaftlich vertretbarer Lösungen erörtern. Ist die Rechtmäßigkeit der Enteigung für den Bau der geplanten EFL im Grundsatz festgestellt, so folgt daraus nicht, daß jede einzelne Enteignungsmaßnahme rechtmäßig ist. Es muß geprüft werden, ob nicht auch Lösungen oder Teillösungen möglich sind, welche die Betroffenen weniger schwer belasten. Bei dieser Abwägung sollte auch berücksichtigt werden, daß mit Vorrang Grundeigentum der öffentlichen Hand herangezogen wird. Die Verhältnismäßigkeit des rechtlichen Aufwandes zum rechtlichen Ziel spielt eine weitere Rolle. Der Grundsatz der Verhältnismäßigkeit von Zweck und Mittel beherrscht das Verwaltungsrecht und

[65] BVerwGE 2, 36 (38).

[66] H. J. Wolff, a.a.O., S. 351.

kann bei der Durchführung eines Enteignungsverfahrens nicht außer Betracht bleiben. Die Verhältnismäßigkeit von Eingriff und Zweck ist nur gewahrt, wenn unter möglichst weitgehender Schonung der Betroffenen in deren Rechtssphäre nur in dem Umfang eingegriffen wird, in dem dies zur Verwirklichung des Enteignungszweckes erforderlich ist.

Das Bundesverwaltungsgericht hat in einer Entscheidung vom 28. August 1964[67] hierzu ausgeführt:

„Die Gewährleistung des Eigentums durch Art. 14 Abs. 1 GG wäre ohne den rechtsstaatlichen Grundsatz des geringstmöglichen Eingriffs in das Eigentum unvollständig. Dieser Grundsatz besagt, daß die Enteignung nur als letztes Mittel zur Erreichung des beabsichtigten Zweckes in Betracht kommt. Sie ist daher unzulässig, wenn der Zweck, dem sie dienen soll, auch auf eine andere, weniger schwer in die Rechte des Betroffenen eingreifende Weise erreicht werden kann ... Nur wenn die in Betracht kommenden Enteignungsformen für den Betroffenen keinen wesentlich verschiedenen Eingriff in seine Rechtssphäre bedeuten, hat die Enteignungsbehörde die Wahl, durch welches rechtliche Mittel sie die von ihr erstrebte Änderung der Nutzungsberechtigung herbeiführen will. Soweit die Intensität des Eingriffes in das Eigentum zur Erreichung des — legitimen — Zweckes nicht erforderlich ist, . . . ist (er) rechtswidrig.“

Wird beim Bau einer EFL das Preußische Enteignungsgesetz von 1874 angewandt, so sind zwei Arten von Enteignungseingriffen zu unterscheiden: Entziehung oder dauernde Beschränkung von Grundeigentum (§ 2). Die Entscheidung hängt davon ab, welche wirtschaftliche und rechtliche Stellung einem FLU durch die Enteignung verschafft werden soll. Ausgangspunkt einer solchen Überlegung ist, dem FLU als Antragsteller den Gebrauch am Grund und Boden an der Stelle und in dem Intensitätsgrad zu verschaffen, die für das geplante und dem Allgemeinwohl dienende Unternehmen notwendig sind. Bei Verschaffung dieser Möglichkeiten ist kein Unterschied zwischen den betroffenen Rechtspersonen zu machen; inwiefern allerdings der Intensitätsgrad der Nutzung ein anderer sein kann, wird an späterer Stelle der Arbeit untersucht werden[68]. Die Enteignung kann sich im Grundsatz auf alle Grundstücke und Rechte an ihnen erstrecken, also auch auf solche, die im Eigentum der öffentlichen Hand stehen und öffentlichen Zwecken zu dienen bestimmt sind oder von dem betroffenen Eigentümer selbst erst im Enteigungswege erworben worden sind[69]. Bei der Frage der *Notwendigkeit* handelt es sich nicht um eine absolute Notwendigkeit. Diese besteht nur selten. Die Zweckmäßigkeit einer Anlage muß vielmehr die zu enteignenden Grundstücke mit einem bestimmten Grade von Notwendigkeit erforder-

---

[67] NJW 1964, 2440 (2441).

[68] vgl. S. 97 ff. und Mattheis in NJW 1963, 1805.

[69] Meyer-Thiel-Frohberg § 1 Anm. 1.

lich machen. Die Frage nach Notwendigkeit der Enteignung richtet sich nach der örtlichen Ausweichmöglichkeit des Antragstellers. Soweit eine EFL z. B. durch Siedlungsgebiete verlegt werden soll, verliert das beanspruchte Gelände durch die Baubeschränkung über der Leitung seinen Baulandcharakter. Es ist Aufgabe der Planfeststellung, die Trasse einer geplanten EFL möglichst ohne Zweckentfremdung von beanspruchten Räumen zu ziehen. Hierbei ist der Gedanke der Leitungsbündelung förderlich; er bietet Vorteile, weil weniger Fläche der Bebauung entzogen wird und die Arbeits-, Kontroll- und Schutzstreifen sich überlagern[70]. Auch eine Verlegung parallel zu großen Straßen gehört in den Kreis der Erörterungen, weil das angrenzende Gelände ohnehin einer Baubeschränkung unterliegt.

Eine *vorsorgliche* Enteignung ist nach dem Gesetz unzulässig[71], da die Erforderlichkeit nicht an Eventualitäten, sondern an vorhandenen Tatsachen gemessen wird. Zur Durchführung eines Fernleitungsvorhabens kann daher von dem FLU nicht zunächst vorsorglich die Enteignung beansprucht werden, solange noch mit der Möglichkeit gerechnet werden kann, das Fernleitungsprojekt auch ohne Enteignung der betreffenden Grundstücke durchzuführen. Bevor die Landesregierung über die Enteignungsanordnung beschließt, muß nachgewiesen sein, daß gütliche Verhandlungen mit den Betroffenen gescheitert sind[72]. Sind die Verhandlungen an der Höhe der Entschädigungen gescheitert, muß das FLU nachweisen, daß den Eigentümern eine angemessene, dem Grundstückswert entsprechende Entschädigung angeboten worden ist. Das geschieht zweckmäßigerweise durch schriftliche Fixierung des „letzten Angebotes".

Die Frage, welche Art von Rechtserwerb für das Enteignungsberechtigte Unternehmen erforderlich ist, ob dieser sich nicht nur auf dingliche, sondern gegebenenfalls auch auf obligatorische Rechte zu erstrekken hat, soll im Abschnitt „Intensitätsgrad der Nutzung an Grundstücken der öffentlichen Hand" behandelt werden, da sie dort von besonderer Tragweite ist[73].

---

[70] Hier ist auf die im Bau befindliche Erdölproduktenleitung der Shell AG von Godorf bei Köln nach Ludwigshafen hinzuweisen, die streckenweise in demselben Graben wie die Rotterdam-Rhein-Pipeline verlegt werden sollte. Leider haben die Länderbehörden diesen Plan verworfen, so daß die Leitung nunmehr linksrheinisch durch erheblich schwierigeres Gelände verlegt werden muß.

[71] BVerwGE 2, 36 (37).

[72] Vgl. auch § 87 Abs. 2 Nr. 2 BBauG und Bonczek-Halstenberg, a.a.O., S. 354, wo es zu der Angemessenheit der Bedingungen heißt: „Die dabei zu berücksichtigenden Gesichtspunkte ergeben sich im wesentlichen aus den dasselbe materielle Ziel verfolgenden Vorschriften über die Entschädigung. Wenn „ernsthafte" Bemühungen gefordert werden, so heißt das nicht, daß sich der Unternehmer auf schleppende Verhandlungen einlassen muß."

[73] S. 78 ff.

e) Enteignungsverleihung zugunsten eines privatwirtschaftlichen Unternehmens

Umstritten ist, ob das öffentliche Interesse an dem Bau einer EFL auch dann zu bejahen ist, wenn diese durch ein privatwirtschaftliches Unternehmen betrieben wird. Die neuere Rechtsprechung hat sich mit dem Problem der Enteignungsverleihung an privatwirtschaftliche Unternehmen im einzelnen noch nicht befaßt. In einer Entscheidung des Bundesverwaltungsgerichts vom 8. Dezember 1953[74] ist lediglich gesagt, daß bei einer Enteignung die Förderung des Allgemeinwohls nicht allein deshalb bestritten werden kann, weil das Eigentum auf eine private Rechtsperson übertragen wird. Das Oberlandesgericht Jena hat am 20. März 1925[75] entschieden, daß auch eine Enteignung zugunsten eines Privatunternehmens erlaubt sei, sofern an der Durchführung des Unternehmens ein öffentliches Interesse bestehe. Artikel 153 der Weimarer Reichsverfassung kenne keine Einschränkung, wonach dem öffentlichen Interesse nur ein öffentliches Unternehmen dienen könnte; daraus aber sei zu schließen, „daß eine Beschränkung des Unternehmerbegriffes auf einen Kreis gewisser Rechtssubjekte nicht beabsichtigt war". Im Schrifttum liegen von Hamann[76], Malzer[77], Mattheis[78] und Bullinger[79] Äußerungen zu dieser Frage vor.

Entscheidend für die Beantwortung ist es, ob und inwieweit die mit dem betreffenden Unternehmen verbundenen Privatinteressen zugleich auch solche der Allgemeinheit sind, und inwieweit die Öffentlichkeit ein Interesse an der Durchführung des Projektes hat. Das ist in jedem Einzelfall gesondert zu prüfen. Schack[80] hält eine Enteignung für private Zwecke dann für unstatthaft, „wenn über das Privatinteresse hinaus kein dem allgemeinen Wohl dienender öffentlicher Zweck sichtbar ist". Auch Seufert[81] und Mattheis[82] halten die Enteignungsverleihung an ein Unternehmen nicht schon deshalb für ausgeschlossen, weil es zugleich Privatinteressen dient. Nach dem Bayerischen Enteignungsgesetz vom 17. November 1837 z. B. ist eine Enteignung nur zugunsten der in Artikel 1 A aufgeführten öffentlichen Unternehmen möglich. Eine Enteignung zugunsten Privater ist in Bayern erst durch Art. 1 des „Gesetzes über

---

[74] BVerwGE 1, 42 (43).

[75] In JW 1926, 1476.

[76] In BB 1957, 1258 und „Das Grundgesetz" Anm. B Ziff. 9.

[77] a.a.O., S. 29/30.

[78] In NJW 1963, 1804.

[79] a.a.O., S. 39 und in „Der Staat" 1962, 449 ff.

[80] In BB 1961, 76.

[81] a.a.O., S. 46.

[82] In NJW 1964, 1804.

die Enteignung aus Gründen des Allgemeinwohls" vom 1. August 1933 ermöglicht worden.

Wie für die Verlegung einer EFL oben nachgewiesen ist, dient sie unter bestimmten Voraussetzungen dem Allgemeinwohl, und es ist ein Interesse der Öffentlichkeit an ihrem Bau vorhanden. Hamann und Mattheis bejahen das Allgemeinwohl bei privatwirtschaftlichen Unternehmen aus verfassungsrechtlichen Gründen. In den einzelnen Länderverfassungen, z. B. Art. 27 der Hessischen Verfassung und Art. 24 Abs. 1 Satz 1 der Verfassung des Landes Nordrhein-Westfalen sei der Gedanke enthalten, „daß die Funktionen der Wirtschaft nicht nur privatnützig, sondern zugleich dem allgemeinen Wohl zugeordnet sind"[83]. Dies ließe die Folgerung zu, daß eine Enteignung zugunsten größerer wirtschaftlicher Vorhaben, und zwar auch bei ausschließlich privatwirtschaftlich orientierten Unternehmen, grundsätzlich als durch Art. 14 Abs. 3 Satz 1 GG gedeckt anzusehen und zu bejahen sei. Dieser Beweisführung Hamanns widerspricht Bullinger[84]. Die Sozialpflicht des Eigentums hafte nicht nur dem durch eine Enteignung zu begünstigenden, sondern gleichermaßen auch dem zu enteignenden Besitz an. „Die Ranggleichheit privater Rechte wird also durch ihre Sozialpflichtigkeit nicht aufgehoben", denn„ auch ein erheblicher ‚Mehrwert' privater Interessen gegenüber anderen, ‚schwächeren' Privatinteressen bleibt überschießendes Privatinteresse und wird nicht einfach zum öffentlichen Interesse[84]." Bullinger verneint bei einer EFL, die als rein privatnützige Einrichtung betrieben wird und keinen öffentlich-rechtlichen Bindungen unterworfen ist, die Voraussetzung des Allgemeinwohls. Ob der durch eine EFL vermittelte Verkehr ein öffentlicher, d. h. jedermann zugänglicher sein soll, bleibt offen. Nur wenn dies der Fall ist, wozu m. E. die staatliche Kontrolle der Frachttarife, der Beförderungszwang für Güter von dritten, nicht am FLU beteiligten Personen u. a. m. gehören müßten, scheint Bullinger ein öffentliches Interesse an dem Bau einer EFL bejahen zu wollen. Auch Bullinger verneint grundsätzlich nicht ein Enteignungsrecht zugunsten Privater[85].

---

[83] In BB 1957, 1258.

[84] a.a.O., S. 39 und in „Der Staat" 1962, 449 (450).

[85] In „Der Staat" 1962, 449 (460 und 475), wo u. a. ausgeführt ist: „Eine Enteignung zugunsten Privater ist nur dann gerechtfertigt, wenn besonders schwerwiegende Gründe des Gemeinwohls gerade diesen einschneidenden Grundrechtseingriff erfordern und wenn der begünstigte Private bereit ist, in Bezug auf den Gegenstand der Enteignung sein Privatsein und seine privaten Interessen zurücktreten zu lassen und als Träger eines öffentlichen Interesses alle Verantwortlichkeiten zu übernehmen, die mit einer solchen Stellung verbunden sind ... Ohne eine rechtliche Sicherung würde das ‚Allgemeinwohl' beinahe zwangsläufig zur uferlosen und daher rechtswidrigen Generalermächtigung für beliebige Rechtsverschiebungen von einem Privaten auf einen anderen Privaten." Vgl. auch H. J. Wolff, a.a.O., S. 382, wo es heißt: „... vielmehr können Grundstücke ... auch zugunsten *privater* Energiever-

Ist im Einzelfall das öffentliche Interesse an dem Bau einer EFL, auch wenn sie rein privatnützig betrieben wird, festgestellt, so ist m. E. eine Verleihung des Enteignungsrechts an das betreffende Privatunternehmen zulässig. Es ist ohne Bedeutung, ob die Enteignungsverleihung zugunsten des Staates, einer Gemeinde, eines öffentlichen Unternehmens oder eines Privaten nachgesucht wird und erfolgt, wenn die Voraussetzungen, die bei jeder Enteignung vorliegen müssen, erfüllt werden[86]. Auch der Gesetzgeber hat dieser Auffassung in § 106 des Bundesbaugesetzes Rechnung getragen. Danach kann die Enteignung auch für „industrielle Anlagen“[87] beantragt werden. Den Bedenken Bullingers[88] gegen diese Vorschrift kann nicht gefolgt werden[89], denn nach § 105 BBauG kann *jeder* den Enteignungsantrag stellen. Daher kann auch ein privatwirtschaftliches Industrieunternehmen Antragsteller sein, zumal damit noch nicht über die Zulässigkeit der nachgesuchten Enteignung entschieden ist. § 106 BBauG hat Vorbehaltswirkung, da bei Ablehnung des Enteignungsantrages durch die oberste Landesbehörde eine materiell-rechtliche Prüfung unterbleibt. Das Zustimmungserfordernis beseitigt nur ein Verfahrenshindernis und beweist, daß Enteignungen für industrielle Anlagen eine Ausnahme bleiben sollen.

3. Verleihung des Enteignungsrechtes und Planfeststellungsbeschluß

Der Verleihung des Enteignungsrechtes geht regelmäßig ein Antrag des Unternehmers voraus, über den die Landesregierung zu entscheiden hat. Inwieweit die von Bullinger und Hamann[90] geforderte bundeseinheitliche Regelung aufgrund von Art. 74 Nr. 11 GG einmal zum Tragen kommt, ist noch nicht abzusehen.

Das Verfahren der Enteignung nach dem PrEG geht in zeitlicher und sachlicher Aufgliederung nach Verfahrensabschnitten vor sich. Vor der Enteignungsanordnung erstatten die zuständigen Behörden einen *Bericht* über die Tatsachen und Umstände, die für die Verleihung Bedeutung haben könnten. Vor allem sind in dem Bericht Nützlichkeit und Aus-

---

sorgungsunternehmen, Siedlungsunternehmen und sogar für zweckmäßige Erweiterung oder Neugründung bedeutender *industrieller Werke* enteignet werden.“ Ebenso Bonczek-Halstenberg, a.a.O., S. 361: „Die Enteignung zugunsten von ... Wirtschaftsunternehmen ist ... auch für gewerbliche Bauten zulässig.“

[86] So auch Brügelmann-Kopp, BBauG § 85 Bem. 3 und Malzer, a.a.O., S. 30.

[87] Der Begriff „industrielle Anlagen“ ist im Gesetz nicht geregelt, man wird daher auf Umfang und äußere Gestalt abzustellen haben.

[88] a.a.O., S. 39 Fußnote 166.

[89] Schütz-Frohberg, Anm. 1 zu § 106.

[90] Vgl. S. 49 Anm. 12.

wirkungen des Vorhabens, technische und finanzielle Durchführbarkeit sowie planerische und allgemein wirtschaftliche Hindernisse aufzuzeigen und zu erörtern. Dem Bericht sollen tunlichst Vorverhandlungen mit den Betroffenen vorausgehen[91]. Dies wird sich bei der Vielzahl der von der Verlegung einer EFL betroffenen Grundstückseigentümer insgesamt kaum durchführen lassen. Statt dessen sollen zweckmäßigerweise die für die Raumordnung, Landes- und Stadtplanung und für Siedlungsaufgaben zuständigen Behörden, die Industrie- und Handelskammern und die Landwirtschaftskammern gehört werden. Die Organe der Landesplanung können so am wirkungsvollsten im Rahmen des Enteignungsverfahrens tätig werden. Nach Abschluß des Prüfungsverfahrens wird der Bericht dem zuständigen Fachminister vorgelegt, der auch die Verleihung des Enteignungsrechts als Beschluß der Landesregierung[92] bekannt gibt (§ 2 Abs. 2 PrEG). Der Enteignungsbeschluß kann auf Abtretung oder auf Beschränkung des Grundeigentums und damit verbundener Rechte gerichtet sein[93]. Die Verleihung darf sich nur auf die generelle Feststellung der Notwendigkeit und Zulässigkeit der Enteignung und deren Form erstrecken. Ist eine dauernde Beschränkung vorgesehen, so liegt auch die Entscheidung über die geeignete Rechtsform, also den Intensitätsgrad der Nutzung, bei den zuständigen Enteignungsbehörden. Der Intensitätsgrad der Nutzung kann bei einzelnen Grundstücken verschieden sein und wird sich nach dem Grundsatz der Erforderlichkeit oder des geringstmöglichen Eingriffs auszurichten haben. Die Enteignungsanordnung enthält einmal die Feststellung der oberen Verwaltungsbehörde, daß die Enteignung zulässig und geboten ist, zum anderen die Anweisung an die zuständige Enteignungsbehörde, das Enteignungsverfahren durchzuführen. Der Landesregierungsbeschluß, mit dem die Anwendung des Gesetzes über ein vereinfachtes Enteignungsverfahren vom 29. Juli 1922 vorgeschrieben werden kann, bestimmt auch den Umfang des verliehenen Enteignungsrechts. Selbst bei feststehender Linienführung der EFL wird regelmäßig keine spezielle Bezeichnung der zu enteignenden Grundstücke in dem Beschluß enthalten sein. Sie bleibt den nach dem Preußischen Enteignungsgesetz zuständigen Behörden vorbehalten. Die Enteignungsanordnung enthält aber die bindende Anweisung an die Enteignungsbehörden, das Enteignungsverfahren in dem angegebenen Umfang durchzuführen[94]. Die

---

[91] Neufang § 2 Anm. 13.

[92] Die Rechtsnatur der Enteignungsanordnung ist streitig. Vgl. dazu Joachim in DVBl 1959, 389, der die Ansicht vertritt, daß es sich nicht um einen Verwaltungsakt, sondern um einen nicht justiziablen Regierungsakt handelt. Vgl. auch OVG von Rheinland-Pfalz in ZfB 100, 214/215. Für den Begünstigten dürfte die Enteignungsverleihung aber ein Verwaltungsakt sein.

[93] Vgl. für die NWO Bekanntmachung des Landes NRW vom 15. 1. 1958 im GVBl, S. 29 und von Niedersachsen vom 2. 7. 1957 in Nds. MBl, S. 603.

[94] Neufang § 2 Anm. 15.

Durchführung und die Bestimmung der Rechtsform der Nutzung, die zur Erreichung des Enteignungszweckes notwendig ist, bleibt dem Planfeststellungsverfahren vorbehalten. Das betreffende FLU erwirbt durch die Enteignungsanordnung einen öffentlich-rechtlichen Anspruch gegen die zuständigen Enteignungsbehörden, daß sie der Enteignung zu seinen Gunsten Folge geben[95].

In einem nicht veröffentlichten Erlaß des Preußischen Handelsministeriums vom 14. Juni 1923[96] ist u. a. gesagt:

„Unternehmen, denen das Enteignungsrecht in allgemeiner Form verliehen zu werden pflegt, insbesondere solchen, bei denen wegen ihrer räumlichen Ausdehnung die genaue Bezeichnung der Grundstücke schwierig ist, z. B. Überlandleitungen, kann überlassen werden, die nötigen Verhandlungen mit den Eigentümern nach der Verleihung des Enteignungsrechts, aber vor Einleitung des Planfeststellungsverfahrens zu führen."

Das dürfte die Verhandlungsführung für ein FLU erheblich erleichtern.

Die verfahrensrechtlichen Vorschriften, vor allem das Verfahren zur Planfeststellung, sind im Titel III des PrEG geregelt. Die Unterlagen der vorläufigen Planfeststellung werden bei den betroffenen Gemeindeverwaltungen zu jedermanns Einsicht ausgelegt (§ 19 PrEG). Das FLU muß im Planfeststellungsverfahren die Eigentümer der betroffenen Grundstücke oder wenigstens die im Grundbuch eingetragenen Eigentümer angeben[97]. Der Unternehmer kann sich mit den von der Enteignung betroffenen Eigentümern und Berechtigten einigen (§ 16 PrEG). Erhobene Einsprüche und abgegebene Einigungserklärungen werden durch einen von der Enteignungsbehörde (Regierungspräsident) ernannten Kommissar geprüft (§ 20 PrEG). Erhebt ein von der Enteignung Betroffener gegen die vom Enteigner nachgesuchte *Dauer* für ein Durchleiterecht Einwendungen, so ist auch darüber von der Behörde zu befinden. Sie wird zu prüfen haben, ob der mit der Unternehmung verfolgte Zweck nur ordnungsgemäß erreicht werden kann, wenn dem Begehren des Enteigners unverändert entsprochen wird. Bei einer EFL wird dabei zu berücksichtigen sein, daß eine lange Dauer des Durchleiterechts regelmäßig auch im öffentlichen Interesse liegt. Nur stabile Verhältnisse hinsichtlich der Verteilung von Rohöl können die Energiepreise nachhaltig beeinflussen. Über Ablehnung oder Zulassung der Enteignung im Einzelfall entscheidet die landesrechtlich zuständige Enteignungsbehörde im Rahmen der endgültigen Planfeststellung durch Beschluß. Dieser Planfeststellungsbeschluß gibt dem FLU das Recht auf eine bestimmte Linienführung der Leitung, die sich im einzelnen aus dem Plan ergibt

[95] Meyer-Thiel-Frohberg § 2 Anm. 5.

[96] Abgedruckt bei Neufang § 1 Anm. 6.

[97] OVG Münster in BlGBW 1964, 80.

und jedes betroffene Grundstück genau bestimmt. Eine generelle Planfeststellung, in der die Art der Nutzung der einzelnen Grundstücke genau gekennzeichnet ist, sieht das PrEG nicht vor. Die Erforderlichkeit der Enteignung und der Intensitätsgrad der Nutzung müssen vielmehr in jedem Einzelfall nachgeprüft werden. Wird der Plan nachträglich geändert, so muß er in der geänderten Form erneut offengelegt und in einem Termin erörtert werden[98].

Die Enteignung wird nach Abschluß der Planfeststellung und des Entschädigungsverfahrens durch Beschluß vollzogen (§ 33 Satz 2 PrEG). Der Enteignungsakt, der an die Stelle des für den Vertrag notwendigen Konsenses tritt, ersetzt die nach § 873 BGB erforderliche dingliche Einigung.

Die Wirkungen der Enteignung sind im Titel IV des PrEG geregelt. Werden für ein FLU Dienstbarkeiten aufgrund des dem Unternehmen verliehenen Enteignungsrechtes begründet, so entstehen sie durch den Enteignungsakt originär an erster Stelle (§ 45 PrEG). Öffentlich-rechtliche Lasten, wie Gemeindeabgaben, Deichlasten usw., die auf dem Grundstück ruhen, bleiben unberührt[99].

4. Entschädigungspflicht des von der Enteignungsverleihung begünstigten Fernleitungsunternehmens

Das Grundgesetz hat über die Art der Entschädigung keine bindende Regelung getroffen; in Art. 14 GG ist nur bestimmt, daß sie „unter gerechter Abwägung der Interessen der Allgemeinheit und der Beteiligten zu bestimmen“ ist. „Die gerechte Abwägung der Interessen erfordert unter Umständen die Berücksichtigung einer großen Zahl von wirtschaftlichen, sozialen und politischen Faktoren ...[100].“

Die materiellrechtlichen Vorschriften über die Entschädigung sind in den §§ 7 bis 14, die verfahrensrechtlichen Entschädigungsvorschriften in den §§ 24 bis 31 PrEG enthalten. Die dauernde Beschränkung des Grundeigentums zugunsten von Rohrleitungen, in deren Zuge vielfach ein beiderseits der Mittelachse parallel verlaufender, tunlichst bis 15 Meter breiter Schutzstreifen vorhanden sein soll, dessen Fläche entweder nur beschränkt und oft überhaupt nicht bebaut werden darf, sind entschädigungspflichtig. Für Beschränkungen des Grundeigentums nach § 2 PrEG ist gemäß § 12 PrEG die Entschädigung nach denselben Grundsätzen zu bestimmen, wie für die Entziehung des Grundeigentums. Für derartige Eigentumsbeschränkungen ist „der ‚volle Wert‘ der durch die

---

[98] OVG Münster in BlGBW 1964, 79.
[99] Meyer-Thiel-Frohberg, § 45 Anm. 4; vgl. auch BGHZ 12, 357 (368).
[100] BVerfGE 4, 219 (236).

Beschränkungen eingetretenen Wertminderung des belasteten Grundstückes zu ersetzen", dem Betroffenen muß „ein wirklicher Wertausgleich für die ihm auferlegte Vermögenseinbuße verschafft werden"[101]. Darauf, was dem Begünstigten das Durchleiterecht als nutzbarer Wert bedeutet, kommt es nicht an[102]. Entscheidend ist allein das, was der Betroffene verliert.

In welchem Umfang eine Unterquerung des Grundstückes durch eine EFL den Eigentümer beeinträchtigt und den Grundstückswert herabsetzt, hängt jeweils von dem Verwendungszweck und der Benutzungsart des Grundstückes ab. Es ist Foag[103] zuzustimmen

„... daß eine Leitungsdienstbarkeit die Bebauung des betroffenen Grundstückes aus außerbaurechtlichen Gründen ausschließt oder schmälert und daß es für die Entschädigungsbemessung darauf ankommt, ob die verwaltungsrechtliche Bebauungsmöglichkeit bereits gegeben, mit Wahrscheinlichkeit zu erwarten oder als ungewisses Faktum in einer entfernten Zukunft gelegen ist."

Die Inanspruchnahme eines Grundstückes zur Leitungsverlegung ist außerdem zu entschädigen, wenn ihr Bau und Betrieb Schächte oder Einstiege erforderlich macht. Wird der Boden über der Leitung nur land- oder forstwirtschaftlich oder gärtnerisch genutzt, wird eine einmalige Anerkennungsgebühr zu zahlen sein[104].

Hinsichtlich der Art der Entschädigungsleistung gibt es keine Gesetzesvorschriften. Im Normalfall ist eine einmalige Geldentschädigung zu zahlen. Wiederkehrende Leistungen sind nur denkbar und zulässig, wenn dem Betroffenen eine wiederkehrende Nutzungsmöglichkeit genommen wird.

Ist dem Unternehmen das Enteignungsrecht verliehen, haben die Entschädigungen öffentlich-rechtlichen Charakter. Vergütungen, Entgelte und Schadensersatzleistungen sind hingegen privatrechtlicher Natur.

Streitig und schwierig zu bemessen ist die Höhe der Entschädigung, die bei einer durch Enteignung begründeten Durchleitungsdienstbarkeit festzusetzen ist. Die Gerichte sind bei der wertmäßigen Erfassung der Eigentumsbeschränkung auf Schätzungen angewiesen, die nach § 287 ZPO vorzunehmen sind[105]. Ein Maßstab für den Umfang der zu leisten-

---

[101] BGH in NJW 1964, 652 und BGHZ 39, 198 (200); vgl. auch Balkenholl in RdL 1963, 147; Frohberg in NJW 1963, 2005.

[102] Dittus in NJW 1965, 721.

[103] In RdL 1963, 281 (283).

[104] Meyer-Thiel-Frohberg, § 12 Anm. 1; Dittus in NJW 1965, 722 hält den Begriff „Anerkennungsgebühr" für verfehlt; a. A. Foag in RdL 1963, 281 (282). Eine entschädigungslose Verlegung im Rahmen des § 905 BGB scheidet — wie nachgewiesen — aus.

[105] Vgl. BGH in NJW 64, 652 (653); OLG Köln in RdL 1964, 23 und 1963, 157; OLG Hamm in RdL 1963, 74 und 303; OLG Celle in RdL 1964, 50; vgl. auch Balkenholl in RdL 1963, 147 (149).

den Entschädigung läßt sich aus dem Bundesbaugesetz und dem inzwischen außer Kraft gesetzten Baulandbeschaffungsgesetz entnehmen. Die Entschädigung soll einmal für den durch die Enteignung eintretenden Rechtsverlust, zum anderen für die eintretenden Vermögensnachteile geleistet werden. Soweit es sich um die Begründung von Dienstbarkeiten handelt, ist mit dem Rechtsverlust die durch die Rechtsbeeinträchtigung aus der Dienstbarkeit folgende „konkret meßbare Wertminderung“ des Grundstückes für den Eigentümer gemeint[106].

Der öffentlich-rechtliche Entschädigungsanspruch ist nicht identisch mit dem bürgerlich-rechtlichen Schadensersatzanspruch, jedoch besteht zwischen beiden Ähnlichkeit. Nach einer Entscheidung des Bundesgerichtshofes vom 22. Januar 1959[107] reicht der Entschädigungsanspruch möglicherweise nicht soweit wie ein Schadensersatzanspruch, der sämtliche Vermögensnachteile bei der Entziehung einer Sache umfaßt, so auch den entgangenen Gewinn[108]. Die Entschädigung wird hingegen nur für den „Substanzverlust“ gewährt. In der genannten[109] Entscheidung bezeichnet der BGH als Ziel der Enteignungsentschädigung, das dem Enteigneten auferlegte Sonderopfer und die in diesem liegende Vermögenseinbuße auszugleichen. Die Entschädigung soll einem wirklichen Wertausgleich entsprechen. Maßgebend für ihre Bemessung ist nicht der Zeitpunkt der Besitzeinweisung, sondern der Tag der Zustellung des Entschädigungsfeststellungsbeschlusses[110].

Bei der Bemessung der Entschädigung ist unstreitig, daß einmalige Schäden — sogenannte *Ausfallschäden* — wie Flur- und Ernteschäden, die bei Leitungsverlegung entstehen, voll zu ersetzen sind[111]. Als weitere Beeinträchtigung des *Nutzungswertes* eines Grundstückes sind alle Eigentumsbeschränkungen, wie Bauverbot auf einem Schutzstreifen, Wertminderungen in der Grundstücksnutzung, sowie das Recht des Leitungsinhabers, das Grundstück jederzeit betreten zu dürfen, zu ersetzen.

Nach dem BGH[112] muß „darauf abgestellt werden, ob und in welcher Weise der gesunde Grundstücksverkehr bei der Bewertung derartigen Geländes die Belastung mit Dienstbarkeiten ... wertmindernd berück-

---

[106] OLG Köln in RdL 1964, 23; Gieseke, a.a.O., S. 118. In einer neueren Entscheidung des BGH vom 8. 2. 1965 in RdL 1965, 127 ist zur Höhe der Entschädigung für unterirdisch verlegte Rohre gesagt, daß die gleichen Entschädigungsgrundsätze zu gelten haben, wie bei den Fällen, in denen Grundstücke mit Hochspannungsleitungen überspannt werden.

[107] BGHZ 29, 217 (221).

[108] Vgl. dazu BGHZ 6, 270 (295) und 30, 338 (351).

[109] BGHZ 29, 217 (221).

[110] BGH vom 15. 4. 1957, vgl. bei OLG Hamm in RdL 1963, 303 r.

[111] Dittus in NJW 1965, 724.

[112] In NJW 1964, 652 (654).

sichtigt." Nachdem der BGH bereits früher[113] die „allgemeine Verkehrsauffassung" als Bewertungskriterium gewählt hatte, ist die Entwicklung, als Kriterium den „gesunden Grundstücksverkehr" heranzuziehen, zu begrüßen. Es kommt bei der Bewertung nunmehr darauf an, ob der „gesunde Grundstücksverkehr" in seinen Anschauungen über den Wert eines Grundstückes die im einzelnen möglichen wertbildenden Faktoren als vorhanden ansieht und sich von ihnen beeinflussen läßt. Dabei ist auf das Preisniveau abzustellen, das sich aus der Abwägung mit einem üblichen und sachgemäß arbeitenden Grundstücksverkehr ergibt. Die Bemessung richtet sich danach, welchen Preis „unter gesunden Verhältnissen" ein größerer Käuferkreis „allgemein zu zahlen gewillt" ist. Dieser Preis soll unter Ausschaltung reiner Spekulationspreise „nachhaltig erzielbar" sein. Damit werden in bestimmten Grenzen auch künftige, mit annähernder Sicherheit zu erwartende Wertsteigerungen berücksichtigt, ohne daß vom BGH ein genaues Zeitmaß für diese Erwartungen gegeben ist[114]. Derartige Bewertungskriterien können weniger durch rechtliche Würdigung, als vielmehr durch Tatbestandsfeststellungen berücksichtigt werden. Die Gerichte sind daher weitgehend auf Sachverständige angewiesen. Eine solche Wertbestimmung nach der jeweiligen Marktlage ist zu begrüßen, da sie allein dem Prinzip einer freien Grundstückswirtschaft und freien „Bodenwährung" gerecht wird. Die Urteile besitzen „die Richtigkeit der Lösung einer mathematischen Aufgabe in Beziehung auf die ihr zugrunde liegenden Gegebenheiten"[115].

Keine Wertminderung dürfte die Eintragung einer Durchleitungsdienstbarkeit im Grundbuch verursachen, da durch sie die Beleihungsfähigkeit des Grundstückes nicht beeinträchtigt wird.

Eine Erstattung von Einnahmeausfällen durch den entstehenden Wettbewerb des Rohrferntransportes mit anderen Unternehmen scheidet in jedem Falle aus.

Auch Auferlegung einer Sonderentschädigung für zukünftigen Schaden kommt nicht in Betracht[116]. Würde einem FLU im Rahmen der Enteignungsverleihung auferlegt, auch ohne sein Verschulden für alle künftigen Schäden, die der Grundstückseigentümer durch das Vorhandensein und den Betrieb der EFL erleidet, zu haften, wäre dies nach dem PrEG bedenklich. Die Entschädigung wird nach § 7 PrEG in Form einer Kapitalabfindung gewährt. Nach dem System des Gesetzes ist die gesamte Entschädigung *vor* dem Ausspruch der Enteignung zu zahlen, vgl. § 32 Abs. 1 PrEG. Die Vorleistung soll nicht nur dem Schutz der

[113] In LM Nr. 9 zum PrEG.
[114] Vgl. BGHZ 39, 198.
[115] Dittus in NJW 1965, 720.
[116] OLG Köln in RdL 1964, 23; Dittus in NJW 1965, 724.

Betroffenen, sondern auch dem Schutz des Enteignungsberechtigten dienen[117]. Beide Parteien sollen vor der Eigentumsübertragung oder Eigentumsbeschränkung das Ausmaß ihrer Verpflichtungen übersehen können. Die Entschädigung im Enteignungsverfahren für künftige Schäden, die nicht nur die Enteigneten, sondern genauso die Nachbargrundstücke treffen können, würde eine Ausweitung der Gefährdungshaftung bedeuten, die vom Gesetz nicht vorgesehen ist.

Ein FLU unterliegt strengen Haftungsvorschriften, die den Betroffenen einen ausreichenden Schutz gewähren[118]. Oft ist auch in den Gestattungsverträgen eine Vereinbarung getroffen. Soweit im Gesetz keine Haftungsvorschriften bestehen, bleibt zu prüfen, ob den von der Enteignung betroffenen Grundeigentümern kein Aufopferungsanspruch gegen das FLU zusteht[119]. Sollen bei der Entschädigungsberechnung Gefahrenmomente in Ansatz gebracht werden, so müßte die sich aus der angeblichen Gefährdung folgende Wertbeeinträchtigung des Grundstückes in Geld ansetzen lassen. Zu berücksichtigen sind aber nur die im Zeitpunkt der Entschädigungsfeststellung bereits vorhandenen Wertminderungen und solche Beeinträchtigungen, die mit einiger Wahrscheinlichkeit zu erwarten sind, nicht aber nur theoretisch irgendwie denkbare[120]. Die Wahrscheinlichkeit des Bruches einer EFL, dazu gerade noch unter dem betroffenen Grundstück, ist zu gering, um einen Entschädigungsanspruch zu begründen. Die Geschädigten sind auf Schadensersatzansprüche gegen das FLU angewiesen.

Eine Ausnahme von dem Grundsatz, daß nur solche Nachteile zu entschädigen sind, die mit hinlänglicher Wahrscheinlichkeit erwartet werden und bereits im Zeitpunkt der Enteignung eine Wertminderung des Grundstückes bedeuten, bietet § 12 Abs. 2 des PrEG für Beschränkungen des Eigentums. In derartigen Fällen läßt sich Umfang und Tragweite des Schadens u. U. noch nicht von vornherein bestimmt feststellen. Zur Entschädigung gehören nach dieser Vorschrift alle vermögensrechtlichen Folgen des Enteignungseingriffs. Bei einer zwangsweisen Begründung einer Durchleite-Dienstbarkeit kann darunter die in § 1023 BGB geregelte Folgekostenpflicht bei Verlegungsansprüchen des Eigentümers gegen den Dienstbarkeitsberechtigten fallen. Die Folgekostenverteilung steht in engem Zusammenhang mit der Höhe der Entschädigung, die das

---

[117] Neufang, a.a.O., S. 42 Anm. 44 zu § 7.

[118] Vgl. Engert in BB 1963, 657 ff., der eine Haftung einer Fernleitungsgesellschaft nach folgenden Vorschriften für gegeben ansieht: nach § 22 VbF i. V. mit §§ 147, 148 GewO i. V. mit § 823 Abs. 2 BGB, nach § 22 WHG, nach § 823 Abs. 1 BGB, nach §§ 836, 837 BGB.

[119] Vgl. Engert in BB 1963, 659.

[120] Mattheis in NJW 1963, 1806; RGZ 131, 125; 155, 161; BGHZ 11, 156.

FLU für die Verleihung des Enteignungsrechtes zu entrichten hat[121]. Das nach § 1023 BGB dem Eigentümer auferlegte Kostenrisiko würde demgemäß eine höhere Entschädigung bedingen.

Darüber hinaus kann auch der Verkehrswert eines Grundstückes, der bei landwirtschaftlichen Grundstücken oft erheblich höher ist, als der Nutzungs- oder Ertragswert[122], beeinträchtigt sein. Dies wäre der Fall, wenn eine zukünftige Bebauung verhindert würde.

Spekulationserwägungen, die unter Umständen auch wertbildende Faktoren darstellen, können verletzt werden und entschädigungspflichtig sein.

Aus gefühlsbetonten Gesichtspunkten — wenn z. B. Erwerber derartiger Grundstücke das Vorhandensein einer EFL als eigentumsstörend empfinden — können keine Wertminderungen hergeleitet werden[123].

Als sonstiger Vermögensnachteil kann die persönliche Inanspruchnahme des Grundstückseigentümers bei den Verhandlungen über Verlegung der Leitung, die einen Zeitverlust bedeuten, in Betracht kommen. Einen wichtigen Hinweis für die Ermittlung der Entschädigung ergeben die „Richtlinen für die Ermittlung und Prüfung des gemeinen Wertes (Verkehrswert) forstwirtschaftlich genutzter Flächen und für die Bemessung von Nebenentschädigungen“ vom 1. April 1959[124].

Bei dem Bau der Nord-West-Oelleitung hat die Ermittlung des vollständigen allgemeinen Wertausgleichs gemäß dem zwischen den Beteiligten geschlossenen Bauvertrag durch ein Schiedsgutachten[125] eine grundsätzliche Klärung erfahren. Danach stützt sich der einmalige Wertausgleich für Eintragung einer beschränkten persönlichen Dienstbarkeit zum Zwecke des Baus, des Betriebes und der Unterhaltung einer Erdölfernleitung auf mehrere Kostenelemente, nämlich Anerkennungsgebühr, Nutzungsbeschränkung, Bauverbote, Minderung des Verkehrswertes, Schutzstreifengröße im Verhältnis zur Grundstücksgröße u. a. m. Als Norm sind in dem Schiedsgutachten 0,30 DM je Quadratmeter des Schutzstreifens bezeichnet[126]. Hierin als einmaliger Zahlung sind alle obigen Einflußgrößen berücksichtigt, nicht aber die einzelnen Grundstücke gesondert treffenden und besonders abzugeltenden Rechtsver-

---

[121] Dittus in BlGBW 1960, 354.

[122] Vgl. dazu OLG Hamm in RdL 1963, 303 (304); Balkenholl in RdL 1963, 148; Dittus in NJW 1965, 718 und 719.

[123] OLG Köln in RdL 1964, 23.

[124] Abgedruckt bei Marschall, FStrG, S. 927.

[125] Verkündet am 10. März 1958 durch den Präsidenten des Oberlandesgerichts Hamm.

[126] Dieser Satz wurde auch vom BGH — III ZR 112/63 — für den Bau einer Gasleitung anerkannt; vgl. bei Dittus in NJW 1965, 724.

luste und Rechtsbeeinträchtigungen, wie z. B. Flurschäden, Ernte- und Sachausfall, Gebäude- und Kulturschäden, Einbußen an Erträgen, z. B. durch niedrig fliegende Kontrollflugzeuge, Planungsänderungen, Inanspruchnahme durch oberirdische Armaturen und Meßgeräte[127].

Derartige Sammelvereinbarungen, die meist nicht in Vollmacht aller betroffenen Grundeigentümer abgeschlossen werden, binden weder die Enteigungsbehörden, noch die Gerichte, noch die Beteiligten. Gleichwohl sind solche Sammelvereinbarungen durch ihre vereinfachende und geschäftserleichternde Funktion von großer praktischer Bedeutung, da durch die Aufstellung von Richtsätzen Einzelprüfungen und Begutachtungen entfallen. Die vereinbarte Höhe der Entschädigung ist ein Mindestsatz, der es den einzelnen Grundeigentümern unbenommen läßt, ein höheres Entgelt zu fordern. Eine Sammelvereinbarung eignet sich naturgemäß nur bei Gebieten mit etwa gleichartigen Agrarlandpreisen.

5. Enteignung von Grundstücken, die im Eigentum der öffentlichen Hand stehen

Eine Fernleitungsgesellschaft ist beim Bau einer EFL vielfach auf die Mitbenutzung von Grundstücken angewiesen, die im Eigentum der öffentlichen Hand stehen. Grundsätzlich kann sich eine Enteignung auf alle Grundstücke erstrecken, also auch auf Grundstücke der öffentlichen Hand, sowie auf solche Grundstücke und Rechte an ihnen, die öffentlichen Zwecken zu dienen bestimmt sind. Nach § 1 PrEG kann „Grundeigentum" im Wege der Enteignung beschränkt werden. Gesetzliche Beschränkung dieser Bestimmung und etwaige Differenzierungen zwischen Enteignung von Privateigentum und Eigentum der öffentlichen Hand sind aus dem PrEG nicht ersichtlich; Besitz und Rechte beider sind also der Enteignung unterworfen[128]. Sie kann jedoch ausgeschlossen oder erschwert werden, soweit es sich um Grundstücke handelt, die öffentlichen Zwecken gewidmet sind und für deren Benutzung gesetzliche Sondervorschriften bestehen. So ist z. B. eine Enteignung von Gelände der Bundesbahn nach § 39 des Bundesbahngesetzes vom 13. Dezember 1951 nur mit Zustimmung der Bundesregierung zulässig. Die Zustimmung ist Voraussetzung für die Fortführung des Enteignungsverfahrens und kann m. E. nicht nach freiem Ermessen verweigert werden, sondern nur, wenn die Voraussetzungen für eine Enteignung bestritten werden. In Straßeneigentum hingegen kann wie in jedes private

---

[127] Vgl. dazu auch Foag in RdL 1963, 281 (283) und Dittus in NJW 1965, 723.

[128] Eger, a.a.O., S. 13; Neufang, a.a.O., Anm. 4 zu § 1; Meyer-Thiel-Frohberg, a.a.O., Anm. 1 zu § 1; vgl. auch § 11 Abs. 3 des Gesetzentwurfes bei Bullinger, a.a.O., S. 81.

Eigentum im Enteignungswege eingegriffen werden[129]. Daß die Inanspruchnahme von Grundstücken der öffentlichen Hand durch Erdöltransportanlagen keineswegs selten ist, geht daraus hervor, daß die erste überörtliche EFL in der Bundesrepublik, die Nord-West-Oelleitung, auf ihrer Linienführung Wilhelmshaven-Wesseling 211 öffentliche Straßen, 49 Bahnen und 16 Flußläufe bzw. Kanäle kreuzt[130].

a) Intensitätsgrad der Nutzung an Grundstücken der öffentlichen Hand

Den Fernleitungsgesellschaften, die mit ihren Erdölleitungen für öffentliche Zwecke genutze Grundstücke, Straßen und Anlagen des Bundes, der Länder und der Gemeinden unter- oder überqueren wollen und dazu um Verleihung des Enteignungsrechtes nachgesucht haben, wurde und wird von den Verwaltungen solcher Grundstücke und Anlagen innerhalb des Planfeststellungsverfahrens entgegengehalten, daß eine Enteignung gegen sie nicht üblich und infolge ihrer Rechtsstellung, die für Innehaltung freiwillig geschlossener Verträge Gewähr biete, nicht erforderlich sei.

Bei den Verhandlungen mit den Fernleitungsgesellschaften werden von den Verwaltungen regelmäßig folgende Vorschläge unterbreitet[131]:

1. sofortige Erteilung der vorläufigen Bauerlaubnis unter Zurücknahme ihres Einspruchs, wenn die Enteignung und Besitzeinweisung nicht weiter betrieben werden,
2. keine dingliche Belastung des öffentlich genutzten Grundstücks; bei seiner Entwidmung oder im Falle der Veräußerung wird zur Sicherung des Nutzungsrechts des Fernleitungsunternehmens eine beschränkte persönliche Dienstbarkeit bestellt; für diese Bestellung sofortige Vormerkung im Grundbuch,
3. Eintragung der Fernleitung in die Unterlagen der Landesvermessung und des Katasters,
4. Haftung für alle Schäden durch Herstellung, Bestand, Betrieb, Unterhaltung und Beseitigung der Fernleitung,
5. bei Verlegung der öffentlichen Sache muß die Fernleitung auf eigene Kosten folgen, soweit sie nicht an der alten Stelle verbleiben kann,
6. jährliche Entschädigung für Gestattung und Verwaltung des Nutzungsrechtes.

---

[129] Kodal, Straßenrecht S. 149.

[130] Nach Auskunft der Nord-West Oelleitung GmbH.

[131] Nach Auskunft eines Fernleitungsunternehmens; vgl. auch Mattheis in NJW 1963, 1805.

Die Enteignungserklärungen der Fernleitungsgesellschaften sind in der Regel[132]:

1. Eintragung einer beschränkten persönlichen Dienstbarkeit im Grundbuch unter Vorrang vor allen sonstigen Rechten, soweit sie nicht selbst durch Enteignung entstanden sind,
2. die Ausübung des Nutzungsrechts kann an Dritte übertragen werden,
3. jederzeitige Benutzung des Grundstücks für Bau, Betrieb und Unterhaltung der Fernleitung bei vorheriger Benachrichtigung des Grundstückseigentümers,
4. Verlegung der Fernleitung in einem beiderseits der Rohrachse mindestens 5 m breiten Schutzstreifen, auf dem Gebäudeerrichtung und Einwirkungen auf Bestand und Sicherheit der EFL verboten sind,
5. Entschädigung sowie Ersatzleistung für alle beiderseits und Dritten zugefügten Schäden aus dem Fernleitungsbetriebe,
6. die Folgepflicht bei Verlegung der öffentlichen Sache regelt sich nach § 1023 BGB, Kostentragung trifft also den Grundeigentümer.

Diese Bedingungen sind im wesentlichen die gleichen wie für private Grundstücke. Gegen diese Gleichstellung jedoch richtet sich in erster Linie der Widerstand der öffentlichen Verkehrsträger. Sie wenden ein, daß sie die Bahn-, Kanal-, Straßen- und Wegebaulast nicht „gewinnkalkulatorisch", also entsprechend dem Betriebsziel der Fernleitungsgesellschaften trügen, sondern als Bürde hoheitsrechtlicher Aufgaben. Sie könnten infolgedessen ihre Selbstkosten oder Teile davon im Gegensatz zu privaten Erwerbsgesellschaften auf niemanden abwälzen. Eine Bundes- oder Landstraße sei eine öffentliche Verkehrsanstalt mit Vorrechten gegenüber einem privatwirtschaftichen Unternehmen einer Erdölfernleitungsgesellschaft. Das Eigentum an der Straße und deren Gemeingebrauch seien nicht voneinander zu trennen und das private Recht müsse zurückstehen.

Die Planfeststellungsbeschlüsse im Rahmen des Enteignungsverfahrens hatten gleichwohl die Belastungen von Straßenparzellen mit beschränkten persönlichen Dienstbarkeiten angeordnet.

Die dadurch vor den Verwaltungsgerichten anhängig gewordenen Klagen[133] sind zugunsten der öffentlich-rechtlichen Körperschaften ent-

---

[132] Nach Auskunft eines Fernleitungsunternehmens; vgl. auch Foag in RdL 1963, 281.

[133] Rechtsstreit Bundesrepublik gegen Nordrhein-Westfalen, OVG Münster IV A 206.57 und Landschaftsverband Westfalen-Lippe gegen Regierungspräsidenten Münster VG Münster 1 K 184.59 und 1 K 152.59. Vgl. auch die Zusammenstellung bei Schack in NJW 1963, 1905.

schieden worden. Die Verwaltungsgerichte haben ihre Entscheidungen aufgrund des das Enteignungsrecht beherrschenden Grundsatzes der Erforderlichkeit[134] getroffen. Allerdings sind die Gerichte auf dieses Problem nur am Rande eingegangen. Die Prozesse sind meist wegen mangelhafter Formalien bei der Durchführung des Enteignungsverfahrens entschieden worden[135].

Das enteignungsberechtigte Unternehmen habe keinen Anspruch auf Zuerkennung eines — sei es auch des schwächsten — dinglichen Rechts nach dem PrEG, sondern müsse sich mit bloß obligatorischen Rechten begnügen. Zur Frage der Abwendung der Enteignung durch das Angebot eines Gestattungsvertrages liegt eine neuere Revisionsentscheidung des Bundesverwaltungsgerichtes vom 27. September 1961[136] vor. Klägerin war die Bundesrepublik, die den betreffenden Planfeststellungsbeschluß angefochten und dem beigeladenen Unternehmen zum Bau seiner Gasfernleitung einen obligatorischen Nutzungsvertrag angeboten hatte. Zur Zulässigkeit der Klage heißt es im Urteil: „Die ministerielle Feststellung über die Zulässigkeit der Enteignung für die Gasfernleitung ... macht eine Prüfung der Enteignungsvoraussetzungen bei den einzelnen in Anspruch zu nehmenden Grundstücken in dem Enteignungsverfahren weder unzulässig noch entbehrlich.“ Ausgangspunkt der Entscheidung ist auch hier der Begriff „Erforderlichkeit“ als Voraussetzung für die materiell-rechtliche Zulässigkeit der Enteignung. Das Bundesverwaltungsgericht kommt zu dem Ergebnis, daß für den Zweck der Enteignung die Begründung eines dinglichen Leitungsrechtes zugunsten des Rohrleitungsunternehmens an den Grundstücken der öffentlichen Hand nicht erforderlich sei. „Die Bereitschaft der Klägerin zum Abschluß eines Gestattungsvertrages macht sie entbehrlich.“ Die Entscheidung betrifft Kanalgrundstücke, grundsätzlich also Grundstücke, die der Erfüllung hoheitlicher Aufgaben dienen und bei denen die von dem FLU vorgebrachten Bedenken, daß die Rohrleitung mangels grundbuchlicher Eintragung in Vergessenheit geraten könne, keine Bedeutung erlangen können. Überdies würden die zur Kreuzung notwendigen wasser- oder baupolizeilichen Genehmigungen nur widerruflich erteilt. Dieser Widerruf werde unabhängig davon ausgesprochen, ob das neben der öffentlich-rechtlichen Genehmigung bestehende privatrechtliche Durchleiterecht dinglich oder obligatorisch ausgestaltet sei. Auch ein Gestattungsvertrag könne dem FLU ausreichende Rechte einräumen,

---

[134] Forsthoff, a.a.O., S. 298.

[135] Die Prozeßergebnisse haben das betreffende FLU veranlaßt, die Verfahren erneut einzuleiten.

[136] BVerwGE 13, 75 (76). Die Vorentscheidung hatte das OVG Münster am 21. 12. 1959 getroffen, vgl. Entscheidungssammlung der OVG 1961 (Heft 15), 206. Vgl. auch OVG Münster in DÖV 1964, 349.

um leitungsgefährdende und schädigende Einflüsse abzuwenden. Für die bei Gestattungsverträgen von § 1023 BGB abweichende Folgekostenregelung bei künftigen Veränderungen der Bundeswasserstraßen sah das Gericht keine Veranlassung zur dinglichen Festlegung. Ebenso wenig rechtfertige der Wunsch der Fernleitungsgesellschaft nach einer gleichartigen Gestaltung ihrer Rechtsstellung bei allen für die Leitung in Anspruch genommenen Grundstücken das Verlangen nach dinglicher Sicherung ihres Leitungsrechts. Die Erforderlichkeit sei vielmehr bei dem in Anspruch zu nehmenden Grundstück einzeln festzustellen. Eine Verletzung des Gleichheitsgrundsatzes sei nicht gegeben. Zur Frage, ob auch private Grundstückseigentümer durch Angebot eines Gestattungsvertrages die Eintragung einer Dienstbarkeit verhindern können, hat sich das BVerwG sehr zurückhaltend geäußert[137]. „Bei Privatgrundstükken mag dieserhalb die Sicherung und Kundbarmachung des Leitungsrechts durch Grundbucheintragung im Einzelfall erforderlich erscheinen ..."

Diese Einwendungen sind von den Betroffenen in Verwaltungsstreitverfahren zu erheben, jedoch erst nach Eintritt in einen bestimmten Abschnitt des Enteignungsverfahrens. „Die Frage der Erforderlichkeit des Enteignungsaktes unterliegt als Rechtsfrage der verwaltungsgerichtlichen Prüfung[138]." Nach der Systematik des PrEG, das sich in mehrere selbständige, voneinander zu trennende Abschnitte gliedert, kann ein von dem Enteignungsverfahren betroffener Grundstückseigentümer nicht die Enteignungsanordnung selbst im Klagewege anfechten, da die Enteignungsverleihung sich nicht auf bestimmte Grundstücke oder Grundstücksrechte bezieht, somit also noch keine Beeinträchtigung der Rechte der Grundstücksinhaber enthält. Die Enteignungsanordnung selbst trifft nur die Feststellung, daß die Enteignung dem Zweck des Unternehmens entsprechend generell zulässig und geboten ist, und gibt dem Unternehmen den Anspruch auf Durchführung der Enteignung gemäß dem Umfang seines Zweckbedürfnisses. Sie räumt dem Unternehmen noch nicht das unabdingbare Recht ein, alle im Zuge der Linienführung liegenden Grundstücke schlechthin im Wege der Enteignung durch staatlichen Hoheitsakt dinglich zu belasten. Das begünstigte Unternehmen hat vielmehr nur im Umfange seines Bedürfnisses Anspruch auf Durchführung der Enteignung durch die Enteignungsbehörden[139]. Daß jedes von der genehmigten Leitung berührte Grundstück zu enteignen und in welchem Intensitätsgrad es zu nutzen ist, wird damit noch nicht gesagt. Inwieweit die Enteignung im konkreten Einzelfall zulässig ist,

---

[137] BVerwGE 13, 75 (78).

[138] BVerwG in NJW 1964, 1440 (1441).

[139] Meyer-Thiel-Frohberg, § 2 Anm. 5 und 6.

entscheidet erst die zuständige Behörde bei Durchführung des Enteignungsverfahrens im Planfeststellungsverfahren gemäß § 21 PrEG. Hätten die betroffenen Grundstückseigentümer nicht die Möglichkeit, bei der Durchführung des Planfeststellungsverfahrens, jeden Einzelfall auf seine Notwendigkeit und Rechtmäßigkeit überprüfen zu lassen, müßten sie schon in das primäre Verfahren zur Verleihung des Enteignungsrechts eingeschaltet werden. Anderenfalls wäre ihnen bei der Endgültigkeit der Enteignungsverleihung die Möglichkeit, mit Rechtsmitteln den Eingriff in ihr Eigentum abzuwehren, genommen. Folglich ist der Planfeststellungsbeschluß dahin nachprüfbar, ob im *Einzelfall* die materiellrechtlichen Voraussetzungen der Enteignung, Allgemeinwohl und Erforderlichkeit, vorliegen.

b) Grundsatz der Verhältnismäßigkeit von Zweck und Mittel

Die Enteignung ist solange unzulässig, „als der Zweck, dem die Enteignung dienen soll, auch auf andere, weniger schwer in die Rechte des einzelnen eingreifende Weise erreicht werden kann, ohne daß es zu unvertretbaren Schwierigkeiten kommt“[140]. „Eine Enteignung ist vor allem dann nicht erforderlich, wenn der Enteignungszweck im Wege freier Vereinbarung (z. B. durch Grundstückskauf oder -tausch) unter angemessenen Bedingungen verwirklicht werden kann[141].“ Die Prüfung obliegt den Enteignungsbehörden. Diese sind lediglich an die Enteignungsanordnung insoweit gebunden, als sie dem dadurch für das FLU begründeten Rechtsanspruch auf Durchführung der Enteignung der für das Unternehmen benötigten Grundstücke Folge geben müssen; jedoch nur insofern, als die betreffenden Eigentümer nicht bereit sind, dem Unternehmen eine dem Enteignungszweck entsprechende Rechtsstellung unter zumutbaren Bedingungen einzuräumen[142]. Zu der Frage der Zumutbarkeit hat der BGH[143] ausgeführt:

> „In Wirklichkeit wird eine Enteignungsmöglichkeit ... durch ein Vertragsangebot eines Straßeneigentümers nur dann ausgeschlossen, wenn die Bedingungen der angebotenen vertraglichen Regelung für die Gegenseite zumutbar sind; sie müssen ‚vernünftig‘ sein und ‚auf die wirtschaftlichen Gegebenheiten Rücksicht nehmen‘, und es darf durch sie nicht ‚zu unvertretbaren Schwierigkeiten‘ kommen.“

---

[140] BVerwGE 2, 36 (38); Schack in NJW 1963, 1907.

[141] BVerwG in NJW 1964, 1440 (1441).

[142] Vgl. OVG Lüneburg in NJW 1965, 68 (69), wo es zur Problematik des § 12 Landbeschaffungsgesetz heißt, daß der begünstigte Unternehmer nicht gehindert sei, „den Abschluß eines Nutzungsvertrages abzulehnen, dessen Erfüllung gegenüber der Enteignung *unverhältnismäßig* hohe Mehrausgaben erfordern würde“.

[143] In VkBl 1962, 572 in Anlehnung an BVerwGE 2, 36 (38).

Bietet ein Eigentümer die freiwillige Einräumung des Durchleiterechts an, so beschränkt sich die Prüfung der Enteignungsbehörde darauf, ob die Enteignung trotzdem noch notwendig ist. Das muß nach einem Urteil des LVG Münster[144] auch gelten, wenn der Eigentümer eines Grundstücks der öffentlichen Hand nur einen obligatorischen Gestattungsvertrag anbietet. Mag das betreffende FLU auch durch die Enteignungsanordnung eine Rechtsposition erlangt haben, die ihm die Enteignung und damit auch dingliche Eingriffe in Rechte Dritter ermöglicht, so werden dadurch die Verwaltungsbehörden nicht der Rechtspflicht enthoben, in dem jeweils zu entscheidenden konkreten Einzelfall zu prüfen, ob die Notwendigkeit eines dinglichen Eingriffs erforderlich ist. Mit der Enteignungsanordnung selbst ist noch nicht unanfechtbar festgestellt, daß jede Inanspruchnahme der zur Leitungslegung unbedingt notwendigen Grundstücke eine dingliche Belastung zur Folge haben muß[145]. Das von der Enteignungsverleihung begünstigte FLU muß jede andere Art der Zweckverwirklichung in Kauf nehmen, die das Unternehmen nicht unzumutbar erschwert und den Enteignungszweck gefährden könnte. Es ist Frohberg[146] zuzustimmen, daß es bedenklich sei, „wenn der Begriff der Erforderlichkeit dahin ausgedehnt wird, daß er zu einer unzumutbaren Erschwerung, die auch in einer tatsächlichen oder rechtlichen Unsicherheit liegen kann, führen muß“; so, wenn der Enteignungsberechtigte minder sichere Rechte, z. B. eine obligatorische statt einer dinglichen Sicherung, hinnehmen muß. Bei der Prüfung der Erforderlichkeit *und* Zumutbarkeit muß das richtige Verhältnis von Mittel und Zweck angestrebt werden, um die Belastung des Staatsbürgers durch hoheitliche Eingriffe möglichst gering zu halten und trotzdem den bei der Enteignungsverleihung als gemeinnützig und erstrebenswert erkannten Unternehmenszweck zu erreichen. Kriterium dieser Abwägung muß m. E. sein, daß der Unternehmenszweck nicht so sicher wie möglich, sondern so sicher wie *nötig* durch das Enteignungsverfahren erreicht wird. Die Prüfung der Notwendigkeit und Erforderlichkeit hat sich hauptsächlich auf die Frage der Abwendung der Enteignung überhaupt zu erstrecken, und erst danach ist eine Prüfung des Intensitätsgrades der Enteignung anzustellen. Wird von dem betroffenen Grundstückseigentümer ein obligatorischer Gestattungsvertrag angeboten, so ist festzustellen, daß dieser weniger schwer in seine Rechte eingreift als die mit der Enteignung verbundene dingliche Belastung. Die geringere Rechtsbelastung kann sich schon aus

[144] 1 K 152/59. Die gegen dieses Urteil von der Beklagten eingelegte Berufung ist leider vom OVG Münster (VII A 1736/59) wegen formeller Mängel zurückgewiesen worden, so daß keine sachliche höherinstanzliche Entscheidung vorliegt.

[145] Vgl. auch Schack in NJW 1963, 1906.

[146] Komm. zum BBauG § 87 Anm. 8.

der Entschädigungsfrage ergeben. Ferner kann die in § 1023 BGB getroffene Folgekostenpflicht durch obligatorisch-rechtsgeschäftliche Vereinbarung abbedungen werden. Der tatsächliche Eingriff in den Grundstückskörper bleibt allerdings in beiden Fällen derselbe. Bei der Prüfung, ob ein derartiges obligatorisches Recht auch die *notwendige* Sicherheit des Unternehmenszwecks gewährleistet, ist es wichtig, auf welche Rechtsposition sich der Enteignungsberechtigte noch während des Enteignungsverfahrens verweisen lassen muß. Wie auch das Bundesverwaltungsgericht[147] festgestellt hat, kann nicht jede denkbare Lösungsmöglichkeit die Enteignung ausschließen, denn sie darf nicht zu „unvertretbaren Schwierigkeiten" führen. Das Bundesverwaltungsgericht hat sich in der betreffenden Entscheidung lediglich mit der Erforderlichkeit der Enteignung von Eigentum der öffentlichen Hand auseinandergesetzt, nicht auch mit der Frage, ob eine Abwendung durch ein obligatorisches Recht im Rahmen des PrEG prinzipiell zulässig ist. Nach einem Beschluß des Bundesverwaltungsgerichts vom 17. Oktober 1955[148] zu § 2 PrEG muß der Grundsatz der Verhältnismäßigkeit „seinem Wesen nach auch auf die Art und den Umfang der Enteignung selbst Anwendung finden". Das Problem ist nicht, ob ein Gestattungsvertrag die Erforderlichkeit und Notwendigkeit eines auf dinglichen Rechtserwerb gerichteten Enteignungsverfahrens ausschließt, sondern ob sich der Enteignungsberechtigte noch während des Enteignungsverfahrens, nämlich nach der Enteignungsanordnung (§ 2 PrEG) auf ein obligatorisches Recht verweisen lassen muß, ob also das PrEG die Begründung von obligatorischen Schuldverhältnissen zur Schaffung von Bodenbenutzungsmöglichkeiten vorsieht oder ob nicht die vorgesehene gesetzliche Mindestposition nur ein dingliches Recht sein kann. Diese Entscheidung trifft auch nicht das Bundesverwaltungsgericht[149], wenn es ausführt:

> „Das enteignungsrechtliche Verbot des Übermaßes gilt aber ... auch für die Frage, auf welche Art in das Eigentum eingegriffen werden darf. Unter den im Einzelfall geeigneten Arten der Enteignung ist diejenige zu wählen, die den Betroffenen am geringsten belastet. Von der Entziehung des Eigentums („Vollenteignung") ist mithin abzusehen, wenn der Eingriff in das Eigentum durch Belastung mit einem dinglichen Recht genügt ... Da jede über das unumgängliche notwendige Maß hinausgehende Belastung des Eigentümers den verfassungsmäßigen Schutz des Eigentums verletzt, hat aber auch die Belastung des Grundstücks mit einem dinglichen Recht zu unterbleiben, wenn die Begründung eines obligatorischen Nutzungsverhältnisses zur Verwirklichung des Enteignungszwecks ausreicht und den Eigentümer weniger beschwert als die dingliche Belastung des Grundstücks."

---

[147] BVerwGE 2, 36 (38).

[148] Abgedruckt bei Buchholz 406/39.

[149] NJW 1964, 1440 (1441), gesperrte Worte vom Verfasser hervorgehoben. Vgl. auch RGZ 29, 273.

Daß die Einräumung eines obligatorischen Rechts zur Sicherung von Leitungen in Grundstücken der öffentlichen Hand ausreichend sein kann, hat auch der Bundesgerichtshof in einer neueren Entscheidung[150] zu erkennen gegeben. Dort heißt es:

„Ein solches (dingliches) Recht war ... notwendig, um der Beklagten — die sich ... nicht durch den Abschluß eines Gestattungsvertrages hatte sichern können — die weitere Ausübung ihrer vom Gesetzgeber gebilligten Versorgungstätigkeit zu sichern[151].“

Der Auslegung dieses Urteils von Engert[152] kann nicht gefolgt werden.

Das PrEG sieht in § 2 nur zwei Arten der Eingriffe vor: Entziehung von Grundeigentum oder dauernde Beschränkung. Frohberg[153], Dittus[154] und Engert[155] sehen in dauernder Beschränkung nur den Weg zur Einräumung eines dinglichen Rechts. Ziel des Gesetzes sei es, die dingliche Ruhelage zu erzielen. Ein Abwendungsrecht, wie es zum Teil im modernen Enteignungsrecht vorgesehen sei[156], könne man nicht, ohne damit Sinn und Zweck des PrEG zu negieren, auf dieses anwenden. Andere als dauernde Beschränkungen dinglicher Art gehörten nicht in eine Enteignungsanordnung, da sie nicht im Gesetz erwähnt seien. Eger[157] definiert die Beschränkung im Sinne von § 1 PrEG „nur als Behinderung des Eigentümers in der vollständigen Ausübung des Eigentumsrechts seitens des Unternehmers“. Ob diese Behinderung nun — wie Frohberg und Dittus behaupten — ausschließlich durch eine dingliche Belastung erreicht werden kann, sagt Eger nicht, auch nicht, daß die Beschränkung im Grundbuch eintragungsfähig sein müsse[158]. Nach Neufang[159] ist das Ziel des Enteignungsverfahrens „die dingliche Sicherung der Enteignung durch Eintragung im Grundbuch“. Ebenso das

---

[150] BGHZ 37, 361 (362).

[151] Bei der Beklagten handelte es sich um ein öffentliches Versorgungsunternehmen. Ob für dieses „im Hinblick auf die Bedeutung ... für die Öffentlichkeit eine dingliche Sicherung der Leitungsrechte unerläßlich“ ist, wie Mattheis (in NJW 1964, 1804) meint, soll hier unerörtert bleiben.

[152] In NJW 1964, 1303.

[153] In BlGBW 1961, 49.

[154] In BlGBW 1960, 337.

[155] NJW 1964, 1302.

[156] So in dem Ausnahmefall nach § 86 Abs. 1 Nr. 4 BBauG, wonach auch die Begründung eines obligatorischen Nutzungsverhältnisses Gegenstand eines Enteignungsverfahrens sein kann. Vgl. auch §§ 11, 12 Abs. 2 Landbeschaffungsgesetz vom 23. Februar 1957. § 12 Abs. 1 Landbeschaffungsgesetz jedoch beschränkt den Katalog der zulässigen Enteignungsmaßnahmen in „Entziehung oder Belastung dinglicher Rechte“. Vgl. dazu OVG Lüneburg in NJW 1965, 68.

[157] § 1 Anm. 12.

[158] So Meyer-Thiel-Frohberg § 1 Anm. 6.

[159] § 1 Anm. 8.

OVG Münster in einer Entscheidung vom 9. November 1951[160], wo es heißt:

„Zweck und Ziel des Enteignungsverfahrens nach dem Gesetz von 1874 ... ist eine dingliche Rechtsänderung zugunsten des Unternehmers."

Das PrEG schweigt zu der Frage, ob ein Enteignungsberechtigter auf einen obligatorischen Gebrauchsüberlassungsvertrag verwiesen werden kann und bestimmt auch keinen Ausschluß desselben. Das Gesetz macht keinen Unterschied zwischen einer Eigentumsbeschränkung dinglichrechtlicher und schuldrechtlicher Art. Dem Tatbestandsmerkmal „dauernde Beschränkung" kann durch einen Gestattungsvertrag Rechnung getragen werden, wie bei der Erörterung über die Rechtslage der EFL nachzuweisen sein wird. Gerade aus der Tatsache, daß das PrEG wie auch andere Enteignungsgesetze zu diesem Problem schweigen, läßt sich m. E. die Rechtmäßigkeit einer solchen Verweisung auf einen obligatorischen Nutzungsvertrag herleiten. Einem Unternehmen steht das Enteignungsrecht nur im Rahmen der geltenden Gesetze zu, Art. 20 Abs. 3 GG. Ein ungeschriebener Rechtsgrundsatz ist auch die Verhältnismäßigkeit der von der Verwaltung einzusetzenden Mittel, anders ausgedrückt: es gilt das „Übermaßverbot"; der zu duldende Eingriff in das Privateigentum ist auf das unbedingte Maß zu beschränken. Diesem Verfassungsprinzip des „geringstmöglichen Eingriffs", dem heute allgemein Verfassungsrang zuerkannt wird, trägt auch die neue Gesetzgebung Rechnung[161]. Verwaltung und Rechtsprechung haben nicht nur das Recht, sondern auch die Pflicht, das PrEG so auszulegen und anzuwenden, daß es heutigen und nicht den zur Zeit des Erlasses des PrEG geltenden verfassungsrechtlichen Grundsätzen entspricht. Es widerspricht dem oben erwähnten Verfassungsgrundsatz, eine dingliche Inanspruchnahme dort zuzulassen, wo eine Benutzung aufgrund eines Gebrauchsüberlassungsvertrages ausreichend ist und den Enteignungszweck nicht unzumutbar erschwert. Kann eine Enteignung Eigentumsbeschränkungen jeder Art enthalten, so ist die Entscheidung der Frage, ob die Eigentumsbeschränkung dinglicher oder lediglich schuldrechtlicher Art sein soll, nach den notwendigen Bedürfnissen des Unternehmens gegenüber den *einzelnen* in Anspruch genommenen Grundstücken zu treffen. „Die Erforderlichkeit der Enteignung ist ... bei jedem in Anspruch zu nehmenden Grundstück einzeln festzustellen[162]." Daraus folgt, daß jeder betroffene Grundstückseigentümer im Planfeststellungsverfahren den Einwand erheben kann, das FLU benötige für seine Zwecke keine Dienstbarkeit, sondern der Enteignungszweck würde auch

[160] Abgedruckt bei Neufang, Anlage 13, S. 196.

[161] BVerwGE 5, 50 (52); § 87 Abs. 1 BBauG.

[162] BVerwGE 13, 75 (79).

durch einen obligatorischen Benutzungsvertrag sichergestellt. Die Enteignungsbehörden haben diesen Einwand sachlich zu prüfen und über ihn zu entscheiden. Dabei trifft die Enteignungsbehörden die Amtspflicht, Eingriffe von hoher Hand in die Rechtssphäre der Betroffenen in den Grenzen des unumgänglich *Notwendigen* zu halten. Diese Pflicht ergibt sich aus der bereits dargestellten Tatsache, daß das Enteignungsrecht immer nur unter dem *Vorbehalt* verliehen ist, daß Art und Maß der Grundstücksinanspruchnahme erst noch im Planfeststellungsverfahren besonders festgestellt werden. Nach dem modernen, vom Bundesgerichtshof entwickelten Enteignungsbegriff fällt jede inhaltliche Beschränkung des Enteignungsobjektes darunter.

Das Bundesverwaltungsgericht hat in einer Entscheidung vom 7. November 1959[163] die Enteignung nach § 11 Energiewirtschaftsgesetz zugunsten eines Bergwerkunternehmers für unzulässig erklärt, soweit den berechtigten Interessen des Bergbaues auch mit der bergrechtlichen Grundabtretung nach §§ 135 ff. ABG Genüge getan ist. Das Allgemeinwohl ist in § 11 EnWG gesetzlich statuiert, die Entscheidung über Erforderlichkeit und Intensitätsgrad der Enteignung ist davon aber nicht betroffen. In der Begründung heißt es unter anderem:

„Bei der Anwendung des § 11 Abs. 1 EnWG aber ist zu prüfen, ob diese Art der Enteignung erforderlich ist. Das ist zu verneinen, wenn der bergrechtliche Grundabtretungsanspruch den Zweck der Enteignung bereits erfüllt, seine Ausnutzung also bereits das verhältnismäßigste Mittel ist."

Ohne zu der Frage nach der bestrittenen Rechtsnatur des bergrechtlichen Grundabtretungsanspruchs Stellung zu nehmen, geht doch aus dieser Entscheidung hervor, daß das BVerwG die Anwendung der §§ 135 ff. ABG für den Betroffenen als weniger schwer belastend ansieht als eine Enteignung nach § 11 EnWG, die in den Folgen gleichbedeutend mit einer Enteignung nach dem PrEG ist. Wenn auch der bergrechtliche Grundabtretungsanspruch ein der Dienstbarkeit ähnliches Nutzungsrecht darstellt, so kann doch nicht die Eintragung des Nutzungsrechts im Grundbuch oder die Bewilligung einer Dienstbarkeit des bürgerlichen Rechts verlangt werden[164]. Zu dem selben Ergebnis würde es führen, wenn ein Bergwerksunternehmer um eine Enteignungsverleihung nach dem PrEG nachgesucht hätte; auch in diesem Fall hätte es an der Voraussetzung der Erforderlichkeit der Enteignung und des Intensitätsgrades der Nutzung gemangelt. Die bergrechtliche Grundabtretung würde dem angestrebten Enteignungszweck genügen, eine andere Art der Enteignung wäre nicht erforderlich. Allerdings darf nicht die verschiedene Interessenlage beim Bergbau und bei der Mehr-

---

[163] In ZfB 101, 89.

[164] Vgl. statt anderer Miesbach-Engelhardt Art. 135 Anm. 6.

zahl anderer Unternehmen unbeachtet bleiben. Dem Bergbau ist eine zeitliche Grenze gesetzt und damit auch der Erforderlichkeit einer Benutzung fremder Grundstücke. Form, Art und Intensität des Eingriffs sind verschieden, soweit die bergrechtliche Grundabtretung dem zum Wohle der Allgemeinheit durchzusetzenden Zweck genügt. Auch kann die Frage der Entschädigung — die Grundabtretung des ABG hat eine laufende Nutzungsentschädigung zur Folge im Gegensatz zur einmaligen Entschädigung nach dem EnWG oder dem PrEG — nicht entscheidend dafür sein, ob nach dem ABG oder nach allgemeinem Enteignungsrecht vorzugehen ist. Das Bundesverwaltungsgericht hat die bergrechtliche Grundabtretung mit ihrer Entschädigungsfolge nicht deshalb für unzumutbar erklärt, weil die Entschädigungspflicht des allgemeinen Enteignungsrechts für den Begünstigten vorteilhafter wäre. Einem Fernleitungsunternehmen, das für die Verlegung seiner EFL das bergrechtliche Grundabtretungsrecht in Anspruch nehmen kann[165], muß eine Enteignung nach allgemeinem Enteignungsrecht demnach auch versagt bleiben. Ist die Rechtsstellung einer Fernleitungsgesellschaft auch eine andere als die eines Bergwerksunternehmers, wird man doch den Rechtsgedanken der Verhältnismäßigkeit und Zumutbarkeit in dem vom BVerwG angewandten Sinne anwenden können.

Ein FLU wird sich nicht in jedem Fall auf einen obligatorischen Gestattungsvertrag verweisen lassen müssen. Im Einzelfall wird „geradezu eine Vermutung dafür sprechen, daß ein dinglicher Titel zugestanden werden muß, zumal andernfalls die einschlägigen Enteignungsgesetze praktisch ausgehöhlt würden. Die Abwendung der Zwangsbelastung durch Angebot eines Gestattungsvertrages wird daher nur in besonders begründeten Ausnahmefällen statthaft sein"[166]. Nur bei Grundstücken im Eigentum der öffentlichen Hand wird man wegen der bereits hervorgehobenen Vorteile eines Gestattungsvertrages für den Grundstückseigentümer gegenüber einer dinglichen Sicherung eine derartige Beschränkung befürworten können[167]. Diese Lösung bei der Inanspruchnahme von Grundeigentum, das öffentlichen Zwecken dient, erscheint gerechtfertigt, da sich FLU und Träger öffentlicher Aufgaben nicht gleichrangig gegenüberstehen. Jenen wohnt das Enteignungsrecht durch ihre Zweckbestimmung inne, während ein privatwirtschaftlich betriebenes FLU strengen Anforderungen genügen muß, um mit dem Enteignungsrecht ausgestattet zu werden. „Es kann aber kein Zweifel sein, daß, wenn auch ein Versorgungsunternehmen mit seinem Betriebe öffentliche Zwecke verfolgt, diese doch gegenüber den mit den öffentlichen

---

165 Vgl. S. 45.

166 Schulke in Bayerische Verwaltungsblätter 1963, 170 (171).

167 Im Ergebnis so auch Schack in NJW 1963, 1908. Ramforth § 23 Anm. 5; Schulke in Bayerische Verwaltungsblätter 1963, 172/173.

Straßen verfolgten Zwecken etwas *Engeres* sind[168]." Es ist Frohberg[169] zuzustimmen, daß im Enteignungsrecht grundsätzlich kein Unterschied in der Belastung von Grundeigentum der öffentlichen Hand gemacht werden soll, da das PrEG für etwaige Differenzierungen keine Stütze bietet. M. E. sollte im Enteignungsverfahren staatliches Grundeigentum mit Vorrang herangezogen werden. Die Tatsache, daß zur Benutzung von Grundstücken, die bestimmten öffentlichen Zwecken dienen, über den privatrechtlichen Nutzungsvertrag hinaus eine *Verleihung* erforderlich sein kann, könnte eine Differenzierung rechtfertigen. Selbst bei Eintragung einer Dienstbarkeit wäre *daneben* noch eine gültige Verleihung nötig. Der Widerruf einer hoheitsrechtlichen Genehmigung würde die Ausübung des Durchleiterechts bzw. Kreuzungsrechts verhindern, gleichgültig, ob dieses dinglich oder obligatorisch gesichert wäre. Die Möglichkeit eines solchen Widerrufs wird nicht etwa durch ein dinglich gesichertes Nutzungsrecht beeinflußt. Die Sonderstellung der Eigentümer der betreffenden Grundstücke und die Tatsache, daß sie dem öffentlichen Gebrauch dienen, rechtfertigen eine abweichende Gestaltung der Rechtsbeziehungen, ohne daß der Gleichheitsgrundsatz des Art. 3 GG dadurch verletzt würde[170]. Das verwaltungsmäßige Interesse der Fernleitungsgesellschaft, daß für die Enteignung der Durchleitegrundstücke alle Fälle einheitlich und gleichartig geregelt werden, kann ebenfalls nicht die Erforderlichkeit einer dinglichen Sicherung an solchen Grundstücken begründen[171]. Auch die Auferlegung der Folgekostenpflicht in den Gestattungsverträgen des Inhalts, daß das FLU seine Anlagen auf eigene Kosten ändern muß, wenn die Wege-, Wasserstraßen- oder Bahnverwaltung dies wegen einer Änderung ihrer Anlagen fordert, macht für das FLU die Ausübung seines Betriebes nicht unzumutbar. Die Folgekostenregelung und das damit verbundene Kostenrisiko ist, wie bereits erwähnt, der Entschädigungskategorie zuzurechnen. Aus diesem Grunde stellt auch die Geltendmachung von Ansprüchen aus der Folgepflicht keine sittenwidrige Ausnutzung einer Monopolstellung dar[172]. Eine Gefahr, daß die bloß obligatorischen Rechte einer Fernleitungsgesellschaft durch die Enteignung zugunsten eines anderen Unternehmens beeinträchtigt werden können, ist nicht ersichtlich.

---

168 Schack in NJW 1963, 1908.

169 In BlGBW 1961, 53.

170 Mattheis in NJW 1963, 1805; a. A. Scheuten in Energiewirtschaftliche Tagesfragen 1964, 278 „das Massenproblem zwingt zur Gleichbehandlung".

171 Auch an den Eigentumsverhältnissen der Rohrleitungen ändert sich nichts, wenn die Rohre aufgrund eines obligatorischen Vertrages verlegt sind; vgl. S. 122 ff.

172 Nicht veröffentlichtes Urteil des OLG Düsseldorf vom 23. 6. 1960 1 U 269/59.

Handelt es sich bei den von der Enteignung Betroffenen um öffentlich-rechtliche Körperschaften und Träger von Hoheitsaufgaben — bei der Verwaltung von Bundesstraßen handeln sie im Auftrage des gleichen Staates[173], der das Unternehmen durch Verleihung des Enteignungsrechtes in besonderem Maße fördert —, so ist für die Einhaltung der in einem Gestattungsvertrag auferlegten Verpflichtung gegenüber dem FLU ausreichende Gewähr gegeben. Andernfalls wäre es auch nicht zu erklären, daß es in § 3 der „Richtlinien über Kreuzung der Reichsautobahn mit Elektrizitätsversorgungsanlagen" vom 30. September 1938[174] heißt:

„Eine dingliche Sicherung der Kreuzung durch Bestellung einer Dienstbarkeit findet nicht statt."

Eine dingliche Sicherung erscheint bei solchen Grundstücken nur erforderlich, wenn sie entwidmet oder veräußert werden könnten. Für diesen Fall muß dem FLU eine entsprechende Vormerkung zur Eintragung einer beschränkten persönlichen Dienstbarkeit eingeräumt werden[175]. Mit Konkurs oder Zwangsversteigerung des Eigentums derartiger Grundstücke ist ebenfalls nicht zu rechnen.

Die Enteignung zugunsten einer Fernleitungsgesellschaft ist, soweit sie dem öffentlichen Wohl dient, erforderlich, unabhängig davon, in wessen Eigentum das betroffene Grundeigentum steht. Unterschiede können sich aber bei dem Intensitätsgrad der Belastung ergeben, ohne daß dabei Vorschriften des Preußischen Enteignungsgesetzes oder des Grundgesetzes verletzt werden.

6. Ergebnis

Als Ergebnis vorangeganger Untersuchung kann festgehalten werden:

Sucht ein FLU um Verleihung des Enteignungsrechtes nach, so kann dieses verliehen werden unter der Voraussetzung, daß der Bau der EFL dem allgemeinen Wohl förderlich und daß eine Enteignung erforderlich ist. Unschädlich ist, daß ein FLU in privatwirtschaftlicher Form betrieben wird.

Von der Enteignungsanordnung können auch Grundstücke, die im Eigentum der öffentlichen Hand stehen und einer öffentlichen Zweckbindung unterworfen sind, betroffen werden. Der Intensitätsgrad der Nutzung kann bei diesen Grundstücken aber ein anderer als bei Nut-

---

[173] Den Ländern obliegt gem. Art. 90 Abs. 2 GG die Verwaltung im Auftrage des Bundes.

[174] Abgedruckt bei Marschall, FStrG, S. 1017.

[175] So auch Mattheis in NJW 1963, 1805 und Schulke in Bayerische Verwaltungsblätter 1963, 170 (172).

zung von Privatgrundstücken sein. Insbesondere ist bei derartigen Grundstücken zur Verwirklichung des Enteignungszwecks, der nicht so sicher wie möglich, sondern so sicher wie nötig erreicht werden muß, ein obligatorischer Gestattungsvertrag ausreichend.

IV. Der Anlage einer Erdölfernleitung entgegenstehende Konzessionsverträge

In der Praxis kommt es vor, daß eine Gemeinde der Verlegung einer Leitung zur privaten Versorgung in ihr gehörenden Grundstücken mit der Begründung widerspricht, daß sie hieran durch einen zwischen ihr und einem bestimmten öffentlichen Versorgungsunternehmen geschlossenen Konzessions- oder Demarkationsvertrag gehindert sei. Durch einen derartigen Vertrag hat sich die betreffende Gemeinde verpflichtet, die Leitungsverlegung auf ihren Grundstücken ausschließlich einem bestimmten Versorgungsunternehmen zu erlauben.

Fraglich ist, ob eine Gemeinde mit dem Hinweis auf einen derartigen Konzessions- oder Lizenzvertrag die Grundstücksbenutzung zur Leitungsverlegung durch ein privatwirtschaftliches Unternehmen verhindern kann. § 1 des Gesetzes gegen Wettbewerbsbeschränkungen besagt:

„Verträge, die Unternehmen ... zu einem gemeinsamen Zweck schließen, ... sind unwirksam, soweit sie geeignet sind, die Erzeugung oder die Marktverhältnisse für den Verkehr mit Waren oder gewerblichen Leistungen durch Beschränkung des Wettbewerbs zu beeinflussen."

Nach § 103 Abs. 1 Nr. 2 GWB findet die Vorschrift des § 1 keine Anwendung auf

„Verträge von Versorgungsunternehmen mit Gebietskörperschaften, soweit sich durch sie eine Gebietskörperschaft verpflichtet, die Verlegung und den Betrieb von Leitungen auf oder unter öffentlichen Wegen für eine bestehende oder beabsichtigte unmittelbare öffentliche Versorgung von Letztverbrauchern im Gebiet der Gebietskörperschaft mit Elektrizität, Gas oder Wasser ausschließlich einem Versorgungsunternehmen zu gestatten."

Aus dieser Vorschrift ergibt sich der besondere Schutz und die Wirksamkeit derartiger in der Versorgungswirtschaft üblicher Gebietsabtretungsverträge zur ausschließlichen Gebietsbenutzung seit Inkrafttreten des GWB am 1. Januar 1958[1]. Die Ausnahmeregelung von dem Verbot des § 1 GWB besteht jedoch nur, soweit es sich um die Verlegung von

---

[1] Das Bundeskartellamt fordert, diese in § 103 GWB enthaltene Privilegierung der versorgungswirtschaftlichen Demarkationsvereinbarungen aufzuheben. Diesem Verlangen dürfte in Verbindung mit der Neufassung des Energiewirtschaftsgesetzes Rechnung getragen werden. Vgl. Handelsblatt vom 13. Mai 1964.

Leitungen für die öffentliche Versorgung mit den erschöpfend aufgezählten Versorgungsgütern handelt. Durch die Anlage einer EFL wird keine öffentliche, sondern eine private Versorgung bezweckt. Würde durch einen Konzessionsvertrag auch die Grundstücksbenutzung für die private Eigenversorgung ausgeschlossen, so verstieße dieser Vertrag gegen § 1 GWB[2] und wäre insoweit unwirksam.

Ein bestehender Konzessionsvertrag könnte somit auch nicht das einem FLU verliehene Enteignungsrecht beeinträchtigen.

Ein bestehender Konzessions- oder Lizenzvertrag einer Gebietskörperschaft mit einem Versorgungsunternehmen ist für die Anlage einer EFL ohne Bedeutung.

V. Kreuzungen von Erdölfernleitungen mit Grundstücken die einem öffentlichen Zweck gewidmet sind

Bei der Kreuzung einer EFL mit öffentlichen Verkehrswegen tauchen Rechtsprobleme auf, deren Lösung zu beträchtlichen Schwierigkeiten führt, weil gesetzliche Vorschriften weitgehend fehlen. Die bestehenden Kreuzungsrichtlinien und -vorschriften der Bundesstraßen-, Bundeswasserstraßen- und Bundesbahnverwaltung sowie die Vorschriften der Länder über die Kreuzung der von ihnen verwalteten Straßen und Wasserläufe sind grundsätzlich keine Rechtsverordnungen; sie tragen nur den Charakter von Verwaltungsvorschriften für die zuständigen Behörden[1]. Soweit aber Rechtsvorschriften bestehen, gehen diese von einem bestimmten Verkehrswege aus und lassen die Interessen des Kreuzungspartners oft unberücksichtigt. Ein Ausweg wird vielfach durch Anwendung von Gewohnheitsrecht und allgemeinen Rechtsgedanken — erwähnt sei nur Veranlassungs- und Prioritätsprinzip — gesucht[2]. Eine Lösungsmöglichkeit wird sich oftmals auf bürgerlich-rechtlicher Grundlage finden. Da aber zweckgebundenes, öffentlichen Zwecken dienendes Eigentum vorliegt, wird sich die Lösung kreuzungsrechtlicher Probleme daran zu orientieren haben, wie den jeweiligen öffentlichen Zwecken am angemessensten genügt werden kann. Größte Schwierigkeiten bieten dabei die Grenzfragen zwischen öffentlichem und bürgerlichem Recht. Oft ist für die Kreuzung derartiger Grundstücke über die privatrechtliche Nutzungseinräumung hinaus eine öffentlich-rechtliche Verleihung oder Zustimmung erforderlich, die von der privatrechtlichen

---

[2] Über das Vorliegen der einzelnen Tatbestandsmerkmale des § 1 GWB vgl. Malzer, Leitungsverlegung S. 54 ff.

[1] Giesecke, a.a.O., S. 103.

[2] Eiser-Riederer V, S. 1 und Spanner, a.a.O., S. 5.

Vereinbarung streng zu trennen ist. Hier erhebt sich das Problem, ob die öffentliche Hand durch die ihr eingeräumte Rechtsmacht auf den Bau einer EFL Einfluß nehmen oder ihn auch aus konkurrenz- und verkehrspolitischen Gründen verhindern kann. Ein Enteignungsrecht kann die öffentlich-rechtliche Zustimmung nicht ersetzen[3]. Gegen die Versagung einer Genehmigung oder Erlaubnis stehen dem FLU die normalen Rechtsmittel gegen Verwaltungsakte zu, gegebenenfalls kann auch bei Nichterledigung des Antrages binnen einer angemessenen Frist Untätigkeitsklage erhoben werden. Die Verleihung einer öffentlich-rechtlichen Sondernutzung ist in das freie Ermessen der zuständigen öffentlichen Organe gestellt. Dieses Ermessen ist nach heutigen rechtsstaatlichen Auffassungen nicht frei von jeglichen Bindungen, sondern kann immer nur pflichtgemäßes Ermessen sein. Auch der gewährende Staat ist an verfassungsrechtliche Handlungsmaxime gebunden. Handelt die öffentliche Hand in Ausübung hoheitlicher Rechte, darf sie eine Genehmigung nur von Bedingungen abhängig machen, die mit der Zweckbestimmung der jeweiligen öffentlichen Sache zusammenhängen[4]. Unzulässig sind Bedingungen, die mit der Sicherheit des Verkehrsbetriebes nichts zu tun haben. Die zuständige Behörde ist an diese Grundsätze gebunden. So heißt es in Ziffer II. 1 eines Runderlasses des Generalinspekteurs für das Straßenwesen von 1937[5] ausdrücklich:

„... Das gleiche gilt für die Genehmigungsbedingungen. Diese sollen sich möglichst auf die aus Gründen des Straßenbaus und der Verkehrssicherheit notwendigen Forderungen beschränken."

Bedingungen, die über die Zweckbestimmung hinausgehen, bedeuten eine Überschreitung öffentlich-rechtlicher Befugnisse. Die Ermessensentscheidung ist unter Berücksichtigung der im Grundgesetz verankerten Verfassungsprinzipien zu treffen. Die Verleihung einer öffentlich-rechtlichen Sondernutzung zugunsten einer Fernleitungsgesellschaft darf daher nicht willkürlich und unter Verletzung des Gleichheitsgrundsatzes versagt werden, anderenfalls Ermessensmißbrauch vorläge. Die Entscheidung ist unter pflichtgemäßer Ermessensausübung zu treffen, d. h. sie kann davon abhängig gemacht werden, daß die betreffende Sondernutzung mit der Zweckbestimmung der öffentlichen Sache vereinbar ist, daß von dem FLU alle Vorkehrungen getroffen werden, um Beeinträchtigungen des Verkehrsweges zu vermeiden und daß alle Aufwendungen, die durch die Rohrverlegung entstehen, ersetzt werden. Beeinträchtigt die Kreuzung durch eine EFL den Verkehrsweg, insbe-

---

[3] Vgl. OVG Münster in DÖV 1964, 423 und DÖV 1963, 349; vgl. auch § 24 LStrG NRW; Kodal, Straßenrecht S. 149/150.

[4] Das kommt ausdrücklich in dem 1964 in das Wasserhaushaltsgesetz eingefügten § 19 b Abs. 1 zur Geltung.

[5] Abgedruckt bei Marschall, FStrG, S. 1028 (1030).

sondere dessen Gemeingebrauch, nicht wesentlich, wäre die Verweigerung zur Kreuzung fehlerhaft wegen unsachlicher Ermessensausübung. Die Verbietung einer Fernleitung bei Kreuzungen von Verkehrswegen kommt wegen der geringen Beeinträchtigung des Verkehrszweckes durch die Leitung kaum in Frage[6]. Ähnlich ist die Frage nach der Möglichkeit eines Widerrufs oder einer Kündigung bei entsprechender Kündigungsklausel in einem Gestattungsvertrag zu entscheiden. Widerruf und Kündigung dürfen nur unter Berücksichtigung des öffentlichen Wohles, d. h. unter Abwägung der beiderseitigen Interessen, ausgesprochen werden[7]. So heißt es u. a. in § 4 der „Richtlinien über Kreuzung der Reichsautobahnen mit Elektrizitätsversorgungsanlagen" vom 30. September 1938[8]:

„Von dem Widerruf soll jedoch nur unter Berücksichtigung aller Gesichtspunkte des öffentlichen Interesses ... Gebrauch gemacht werden."

Die Frage der Nutzungsvergütung für die Inanspruchnahme des Geländes ist in dem privatrechtlichen Nutzungsvertrag zu regeln. Es verbietet sich daher, die Verleihung der Sondernutzung davon abhängig zu machen, daß das FLU über die zu zahlende Vergütung hinausgehende Gegenleistungen zu erbringen hat, wie die Erstattung der Einnahmeausfälle anderer Verkehrsmittel[9]. Daran kann auch nichts die Berufung der Träger öffentlicher Verkehrswege auf das ihr anvertraute privatrechtliche Eigentum und auf ihre Verpflichtung, die Wirtschaftlichkeit des Verkehrsweges zu erhalten, ändern. So könnte die Bundesbahnverwaltung, der die Pflicht zur kaufmännischen Geschäftsführung obliegt, eine Kreuzung ihres Geländes durch eine EFL auch nur aus oben angeführten sachdienlichen Erwägungen heraus verhindern, nicht auch wegen der Gefahr drohender Konkurrenz[10]. Die Bundesbahnverwaltung, die in Ausübung eines staatlichen Hoheitsrechts handelt, das beschränkt ist auf die Sicherheit des Bahnbetriebes, kann die Genehmigungsnotwendigkeit nicht dazu benutzen, über ihre tatsächlichen Aufwendungen hinaus Entgelte für den Frachtausfall an Mineralöl zu verlangen.

Eine Ablehnung zur Nutzung öffentlicher Verkehrswege kann nicht mit mangelndem öffentlichen Interesse am Bau einer EFL begründet werden[11], wenn dem FLU das Enteignungsrecht verliehen worden ist.

---

[6] Müller, a.a.O., S. 80.

[7] Schulke in Bayerische Verwaltungsblätter 1963, 170 (172); Schack in Verw Arch 1963, 64 (Anm. 121).

[8] Abgedruckt bei Marschall, FStrG, S. 1017.

[9] Eiser-Riederer V, S. 48; Kruchen, a.a.O., S. 741 und Malzer, Leitungsverlegung S. 63.

[10] Kruchen, a.a.O., S. 742.

[11] Bullinger, a.a.O., S. 42 verneint das öffentliche Interesse an einer privatwirtschaftlich betriebenen EFL und kommt folgerichtig auch zu dem Ergebnis, daß die Träger öffentlicher Verkehrswege nach pflichtgemäßem Ermessen eine öffentlich-rechtliche Sondernutzung versagen können.

Nach § 39 Bundesbahngesetz ist bei Enteignung von Bahngelände die Zustimmung der Bundesregierung notwendig. Eine Weigerung müßte aber im Rahmen des Enteignungsverfahrens geltend gemacht werden und nicht nach Abschluß desselben.

Die Träger öffentlicher Verkehrswege besitzen ein faktisches Wegemonopol, dessen Mißbrauch durch Verweigerung der Kreuzung mit einer EFL gegen die guten Sitten verstoßen und auf kartellrechtliche Bedenken stoßen würde. Bullinger[12] sieht in der Verweigerung keinen Mißbrauch, da er in den Fernleitungsgesellschaften selber Monopolaspiranten zu erkennen glaubt. Hier verkennt Bullinger m. E. die Beförderungskapazitäten der gebauten und geplanten Erdölfernleitungen. Sollten ihr Erdöldurchsatz im Verhältnis zum Frachtenmarkt oder die Dichte des gesamten Fernleitungsnetzes sich derart mehren, daß ein Monopol zu befürchten ist, stünde dem Staat im Rahmen der geltenden Gesetze eine Verhinderungsmöglichkeit offen, da das öffentliche Interesse nicht mehr vorläge und den Fernleitungsgesellschaften somit das Enteignungsrecht nicht mehr verliehen werden dürfte. Soweit an dem Bau einer EFL ein öffentliches Interesse besteht und er durch Verleihung des Enteignungsrechtes gefördert wird, haben die Träger öffentlicher Verkehrswege keine Möglichkeit, den Bau durch willkürliche Versagung einer öffentlich-rechtlichen Nutzungsverleihung zu verhindern.

1. Kreuzung von öffentlichen Wegen mit einer Erdölfernleitung

Bei der Kreuzung einer EFL mit öffentlichen Wegen[13] ergeben sich in der Praxis große Schwierigkeiten. Die Rechtsnatur der Beziehungen, die durch die Verlegung von Erdölfernleitungen in öffentlichen Wegen begründet werden, ist umstritten. Eine Leitungskreuzung liegt außerhalb des bestimmungsgemäßen öffentlichen Gebrauchs einer Straße. Die Beanspruchung öffentlicher Wege durch eine Fernleitung geht über den Gemeingebrauch hinaus[14]. Vertreter der „öffentlich-rechtlichen Theorie" sehen die Zweckbestimmung öffentlicher Wege nicht allein in der im Rahmen des Gemeingebrauchs liegenden Benutzung. Der moderne Weg sei vielmehr ein „Mehrzweckinstitut"[15] und zu den Zwecken, denen er

---

[12] a.a.O., S. 44.

[13] Darunter sind alle Straßen, Wege und Plätze zu verstehen, die dem öffentlichen Verkehr gewidmet sind, insbesondere Bundesautobahnen, Bundesstrassen, Landstraßen 1. und 2. Ordnung und Gemeindestraßen.

[14] Eiser-Riederer V, S. 9; Marschall, FStrG, S. 337; Kodal, Straßenrecht, S. 251; Bayer. VGH in VkBl 1965, 312; vgl. § 7 Abs. 1 FStrG, § 14 Abs. 2 LStrG NRW. Ist eine Abgrenzung gesteigerter Gemeingebrauch — Sondernutzung auch schwierig, so fällt eine Nutzungsart, die Änderungen am Wegekörper zur Voraussetzung hat, niemals unter den Gemeingebrauch.

[15] Köttgen, a.a.O., S. 28.

gewidmet sei, gehöre unter anderem auch die Aufnahme von Leitungen[16]. Für die über den Gemeingebrauch hinausgehende Nutzung ist in der Regel eine öffentlich-rechtliche Gebrauchserlaubnis erforderlich, die *neben* dem bürgerlich-rechtlichen Nutzungsvertrag besteht, von dem sie streng zu trennen ist. Die entscheidende Frage ist demnach, ob bei einer Straßenkreuzung außer dem gegebenenfalls durch Enteignung herbeigeführten, privatrechtlichen Nutzungsvertrag noch eine öffentlich-rechtliche Nutzungsverleihung notwendig ist. Das durch Enteignung begründete Nutzungsrecht bezieht sich nur auf das private Eigentum, der öffentliche Charakter eines Weges bleibt davon unberührt. Das Eigentum an Verkehrswegen ist privatrechtliches Eigentum. Öffentliches Eigentum an ihnen besteht nicht. Wegegrundstücke sind im Grundbuch eintragungsfähig. Im allgemeinen sind Wegeeigentümer und Wegebaupflichtige identisch, das gilt insbesondere für Bundesfern- und Landstraßen 1. und 2. Ordnung. Die Widmung des Grundstückes zum Gemeingebrauch bedeutet nur, daß die Verfügungsgewalt des Eigentümers soweit ruht, als der Zweck der öffentlichen Sache reicht[17]. Der Gemeingebrauch umfaßt die jedem erlaubte Benutzung der Straßenfläche und der dazu gehörenden Bankette, also nur der Flächen, die dem Straßenverkehr unmittelbar dienen[18]. Ein Gemeingebrauch an Straßen kann nur auf diesen Flächen ausgeübt werden, und nur soweit erstreckt sich auch die Duldungspflicht des Eigentümers. Jede darüberhinausgehende Inanspruchnahme bedarf seiner Zustimmung, denn sein Eigentumsrecht bleibt über die Grenze des Gemeingebrauchs hinaus voll erhalten. Der sogenannte gesteigerte Sondergebrauch geht über die öffentliche Zweckbestimmung der Sache hinaus und greift in ihre Substanz ein. Für die Einräumung desselben ist Zustimmung des Eigentümers erforderlich[19]. Sein Ausschließungsinteresse nach § 905 BGB wird durch die Widmung einer Sache zum öffentlichen Verkehr nicht berührt. Nach Ansicht der Vertreter der „öffentlich-rechtlichen Theorie“ wäre eine privatrechtliche Genehmigung des Wegeeigentümers bei der Verlegung einer Leitung ausgeschlossen, da die Leitung als vom Widmungszweck gedeckt angesehen wird. Diese Ansicht führt aber zur Zubilligung einer Machtbefugnis an die Verwaltungsbehörden, die einem „öffentlichen Eigentum“ gleichkäme. Der Auffassung Köttgens[20], daß das Wegewesen einen „tiefgreifenden Wandel“ erfahren habe, und jeder, der die Zweckbestimmung als durch den Gemeingebrauch beschränkt ansehe,

---

[16] Forsthoff, a.a.O., S. 344; Köttgen, a.a.O., S. 28; vgl. auch Ullmann in Gruch. Beitr. Bd. 56, 258.

[17] Forsthoff, a.a.O., S. 329 ff.

[18] Eiser-Riederer V, S. 14.

[19] H. J. Wolff, a.a.O., S. 361; BGHZ 36, 1 (5).

[20] a.a.O., S. 28.

diesen Wandel leugne, kann nicht gefolgt werden. Hat der Gesetzgeber doch selbst im Bundesfernstraßengesetz eine andere Regelung getroffen[21]. Eine öffentliche Sache kann nicht durch einen privatrechtlichen Nutzungsvertrag ihrer öffentlichen Zweckbestimmung entfremdet werden. Der Wegeeigentümer kann demgemäß einem Dritten ein privatrechtliches Nutzungsrecht an dem Wege nur insoweit einräumen, als dessen Ausübung nicht den Gemeingebrauch ver- oder behindert. Eine erforderliche öffentlich-rechtliche Genehmigung kann nicht durch eine privatrechtliche Genehmigung ersetzt werden und umgekehrt[22]. Sind Eigentümer und Wegeherr identisch, so trägt die Genehmigungserklärung notwendigerweise privat- und öffentlich-rechtlichen Charakter zugleich. Die Abgrenzung zwischen beiden Genehmigungsarten ist für die Bundesautobahnen und Bundesstraßen im Bundesfernstraßengesetz vom 6. August 1961 geregelt[23]. Nach § 8 Abs. 1 desselben bedarf die über den Gemeingebrauch hinausgehende Benutzung einer verwaltungsbehördlichen Erlaubnis; jedoch nur dann, wenn durch diese Sondernutzung der Gemeingebrauch beeinträchtigt wird. Das private Eigentumsrecht ist insoweit öffentlich-rechtlich überlagert.

Nach Auffassung des Reichsgerichtes[24] entspringen Sondernutzungen an öffentlichen Wegen, wenn sie den Gemeingebrauch nicht dauernd einschränken, dem Privateigentum am Wege. Der Gemeingebrauch selbst sei aus dem öffentlichen Charakter der Sache abzuleiten. Der Bundesgerichtshof ist dieser Rechtsprechung gefolgt[25]. Die Wahl zwischen privat- und öffentlich-rechtlicher Lösung ist also nicht beliebig, sie hängt vielmehr davon ab, ob durch die Sondernutzung der Gemeingebrauch beeinträchtigt wird oder nicht. Nur im Falle der Beeinträchtigung ist eine öffentlich-rechtliche Benutzungserlaubnis erforderlich.

Schack versucht, aus der historischen Rechtsentwicklung auf dem Gebiet des Wegerechts herzuleiten, daß die Leitungsverlegungen im Straßenkörper nicht dem bürgerlichen Recht zuzuordnen sind[26]. Das „widerspricht dem Wortlaut des Gesetzes und dem Willen des Gesetz-

---

[21] Vgl. § 8, sowie § 18 LStrG NRW, Art. 22 LStrG Bayern.

[22] Vgl. H. J. Wolff, a.a.O., S. 342: „Privatrechtliche Geschäfte über öffentliche Sachen sind unwirksam, soweit sie ihre widmungsgemäße Zweckbestimmung beeinträchtigen würden." Eine Ausnahme bildet § 4 des Hamburgischen Wegegesetzes, wonach Wege nicht mehr der Privatrechtsordnung unterliegen.

[23] Auf die verschiedenen Regelungen in den Ländergesetzen, in denen sich entsprechende Bestimmungen finden, soll hier nicht näher eingegangen werden.

[24] RGZ 88, 14; 123, 181 und 132, 399.

[25] BGHZ 19, 85 (91); 22, 395 (398); 28, 34 (38).

[26] NJW 1963, 1907; VerwArch 1963, 43.

gebers"[27]. Wenn Schack[28] entgegen dem klaren Wortlaut von § 8 Abs. 1 und 10[29] ausführt:

„... entspricht es der in Theorie und Praxis bisher herrschenden Auffassung, daß eine über den Gemeingebrauch hinausgehende Benutzung der Straße (Sondernutzung) der behördlichen Erlaubnis ... bedarf und daß hierunter auch die Benutzung der Straße durch Versorgungsleitungen (Röhren, Kanäle usw.) fällt ...",

so kann dem nicht gefolgt werden. Die modernen Straßengesetze stellen unmißverständlich nur darauf ab, ob eine Straßenbenutzung den Gemeingebrauch beeinträchtigt oder nicht. Schack versucht nachzuweisen, daß „eine Verlagerung des gesamten Sondernutzungsverhältnisses in das bürgerliche Recht ... nicht dem deutschen Wegerecht (entsprach)" und folglich „die Bestimmung des § 8 Abs. 10 FStrG richtig dahin ... (zu verstehen sei), daß unter einer den Gemeingebrauch nicht beeinträchtigenden Benutzung des öffentlichen Weges nur eine für das Gemeininteresse unschädliche Benutzung gemeint sein kann", § 10 Abs. 8 FStrG füge sich daher „in das überkommene wegerechtliche System ein"[30]. Dieser Beweisführung hat Engert[31] mit Recht widersprochen und treffend ausgeführt:

„Es ist das Verdienst der straßenrechtlichen Neuordnung, diese Rechtsunsicherheit mit der klaren Gegenüberstellung öffentlich-rechtlicher Sondernutzungserlaubnisse und bürgerlich-rechtlicher Nutzungsverträge beseitigt zu haben. Das ist kein Willkürakt des Gesetzgebers[32], sondern eine Normierung der vorgegebenen Rechtsordnung."

Der Bundesminister für Verkehr hat in seinem Runderlaß 8/53 vom 18. August 1953[33] zu § 8 Abs. 10 FStrG festgestellt, daß Fernleitungen grundsätzlich den Gemeingebrauch nicht beeinträchtigen. So werden Aufgraben der Fahrbahn zur Kabelverlegung sowie sonstige Straßen- und Rohrleitungszwecke als duldbar bezeichnet und können reibungslos nebeneinander bestehen. Fahrbahnbenutzung und Unterhaltung werden durch die mindestens 1 m tief liegenden Rohre nicht berührt. Selbst die Rohrverlegung wird meist so ausgeführt, daß Fahrbahndecke und ihr Zubehör unangetastet bleiben und keine Verkehrsbehinderung oder -unterbrechung eintreten. Bei der Verlegung der Rohre einer EFL kommt es darauf an, ob es sich um eine Straßenkreuzung oder eine Längsverlegung handelt. In letzterem Fall geschieht die Verlegung

[27] Marschall, FStrG, S. 338; vgl. § 8 Abs. 1 und 10 FStrG.

[28] In VerwArch 1963, 57.

[29] Vgl. auch LStrG NRW (§ 18) und Bayern (Art. 22).

[30] In VerwArch 1963, 63/64/65.

[31] In NJW 1964, 1300; vgl. auch Marschall, FStrG, S. 338.

[32] So Schack in VerwArch 1963, 65.

[33] Abgedruckt bei Marschall, FStrG § 8 Anm. 11a (S. 335).

außerhalb des Verkehrsraumes oder an Straßenböschungen und berührt nicht den Gemeingebrauch[34]. Die Verlegung einer EFL in Längsrichtung einer Bundesfernstraße soll nach dem Erlaß des Bundesverkehrsministerium vom 5. Januar 1962 unterbleiben[35].

Wird der Gemeingebrauch nicht beeinträchtigt, so richtet sich die Einräumung der Sondernutzung nicht nach § 8 Abs. 1—9 FStrG, sondern nach Abs. 10, d. h. die Einräumung des Nutzungsrechts richtet sich nach privatem Recht[36].

„Bei Nutzungsverleihungen kommt heute wegerechtlich (z. B. bei Verlegung von Kabeln) nur ein privatrechtlicher Vertrag zwischen Eigentümer und Benutzer in Betracht, der ‚Wegeherr' wirkt nicht mehr mit[37]." Eine Interpretation des Bundesfernstraßengesetzes dahin, daß unterirdisch verlegte Rohrleitungen den Gemeingebrauch beeinträchtigen, läßt sich mit Sinn und Zweck und Wortlaut des Bundesfernstraßengesetzes m. E. nicht vereinbaren. Beeinträchtigt die Rohrverlegung zwar nicht den Gemeingebrauch, wohl aber ein auf Grund öffentlich-rechtlicher Nutzungsverleihung bestehendes, über den Gemeingebrauch hinausgehendes Nutzungsrecht, so wird auch für die Verlegung einer EFL eine öffentlich-rechtliche Erlaubnis gefordert werden müssen. Die Widmung eines Weges ermöglicht nämlich nicht nur den Gemeingebrauch, sondern auch die Möglichkeit mit ihm zusammenhängender Sondernutzungen[38]. Wenn bei der Anlage und Unterhaltung einer EFL der Straßenverkehr beeinträchtigt wird, so handelt es sich dabei im allgemeinen um Beeinträchtigungen von „nur kurzer Dauer". Nach der Vorschrift des § 8 Abs. 10 FStrG bleibt „eine Beeinträchtigung von nur kurzer Dauer für Zwecke der öffentlichen Versorgung außer Betracht". Diese Vorschrift enthält ein Privileg für Unternehmen der öffentlichen Versorgung, wozu unter Umständen auch eine EFL rechnen kann, wenn sie der öffentlichen Versorgung dient[39]. Da es sich bei einer EFL in der Regel nicht um einer Leitung der öffentlichen Versorgung handelt, ist die Ausnahmevorschrift des § 8 Abs. 10 FStrG nicht anzuwenden. Wenn das Vorhandensein einer EFL den Gemeingebrauch an einer Straße regelmäßig nicht dauernd beeinträchtigen wird, so wird

---

[34] Eiser-Riederer V, S. 14; a. A. Schack in VerwArch 1963, 64, nach dessen Ansicht eine EFL schon deshalb im Widerspruch zur Widmung steht, weil die Erfüllung öffentlich-rechtlicher Aufgaben bei der Verwaltung der Straße erschwert werden. Vgl. DÖV 1964, 424 (425).

[35] Abgedruckt bei Marschall, § 8, Anm. 11b (S. 346); vgl. auch DÖV 1964, 426.

[36] Die gleiche Regelung findet sich z. B. im bayerischen Straßen- und Wegegesetz, vgl. Art. 22, sowie in § 18 LStrG NRW.

[37] Jesch in JuS 1963, 213.

[38] Spanner, a.a.O., S. 13, 14.

[39] Marschall, FStrG, Anm. 11a zu § 8, S. 336; vgl. auch DÖV 1964, 426.

eine Beeinträchtigung „doch vorübergehend, z. B. beim Einbau oder bei Unterhaltungsarbeiten der Fall sein[40]. Nicht aber zugestimmt werden kann der Ansicht von Schack[41], wenn er ausführt, daß „sich der Gesetzgeber . . . der Tragweite dieser Bestimmung (§ 8 Abs. 10 FStrG) nicht bewußt (war), denn Versorgungsleitungen von größerer Ausdehnung und Dauer beeinträchtigen eben den Gemeingebrauch".

Zusammenfassend ergibt sich, daß das Kriterium für die Frage nach dem Rechtscharakter des Benutzungsvertrages ist, ob die Benutzung den Gemeingebrauch beeinträchtigt oder nicht. Nur für die über den Gemeingebrauch hinausgehende Benutzung, durch die dieser beeinträchtigt wird, ist neben der privatrechtlichen Zustimmung des Eigentümers noch eine öffentlich-rechtliche Erlaubnis erforderlich. „Sondernutzungen", die den Gemeingebrauch nicht beeinträchtigen, was bei dem Bau einer EFL im allgemeinen nicht der Fall sein wird, bedürfen ausschließlich der privatrechtlichen Genehmigung des Wegeeigentümers.

2. Kreuzung von Bundesbahnanlagen mit einer Erdölfernleitung

Bei Verlegung einer EFL wird nicht nur die Kreuzung von öffentlichen Wegen, sondern auch von Bahnlinien[42] erforderlich. Für die Anlage einer EFL bestehen keine „Kreuzungsrichtlinien" der Deutschen Bundesbahn, wohl aber für die Kreuzung mit Elektrizitäts- und Gasleitungen[43]. Das neue Eisenbahnkreuzungsgesetz vom 14. August 1963 gilt gemäß § 1 nur „für die Kreuzungen von Eisenbahnen und Straßen". „Eine einheitliche gesetzliche Regelung für das Kreuzungsrecht im weiteren Sinne besteht nicht[44]." Es besteht somit dieselbe Problemstellung wie bei Kreuzungen von öffentlichen Wegen, ob privates *und* öffentliches Recht oder nur eines von beiden berührt wird. Die Eisenbahnlinien sind öffentlichen Verkehrszwecken dienende Ver-

---

[40] Marschall, FStrG, Anm. 11b zu § 8, S. 338; OVG Münster in DÖV 1963, 349 (350), wo es heißt: „Der Gemeingebrauch ist hier deshalb beeinträchtigt, weil die eingeräumten Rechte ... ein Zugreifen auf Teile des Straßenkörpers gestatten, die für den Gemeingebrauch erforderlich sind." A. A. Hamerla, a.a.O., S. 47, der in der Verlegung von Kabeln unterhalb der Wegeoberfläche „lediglich einen Eingriff in das private Grundeigentum" sieht.

[41] In VerwArch 1963, 43 (64).

[42] Es wird hier nur auf die Problematik der Kreuzung mit Bundesbahnanlagen eingegangen. Soweit es sich um öffentliche Bahnlinien handelt, die nicht zum Netz der Bundesbahn gehören, unterstehen sie gem. § 5 Allgemeines Eisenbahngesetz der Länderaufsicht. Die Landesbahngesetze stimmen weitgehend überein.

[43] Eiser-Riederer V, S. 51. Für eine EFL ist jedoch auf die „Richtlinien Nr. 89 927 der Deutschen Bundesbahn für das Verlegen von Leitungen zur Beförderung brennbarer Flüssigkeiten auf oder neben Bundesbahngelände" hinzuweisen, welche technische Richtlinien beinhalten.

[44] Marschall, Eisenbahnkreuzungsgesetz, S. 7.

kehrswege, die Grundsätze für öffentliche Straßen sind jedoch auf sie nicht anwendbar. Zwar spricht das Preußische Eisenbahngesetz vom 3. November 1938 in § 8 von dem Zweck der Bahnen „als öffentliche Straßen, die der allgemeinen Nutzung dienen", jedoch bedeutet das keinen Gemeingebrauch durch unmittelbare Nutzung. Der Gemeingebrauch am Bahnkörper ist ein mittelbarer und beschränkt sich auf die tarifmäßige Benutzung der vorhandenen Beförderungsmittel der Bahn[45]. Die Bahnanlagen sind öffentliche Sachen, d. h. sie dienen einem bestimmten Zweck des Gemeinwesens. Ihre Eigentumsverhältnisse regeln sich nach bürgerlichem Recht. An nicht in ihrem Eigentum stehenden Kreuzungen mit anderen Verkehrswegen hat die Bundesbahn nur ein durch die Zwecke ihres Eisenbahnbetriebes begrenztes öffentlichrechtliches Mitbenutzungsrecht. Daraus folgt aber nicht, daß ihr ein Recht auf Ausschließung eisenbahnfremder Anlagen, wie einer EFL, versagt ist und sie diese zu dulden hätte. Jeder Eingriff in den Wegekörper bedeutet im allgemeinen einen Eingriff auch in den Bahnkörper und damit die Möglichkeit einer Gefährdung des Eisenbahnbetriebes. Für Maßnahmen zum Schutze der Bahnanlagen und des Betriebes ist das Bundesbahngesetz vom 13. Dezember 1951 maßgebend. So dürfen nach § 36 bestehende Anlagen der Bundesbahn nur nach *Planfeststellung* geändert werden. Ein Planfeststellungsbeschluß ist nach einer Entscheidung des Reichsgerichts vom 17. Dezember 1932[46] „ein rechtsgestaltender Staatsakt, welcher die behördliche Bestimmung enthält, daß der Neubau oder die Veränderung der Bahnanlage so, wie im Plan festgelegt, ausgeführt werden soll". Nach den „Richtlinien über die Planfeststellung bei Bundesbahnanlagen vom 15. September 1955"[47] soll durch die Planfeststellung das Verhältnis von Bundesbahnanlagen in Beziehung „zur Umwelt", nicht aber im Verhältnis zur Benutzung durch Dritte geregelt werden. Wenn Bundesbahnanlagen zur Verlegung einer Rohrleitung in Anspruch genommen werden, „so ist für eine Planfeststellung kein Raum, wenn an den Betriebsanlagen nicht selbst Änderungen erforderlich sind".[48] Die Planfeststellung regelt kein Benutzungsverhältnis[49]. Aus der Zweckbestimmung von Bahngelände als „öffentliche Sache" folgt zugleich, daß die Einräumung der Inanspruchnahme solchen Geländes nicht schlechthin dem bürgerlichen Recht unterliegt. In den bestehenden Kreuzungsrichtlinien der Deutschen Bundesbahn für Strom- und Gasleitungen kommt jedoch die Tendenz zur privatrechtlichen Regelung zum Ausdruck. In den Kreuzungsrichtlinien

[45] Müller, a.a.O., S. 72 und Eiser-Riederer V, S. 46.

[46] RGZ 139, 144.

[47] Abgedruckt in: Die Bundesbahn 1955, 762.

[48] Eiser-Riederer V, S. 47.

[49] Eiser-Riederer V, S. 47a.

mit Starkstromleitungen vom 1. Januar 1956 wird sogar nach Ziffer 2 der Einführungsbestimmungen[50] von der Gleichberechtigung der vertragsschließenden Parteien ausgegangen. An die Stelle des früher zur Durchführung einer Leitung von der Eisenbahnverwaltung erteilten Rechts in Form einer „Verleihungsurkunde" oder eines hoheitlich abgeschlossenen „Gestattungsvertrages" ist nunmehr ein privatrechtlicher Kreuzungsvertrag getreten. Nach § 30 Abs. 2 der Kreuzungsrichtlinien mit Starkstromleitungen ist für Streitigkeiten das ordentliche Gericht zuständig. Schon früher sahen die „Richtlinien über Kreuzungen von Bundesbahngebiet durch Gasleitungen" vom 21. Juni 1948 den Abschluß eines privatrechtlichen Kreuzungsvertrages vor (§ 3), ebenfalls unter Eröffnung des ordentlichen Rechtsweges für Streitfälle. Im Gegensatz zu den Stromleitungsrichtlinien, die nur für Anlagen von Energieversorgungsunternehmen gelten, sind Gasleitungen unbeschränkt und auch für Eigenversorgung zugelassen. Privatrechtliche Kreuzungsverträge, die vom Prinzip der Gleichrangigkeit ausgehen, sind bei Inanspruchnahme von Bundesbahngelände durch Leitungen die Regel geworden. Dabei muß immer vorausgesetzt werden, „daß auf die Anwendung öffentlichen Rechts deswegen verzichtet werden kann, weil die Betriebsaufgaben des Bundesbahneigentums nicht oder nicht in ihrem Kerne berührt werden"[51].

Bei der Kreuzung durch eine EFL werden die Betriebsaufgaben der Bundesbahn ebensowenig beeinträchtigt, wie bei der Verlegung einer Gasleitung. Die tatsächliche Inanspruchnahme des Bahngeländes ist die gleiche. Es entspricht der Billigkeit, die Gaskreuzungsrichtlinien entsprechend auch auf Erdölfernleitungen anzuwenden, so daß auch für Verlegung durch Bundesbahngelände keine öffentlich-rechtliche Verleihung notwendig ist. Das Benutzungsrecht kann vielmehr durch einen auf dem Prinzip der Gleichrangigkeit beruhenden Kreuzungsvertrag begründet werden.

3. Kreuzung von Wasserstraßen mit einer Erdölfernleitung

Ist bei der Kreuzung von öffentlichen Straßen und von Bundesbahnanlagen durch eine EFL nur ein privatrechtlicher Nutzungsvertrag erforderlich, so ist die Rechtslage bei der Gestattung von Kreuzungen mit Wasserstraßen nicht zweifelsfrei[52].

Das Verhältnis von Bundeswasserstraßenverwaltung (Wasseraufsicht) und Eigentümer des Gewässers ist grundsätzlich das gleiche wie bei

[50] Abgedruckt bei Eiser-Riederer V, S. 51b.

[51] Eiser-Riederer V, S. 51.

[52] Gieseke, Leitungen auf fremden Grundstücken, S. 100.

öffentlichen Wegen. Für die Wasseraufsichtsbehörden als Eigentümer der Gewässer bestehen besondere Bestimmungen, wann sie deren Benutzer eine ausdrückliche Genehmigung erteilen müssen und dürfen. In den „Vorschriften für die Kreuzung von Reichswasserstraßen durch fremde Rohrleitungen“[53], die durch Erlaß des Bundesverkehrsministers vom 13. Dezember 1952 für anwendbar erklärt worden sind, ist bestimmt, wann diese Genehmigung zu erteilen und wann sie zu versagen ist. In § 3 Abs. 4 wird sie im Gegensatz zu der „polizeilichen Genehmigung“ ausdrücklich als privatrechtliche Genehmigung bezeichnet. Unstreitig ist, daß neben einer öffentlich-rechtlichen Genehmigung auch eine privatrechtliche Nutzungseinräumung seitens des Eigentümers des Gewässers erforderlich ist[54]. Diese kann nicht durch eine öffentlich-rechtliche Genehmigung ersetzt werden und umgekehrt. Wie bei der Nutzungseinräumung an öffentlichen Wegen, enthält eine wasserpolizeiliche Nutzungseinräumung doppelten Rechtscharakter, wenn sie von ein und derselben Stelle ausgeht. „Die wassergesetzliche Gestattung und die Auflagen, die im Interesse der Sicherheit gemacht werden, sind hoheitsrechtlicher Natur und einer vertraglichen Regelung nicht zugänglich[55].“

Durch Erteilung einer derartigen öffentlich-rechtlichen Genehmigung ist die erteilende Behörde nicht für alle Zeiten gebunden. Es handelt sich um einen einseitigen Staatshoheitsakt, der nach den allgemeinen Regeln über den Widerruf von Verwaltungsakten zurückgenommen werden kann, was insbesondere der Fall sein wird, wenn sich die Verhältnisse ändern und sich andere Sicherheitserfordernisse zur Wahrung wasserwirtschaftlicher Belange herausstellen. In der Regel behalten sich die Wasseraufsichtsbehörden den Widerruf der Gestattung ausdrücklich vor und schließen Schadensersatzansprüche aus dem Widerruf aus. Selbst wenn kein Widerruf vorbehalten war, kann die polizeiliche Genehmigung jederzeit aus Gründen des öffentlichen Interesses widerrufen werden[56].

Die Erforderlichkeit einer öffentlich-rechtlichen Genehmigung kann sich entweder aus dem Wasserhaushaltsgesetz oder aus den einzelnen Landeswassergesetzen ergeben.

Bis zum Erlaß des Wasserhaushaltsgesetzes war in den ehemals preußischen Ländern § 22 des Preußischen Wassergesetzes vom 7. April 1913 anwendbar. Nach dieser Vorschrift war „die Errichtung . . . von An-

[53] Abgedruckt bei Eiser-Riederer V, S. 97 ff.

[54] Vgl. Friesecke in NJW 1963, 2298 und 2299.

[55] Eiser-Riederer V, S. 82. Eine Ausnahme macht nur § 4 Bad WttbWG, danach steht das Bett eines Gewässers 1. Ordnung im öffentlichen Eigentum des Landes.

[56] PrOVG 32, 263 (265).

lagen in Wasserläufen . . ." genehmigungspflichtig. Zu diesen Anlagen waren auch Rohrleitungen zu rechnen. Nach Artikel 78 des Bayerischen Wassergesetzes vom 23. März 1907 waren alle „Unterführungen" genehmigungspflichtig.

Weder im WHG noch in den meisten Wassergesetzen der Länder fand sich eine ausdrückliche, zweifelsfreie Regelung, die ohne weiteres auf Erdölfernleitungen anwendbar gewesen wäre. Eine Änderung brachte erst das „Zweite Gesetz zur Änderung des Wasserhaushaltsgesetzes " vom 6. August 1964[57].

a) Nach dem Wasserhaushaltsgesetz vom 27. Juli 1957

Die möglichen Benutzungsarten eines Gewässers sind in § 3 des Gesetzes abschließend aufgezählt. Nur diese in § 3 aufgeführten Benutzungsarten bedürfen der Erlaubnis oder Bewilligung nach § 2 WHG. Ein Genehmigungszwang für die Kreuzung mit einer EFL könnte aus § 3 Abs. 1 Ziff. 4 in Verbindung mit § 2 WHG hergeleitet werden. Danach ist das „Einbringen und Einleiten von Stoffen in oberirdische Gewässer" eine genehmigungspflichtige Benutzung. Die Einordnung einer Rohrleitung unter diese Begriffsbestimmungen ist streitig. Nach Burghartz[58] wird der Tatbestand des Einbringens von Stoffen durch die Kreuzung des Gewässers mit einer in ihm verlaufenden Gas- oder Wasserleitung erfüllt. Dasselbe müßte dann auch für eine EFL gelten[59]. Zu der Frage, inwieweit § 3 Abs. 1 Ziff. 4 WHG auch für Rohrleitungen gelten soll, die mit dem Gewässer nicht in Berührung kommen, die also nicht als wasserbespülter Bogen oder Düker, sondern durch Untertunnelung des Gewässerbetts[60] verlegt sind, sagt Witzel nichts. Burghartz[61] fordert, daß der Stoff mit dem Gewässer, d. h. mit Wasser oder Bett oder mit beidem innerhalb der Uferlinie in Berührung kommen muß. Eine Berührung mit dem Erdkörper unter dem Gewässerbett im Sinne von § 905 BGB reiche für eine Benutzung nicht aus, da § 3 WHG auf „das Gewässer als Objekt der Wasserwirtschaft, nicht aber als Gegenstand des Grundeigentums abzielt". Eine Beschränkung auf eine Benutzung im Rahmen des § 905 BGB erscheint m. E. willkürlich, wie gerade die Verlegung einer EFL zeigt, der immer eine Nutzungseinräumung durch den betroffenen Grundeigentümer vorauszugehen hat. Unter „Anlagen" i. S. von § 22 PrWG waren nach

[57] BGBl I, 611.

[58] § 3 Anm. 5; a. A. Engert in BB 1963, 658 und in DVBl 1965, 9; Gieseke-Wiedemann § 3 Anm. 7; Rehder § 3 Anm. 8; Wernicke in ZfW 1963, 277.

[59] So auch Witzel § 3 Anm. 5 und § 26 Anm. 1.

[60] Diese Verlegungsart spielt für den Bau einer EFL nur bei räumlich eng begrenzten Gewässern eine Rolle.

[61] § 3 Anm. 5.

Holtz-Kreuz-Schlegelberger „auch Anlagen unter dem Bette und über dem Wasserlaufe, wie Düker, Rohr- und Kabelleitungen" zu verstehen[62].

Bullinger[63] hat unter Heranziehung der Begriffsbestimmung „Einbringung" im PrWG die Anlehnung des WHG an den preußischen Sprachgebrauch nachgewiesen. Unter „Einbringung" wurde aber im PrWG nicht die Verlegung einer Rohrleitung erwähnt. Gegen diese Begründung spricht allerdings, daß der Gesetzgeber nicht den Begriff der „Anlagen in Wasserläufen" übernommen, sondern eine Zusammenfassung in dem Begriff des Einbringens vorgenommen hat. Auch ohne Heranziehung der Regelung des PrWG kann man m. E. eine Rohrleitung nicht als „Einbringung von Stoffen" im Sinne von § 3 Abs. 1 Ziff. 4 WHG ansehen. Eine geschlossene Leitung wird man kaum als „Stoff" bezeichnen können. Die von Witzel und Burghartz vertretene Ansicht ist mit dem Sprachgebrauch nicht vereinbar[64].

Selbst wenn man die Verlegung von Erdölfernleitungen in oder durch oberirdische Gewässer bzw. ihre Betten als genehmigungspflichtige Benutzung ansieht, so bestünde nur für den örtlichen Bereich dieser Benutzung, nicht auch für die gesamte EFL, eine Genehmigungspflicht.

Nach § 3 Abs. 2 Ziff. 1 WHG gilt als genehmigungspflichtige Benutzung im Sinne von § 2 WHG unter anderem ein „Absenken . . . von Grundwasser durch Anlagen, die hierzu bestimmt oder hierfür geeignet sind". Eine EFL wird selten tiefer als etwa 1,5 m unter dem Erdboden verlegt. Eine Absenkung von Grundwasser dürfte die Verlegung nicht zur Folge haben. Der Rohrgraben oder Rohrtunnel, also die im Bett oder unter dem Bett gebildete Furche, wird ja verfüllt und wirkt keinesfalls wasserabziehend oder wasserabsenkend[65]. Nach Witzel[66] bedarf es einer Erlaubnis oder Bewilligung nur, „soweit aller Voraussicht nach solche Wirkungen eintreten werden". Als Beispiele führt er größere Erdaufschlüsse, wie den Bau einer Untergrundbahn, auf.

Nach § 3 Abs. 2 Ziff. 2 WHG sind schließlich „Maßnahmen, die geeignet sind, dauernd oder in einem nicht unerheblichen Ausmaß schädliche Veränderungen der physikalischen, chemischen oder biologischen Beschaffenheit des Wassers herbeizuführen" genehmigungspflichtig im Sinne von § 2 WHG. Kann auch ein Leitungsbruch solche Auswirkungen auf ein Gewässer zur Folge haben, so ist deshalb eine EFL noch nicht

---

[62] § 22 Anm. 3.

[63] a.a.O., S. 33.

[64] Rehder § 3 Anm. 8; Gieseke-Wiedemann § 3 Anm. 7; Engert in BB 1963, 658 bezweifelt ebenfalls die Anwendbarkeit auf Ölfernleitungen.

[65] Eine Grundwasserabsenkung könnte höchstens während der Dauer der Verlegung der EFL eintreten.

[66] § 3 Anm. 8.

„geeignet", derartige schädliche Veränderungen herbeizuführen. Die Bestimmung kann nur Rohrleitungen erfassen, „die keine Gewähr für Dichtigkeit bieten"[67]. Würde jede auch noch so entfernt liegende Möglichkeit von dieser Bestimmung erfaßt, so bedürfte die gesamte Anlage einer EFL einer wasserrechtlichen Genehmigung, bestünde doch Gefahr, daß das *Grundwasser*, das nach § 1 Abs. 1 Ziff. 2 WHG in den Geltungsbereich des Wasserhaushaltsgesetzes fällt, durch ausfließendes Öl schädlich verändert würde. Eine EFL wird aber von den Unternehmern so verlegt, daß sie gerade *nicht* geeignet sein soll, Schaden herbeizuführen. Bei der Prüfung, ob Anlagen oder Maßnahmen „geeignet" sind, solche Auswirkungen hervorzurufen, wird man Witzel[68] zuzustimmen haben, der nur dann eine genehmigungspflichtige Benutzung befürwortet, „soweit aller Voraussicht nach solche Wirkungen eintreten werden ..." Das wird man von einer EFL aber nicht behaupten können, denn gerade sie als Düker oder Untertunnelung (beides meistens mit Schutzrohr) ist besonders gesichert.

Nach dem WHG war demnach bis zum Jahre 1964 die Anlage einer EFL, sei es, daß sie durch ein Gewässer oder unter einem Gewässerbett verlegt wird, keine genehmigungspflichtige Benutzung im Sinne der §§ 2 und 3 WHG[69].

b) Nach dem zweiten Gesetz zur Änderung des Wasserhaushaltsgesetzes vom 6. August 1964

Die Rechtslage wurde durch Einfügung der §§ 19a bis 19f in das Wasserhaushaltsgesetz entscheidend verändert[70].

Das zweite Änderungsgesetz zum WHG konnte der Bund aufgrund der Vorschrift des Art. 75 Nr. 4 GG erlassen. Danach ist der Bund ermächtigt, Rahmenvorschriften über den Wasserhaushalt zu treffen[71]. Wenn die Vorschriften auch zu einer Rechtsvereinheitlichung in der Bundesrepublik führen und eine „Vollregelung" enthalten, so bleiben — ohne auf die Frage der Verfassungsmäßigkeit im einzelnen ein-

---

[67] Burghartz § 3 Anm. 8.

[68] § 3 Anm. 8; ebenso Engert in DVBl 1965, 13.

[69] Auch das inzwischen für verfassungswidrig erklärte Gesetz zur Reinhaltung der Bundeswasserstraßen vom 17. 8. 1960 sah keine Genehmigungspflicht vor. § 4 Abs. 3 verlangte von „Rohrleitungen, die eine Bundeswasserstraße kreuzen oder berühren", eine gefährdungsfreie Beschaffenheit.

[70] BGBl 1964, S. 611. Der Verabschiedung des Gesetzes gingen lebhafte Diskussionen voraus, vor allem darüber, ob das Gesetz nicht eine „Diskriminierung des Öls" mit sich bringe. Vgl. Gossrau in BB 1964, 947 und Handelsblatt vom 17./18. 6. 1964 „Rohöl-Pipelines vom Gesetz bedroht". Engert in DVBl 1965, 11 bestreitet, daß für die Novelle zum WHG ein „sachliches Bedürfnis vorlag". Vgl. dazu die Entgegnung von Gnüg in DVBl 1965, 149.

[71] Vgl. Friesecke in NJW 1963, 2297.

gehen zu wollen — die Grenzen der Rahmenkompetenz m. E. gleichwohl gewahrt. Nach dem Bundesverfassungsgericht[72] ist entscheidend, daß ein Gesetz als Ganzes ausfüllungsfähig bleibt. Enthalten die Vorschriften der §§ 19a bis 19f WHG auch eine abschließende Regelung und versperren den Ländern insoweit die Möglichkeit, ausfüllende und ergänzende Vorschriften zu erlassen, so hat die den Ländern verbleibende Ausfüllungsmöglichkeit doch „substantielles Gewicht"[73] und die Länder sind nicht darauf beschränkt, lediglich zwischen vorgegebenen rechtlichen Möglichkeiten zu wählen. Inwieweit die Länder aufgrund des Art. 31 GG gehalten sind, die Landeswassergesetze wegen der in § 19a WHG geschaffenen „Vollregelung" zu ändern oder anzupassen, soll hier nicht näher untersucht werden[74].

Die Vorschriften der §§ 19a bis 19f WHG sind für Bau und Betrieb von Erdölfernleitungen von entscheidender Bedeutung. Nach § 19a Abs. 1 WHG bedürfen „die Errichtung und der Betrieb von Rohrleitungsanlagen[75] zum Befördern wassergefährdender Stoffe . . . der Genehmigung der für das Wasser zuständigen Stelle", jedoch dann nicht, wenn es sich um Werksleitungen[76] oder Zubehör von Lagerbehältern handelt (§ 19 a Abs. 1 Satz 2). Nach § 19 a Abs. 2 WHG ist ferner eine „wesentliche Änderung" einer Rohrleitungsanlage genehmigungsbedürftig, worin eine Anlehnung an § 25 Abs. 1 GewO zu erkennen ist[77]. Zu den wassergefährdenden Stoffen rechnet § 19a Abs. 2 WHG ausdrücklich das Rohöl und dessen Derivate[78].

Für „bestehende und in Bau befindliche Anlagen" enthält § 19e WHG eine Sonderregelung, durch die der Respekt des Gesetzgebers vor dem

---

[72] BVerfGE 4, 115 (129); vgl. auch Hamann, Grundgesetz Art. 75 Anm. B 2 und von Mangoldt-Klein, Grundgesetz Art. 75 Anm. III.

[73] Czychowski in NJW 1964, 1889; Gnüg in DVBl 1965, 149; Gossrau in BB 1964, 948 und in Das Recht der Wasserwirtschaft 1964, 24 bejahen die Verfassungsmäßigkeit des Gesetzes. A. A. Engert in DVBl 1965, 8.

[74] Vgl. dazu Gossrau in BB 1964, 949.

[75] Der Begriff Rohrleitungsanlage ist weiter als der in den §§ 26 Abs. 2 und 34 Abs. 2 WHG benutzte Begriff Rohrleitungen. Auch Zweigleitungen, sowie Pump- und Verteilerstationen wird man darunter fassen müssen.

[76] Eine EFL, „die den Bereich eines Werksgeländes ... überschreitet", ist auch innerhalb des Werksgeländes genehmigungspflichtig, vgl. Engert in DVBl 1965, 11.

[77] Daher dürfte sich eine Anwendung der zu § 25 Abs. 1 GewO entwickelten Rechtsgrundsätze rechtfertigen lassen, vgl. Gossrau in BB 1964, 948. A. A. Engert in DVBl 1965, 11 (Anm. 63).

[78] Werden z. B. aus Rohöl gewonnene Heiz- oder Brenngase durch Rohrleitungen gepumpt, so dürften diese Leitungen keiner wasserrechtlichen Genehmigung unterliegen, da die verpumpten Stoffe — ebenso wie Erdgas — nicht wassergefährdend sind.

Besitzstand erkennbar wird[79]. Danach bedürfen bestehende oder bei Inkrafttreten der Novelle in Bau befindliche Fernleitungen grundsätzlich keiner wasserrechtlichen Genehmigung. Nur solche Anlagen bedürfen nach § 19 e Abs. 1 WHG einer Genehmigung, für deren Errichtung oder Betrieb eine bis zum Inkrafttreten der Novelle erforderliche gewerbe- oder wasserrechtliche Erlaubnis oder Genehmigung noch nicht erteilt war. Fehlte nur noch die Genehmigung zum Betrieb, so ist nur eine Betriebsgenehmigung nach § 19 a WHG nötig. Solche Rohrleitungen, welche bis zum Stichtag des 7. August 1964 nicht genehmigungspflichtig waren, unterliegen nach § 19 e Abs. 2 WHG nur einer Anzeigepflicht. „Wesentliche Änderungen“ bedürfen jedoch auch bei ihnen nach § 19 a Abs. 3 WHG der Genehmigungspflicht[80]. Ebenso unterliegen sie dem gesetzlichen Vorbehalt nachträglicher Auflagen und den für die Prüfungen noch zu erlassenden Rechtsverordnungen.

Waren Teilstücke einer EFL bis zum 7. August 1964 verlegt worden, so bedürfen die nach diesem Stichtag fertiggestellten Teile der Genehmigung nach § 19 a WHG.

Wenn es in § 19 e WHG heißt: „Rohrleitungen, mit deren Errichtung[81] ... begonnen ist“, so wird man darunter nur den tatsächlichen Baubeginn der Leitung verstehen können. Der Beschluß zur Errichtung — selbst wenn alle notwendigen Genehmigungen schon erteilt waren und ein Enteignungsverfahren durchgeführt war — reicht m. E. noch nicht aus.

Für solche Teile einer EFL, die bereits im Ausland verlegt sind, bringt § 19 b Abs. 2 Satz 2 WHG eine Sonderregelung.

Mit der Vorschrift des § 19 e WHG hat der Gesetzgeber somit ververhindert, daß rechtmäßig errichtete Leitungen mit Inkrafttreten der Novelle in einen Zustand der Rechtswidrigkeit gelangen konnten.

Die nach § 19 a WHG erforderliche Genehmigung kann nach § 19 b Abs. 1 WHG „zum Schutze der Gewässer, insbesondere zum Schutze des Grundwassers, unter Festsetzung von Bedingungen und Auflagen erteilt werden“. Damit ist klargestellt, daß der Gesetzgeber ausschließlich wasserwirtschaftliche Ziele mit dem Änderungsgesetz zum WHG verfolgen wollte. Andere Gesichtspunkte, wie wirtschaftspolitischer oder verkehrspolitischer Art, dürfen — im Unterschied zu den österreichi-

---

[79] Gossrau in BB 1964, 947.

[80] Diese Vorschrift kann für die streckenweise parallel zum Bodensee verlegte bzw. geplante ENI Pipeline von entscheidender Bedeutung sein, selbst dann, wenn sie nur das österreichische oder schweizer Ufer berührt.

[81] Zu den Begriffen „Errichtung“ und „Betrieb“, vgl. Landmann-Rohmer-Fröhler, GewO, § 24 Anm. 21, 22.

schen und schweizer Pipelinegesetzen — bei der Genehmigung nicht verfolgt werden[82], anderenfalls ein Ermessensfehler vorläge.

Ob es sinnvoll war, den in § 19 b WHG des Entwurfs[83] enthaltenen Zusatz „Die Auflagen müssen nach dem jeweiligen Stand der Technik erfüllbar und wirtschaftlich gerechtfertigt sein" zu streichen, erscheint nicht unbedenklich[84]. Sowohl nach §§ 25 Abs. 3, 16 GewO wie nach § 5 Nr. 2 und 3 WHG müssen *nachträgliche* Auflagen „wirtschaftlich gerechtfertigt" sein[85]. Zwar wird die technische Erfüllbarkeit ohnehin Voraussetzung für die Zulässigkeit einer Auflage sein, jedoch kann das Fehlen einer Wirtschaftlichkeitserwägung für die Fernleitungsgesellschaften unzumutbar sein. Halten sich die Wasserbehörden an die ausschließlich vom Gesetzeszweck gedeckten wasserwirtschaftlichen Ziele, dürfte es in der Praxis jedoch zu keinen Schwierigkeiten kommen.

Keinen Anspruch auf Erteilung der Genehmigung hat ein FLU, wenn die Voraussetzungen des § 19 b Abs. 2 Satz 1 WHG vorliegen.

Eine interessante Bestimmung für grenzüberschreitende Fernleitungen enthält § 19 b Abs. 2 Satz 2 WHG, wonach „Rohrleitungsanlagen, die die Grenzen der Bundesrepublik kreuzen, . . . die Genehmigung auch versagt werden (kann), wenn die Besorgnis (der Verunreinigung eines Gewässers) durch Teile der Anlage begründet ist, die außerhalb des Geltungsbereichs dieses Gesetzes errichtet oder betrieben werden". Selbst wenn eine EFL im Bundesgebiet den wasserrechtlichen Vorschriften entspräche, könnte ihr Betrieb untersagt werden, wenn eine „Gefährdung von Außen" besteht[86]. Darunter würde auch eine Leitung fallen, welche die Zonengrenze kreuzt. Es ist Gossrau[87] zuzustimmen, daß die Ablehnungsentscheidung nicht nur von der Behörde getroffen werden kann, in deren Zuständigkeitsbereich eine Leitung die Grenzen der

---

[82] Gossrau in BB 1964, 947 und in Das Recht der Wasserwirtschaft 1964, 26; Westermann, Dokumentation S. 8 und 9; vgl. aber auch § 2 des Gesetzentwurfs von Bullinger, a.a.O., S. 79.

[83] Vgl. Drucksache IV/1769 der vierten Wahlperiode.

[84] Vgl. dazu Engert in DVBl 1965, 12, der eine Kompromißlösung in „einer angemessenen Entschädigungsregelung" sieht.

[85] Allerdings entspricht die jetzige Fassung des § 19b WHG dem § 5 Nr. 1 WHG.

[86] Wenn die ENI Pipeline das ausländische Bodenseeufer berührt, könnte sich aus diesen Gründen eine Genehmigungsverweigerung rechtfertigen. Engert in DVBl 1965, 14 bezeichnet § 19b Abs. 2 Satz 2 WHG als „Bodenseeklausel . . ., die wegen ihres diskriminierenden Charakters gegenüber souveränen Staaten gesetzgebungspolitisch bedenklich" sei. Gnüg in DVBl 1965, 149 begrüßt die Regelung, nicht zuletzt deshalb, weil sie auch im Interesse der Fernleitungsunternehmen sei. Diese würden für jeden entstehenden Schaden haften, der höher als das investierte Kapital sein könne. Ähnlich Gossrau in Das Recht der Wasserwirtschaft 1964, 34: die Bundesrepublik habe an dieser Regelung ein „legitimes Interesse", da eine EFL als Ganzes zu betrachten sei.

[87] In BB 1964, 949.

Bundesrepublik kreuzt, sondern auch von „jeder Genehmigungsbehörde, in deren Genehmigungsbereich die Gefährdung von Außen besteht".

Die Gewähr für eine einheitliche Behandlung der Rohrleitungsanlagen im gesamten Bundesgebiet in technischer Hinsicht ist durch die Vorschrift des § 19 d WHG gegeben. Danach kann die Bundesregierung Rechtsverordnungen erlassen, die hauptsächlich technische Grundsätze enthalten werden[88]. Damit ist der Bundesregierung die Möglichkeit gegeben, eine einheitliche Rechtsverordnung zu erlassen, die den Gewässerschutz nach § 19 d WHG und den Feuer- und Explosionsschutz nach §§ 24, 16 GewO gleichermaßen regelt[89].

Auch ohne daß eine entsprechende Rechtsverordnung in Kraft tritt, sind die Genehmigungsvorschriften nach §§ 19 a, 19 b WHG anwendbar „unter Berücksichtigung des jeweiligen Standes der Technik"[90].

Auch durch § 19 f WHG wird ein Tätigwerden mehrerer Behörden vermieden. Bedarf eine Leitung der gewerberechtlichen Erlaubnis nach § 24 GewO — was regelmäßig der Fall sein wird — oder ist sie in einem bergrechtlichen Betriebsplan vorgesehen[91], so wird die Zuständigkeit bei der danach zuständigen Behörde konzentriert. Die Entscheidungen ergehen gemäß § 19 f Abs. 2 WHG im Einvernehmen mit der zuständigen Wasserbehörde.

c) Nach den einzelnen Landeswassergesetzen

Es bleibt zu untersuchen, ob die Anlage einer EFL in, unter oder an einem Gewässer einer wasserrechtlichen Genehmigung nach den rahmenausfüllenden Landeswassergesetzen bedarf.

Die einzelnen Landeswassergesetze erweitern die Anzahl der in § 3 WHG aufgeführten Gewässernutzungen nur unwesentlich, zum Teil auch gar nicht[92]. Das Fehlen einer Regelung für Leitungskreuzungen ist um so überraschender, als der von der wasserrechtlichen Arbeitsgemeinschaft der Länder mit dem Ziele der Vereinheitlichung ausgearbeitete Musterentwurf für die Landeswassergesetze[93] in Art. 67 vorsah:

> „Als Anlagen in oder an Gewässern gelten stets auch Leitungskreuzungen, zumal wenn sie in einem bestimmten Bauwerk (Düker) liegen sollten."

---

[88] Vgl. § 19 d Nr. 1 und 2 WHG.

[89] Auf das verfassungsrechtliche Problem, ob sich die Ermächtigung, Rechtsverordnungen im Rahmen des § 19 d WHG zu erlassen, aus Art. 74 Nr. 11 GG herleiten läßt, soll hier nicht eingegangen werden. Die Frage, ob solches in einem Rahmengesetz zulässig ist, ist streitig.

[90] Gossrau in BB 1964, 949.

[91] Dieser Regelung bedurfte es, weil die §§ 19 a ff. WHG im Gegensatz zur VbF auch für Anlagen in Bergbaugebieten gelten.

[92] So das LWG von NRW vom 22. 5. 1962.

[93] Abgedruckt bei Eiser-Riederer V, S. 82.

Das Landeswassergesetz für Nordrhein-Westfalen sieht über die in § 3 aufgeführten hinaus keine weiteren Tatbestände vor, die einer Genehmigung oder Erlaubnis bedürfen. Nach § 27 LWG Abs. 1 Ziff. 1 besteht lediglich für „feste Leitungen zur Beförderung von Öl“ eine Anzeigepflicht. Eine Genehmigung wird nicht gefordert[94]. Diese Anzeigepflicht gilt auch nach § 27 Abs. 2 nur subsidär. Ist nach der Verordnung über brennbare Flüssigkeiten, eine Erlaubnis, Genehmigung oder Zulassung erforderlich, entfällt die Anzeigepflicht des § 27 Abs. 2 LWG. Einer Genehmigung bedürfen aber innerhalb eines Schutzgebietes für die öffentliche Wasserversorgung nach § 25 Abs. 1 LWG unter anderem „Bohrungen, Ausgrabungen und andere Arbeiten, welche auf den gewachsenen Boden einwirken . . .“. Unter diese Bestimmung muß auch die Verlegung einer EFL fallen, sind doch bei der Anlage der Leitung Arbeiten vorzunehmen, die auf den Boden einwirken. Vor Inkrafttreten des LWG galt in NRW das PrWG, nach dessen § 22 auch die Kreuzung einer EFL mit einem Gewässer genehmigungsbedürftig war.

Das Niedersächsische Wassergesetz vom 7. Juli 1960 hat den Benutzungskatalog des § 3 WHG übernommen, trifft aber in § 42 eine baurechtliche Bestimmung, nach welcher der für die Bauaufsicht zuständige Minister baurechtliche Vorschriften zum Schutz der Gewässer, u. a. auch bei Anlagen zur Beförderung von Öl, erlassen darf.

Das Hessische Wassergesetz vom 6. Juli 1960 erweitert in § 15 zwar die Gewässerbenutzungen über § 3 WHG hinaus, die Verlegung einer Leitung wird aber nicht als genehmigungs- oder erlaubnispflichtig bezeichnet. Das Gesetz kennt lediglich in § 26 eine Anzeigepflicht wie in § 27 des Wassergesetzes Nordrhein-Westfalens. Eine derartige Anzeigepflicht kennen auch die Wassergesetze von Hamburg (§ 28), Schleswig-Holstein (§ 16), Rheinland-Pfalz (§ 24), Saarland (§ 21) und Berlin (§ 23). Für Wasserschutz- und Quellenschutzgebiete bestehen ebenfalls im einzelnen nur wenig voneinander abweichende Regelungen.

Eine Ausnahme bildet das Wassergesetz von Baden-Württemberg vom 25. Februar 1960. In dessen § 25 Abs. 1 ist u. a. bestimmt:

> „Wer Leitungen zum Befördern von Treibstoffen, Ölen oder anderen Flüssigkeiten, die die Eigenschaft von Wasser nachteilig verändern können, herstellt, ... bedarf der wasserrechtlichen Genehmigung, wenn die Leitungen über das Gebiet der Gemeinde hinausführen.“

Nach Absatz 3 kann die oberste Wasserbehörde Vorschriften über die technische Ausführung von Leitungen und deren regelmäßige Überwachung anordnen[95].

---

[94] Burghartz § 27 LWG Anm. 5.

[95] Das BadWttbgWG weicht auch in anderer Hinsicht erheblich von den

Eine derartige, zu keinen Zweifeln in ihrer Anwendung auf Erdölfernleitungen Anlaß bietende Regelung wäre in allen Landeswassergesetzen wünschenswert gewesen, zumal eine EFL meist mehrere Länder berührt, und bei dem Bruch einer Leitung die wasserwirtschaftlichen Auswirkungen räumlich nicht begrenzt sind. Eine einheitliche Regelung in allen Landeswassergesetzen, ähnlich wie sie in dem Musterentwurf vorgesehen war, hätte dem unbefriedigenden Rechtszustand ein Ende setzen können.

d) Nach dem Entwurf eines Bundeswasserstraßengesetzes

Nachdem das Bundesverfassungsgericht[96] das Gesetz zur Reinhaltung der Bundeswasserstraßen für nichtig erklärt hat, ist ein neuer Entwurf zu einem Bundeswasserstraßengesetz eingebracht worden[97].

Nach § 31 Abs. 1 und 2 des Entwurfes könnte eine EFL einer strom- und schiffahrtspolizeilichen Genehmigung bedürfen. § 31 Abs. 1 lautet:

„Einer strom- und schiffahrtspolizeilichen Genehmigung des Wasser- und Schiffahrtsamtes bedürfen

1. Benutzungen (§ 3 des Wasserhaushaltsgesetzes) einer Bundeswasserstraße,
2. die Errichtung, die Veränderung und der Betrieb von Anlagen in, über, unter oder am Ufer einer Bundeswasserstraße,

wenn durch die beabsichtigte Maßnahme eine Beeinträchtigung des für die Schiffahrt erforderlichen Zustandes der Bundeswasserstraße oder der Sicherheit und Leichtigkeit des Verkehrs zu erwarten ist."

Nach § 31 Abs. 2 ist eine geplante Benutzung oder Errichtung einer Anlage in jedem Fall dem Wasser- und Schiffahrtsamt anzuzeigen.

Nach § 31 Abs. 3 ist eine Genehmigung u. a. „für Benutzungen, die beim Inkrafttreten dieses Gesetzes in zulässiger Weise ausgeübt werden" und „für Anlagen, die beim Inkrafttreten dieses Gesetzes rechtmäßig vorhanden sind", nicht erforderlich.

In § 31 Abs. 6 ist vorgesehen, daß die Genehmigung „nicht die nach anderen Rechtsvorschriften erforderlichen Verwaltungsakte" ersetzt. Bei der Inanspruchnahme von Bundeswasserstraßen haben daher Bund *und* Länder tätig zu werden[98].

---

anderen Landeswassergesetzen ab, so unterliegt nach § 12 das Grundwasser nicht der Verfügung des Grundeigentümers, wodurch ein Widerspruch zu § 905 Satz 1 BGB entstand. Nach § 4 steht das Bett eines Gewässers 1. Ordnung im öffentlichen Eigentum des Landes, das Bett eines Gewässers 2. Ordnung im öffentlichen Eigentum der Gemeinde. Hier zeigt sich ein Einfluß des französischen Rechts. Vgl. Bochalli in ZfW 1962, 65 (67).

[96] BVerfGE 15, 1.

[97] Bundestagsdrucksache IV/241/65.

[98] Bundestagsdrucksache IV/241/65, S. 24, Begründung zu § 31.

Nach diesen Vorschriften ist m. E. die Verlegung einer EFL in einer Bundeswasserstraße durch einen Düker genehmigungspflichtig, da mit den Baumaßnahmen „eine Beeinträchtigung des für die Schiffahrt erforderlichen Zustandes ... zu erwarten ist“[99]. Wird die Wasserstraße untertunnelt, liegt m. E. keine Beeinträchtigung im Sinne von § 31 vor.

Die durch die Anlage der EFL bedingte „Benutzung“ einer Bundeswasserstraße dürfte hingegen nicht genehmigungspflichtig sein.

4. Ergebnis

Bei Kreuzungen einer EFL mit Grundstücken, die einer öffentlichen Zweckbindung unterliegen, bestimmt sich die Nutzungseinräumung an diesen Grundstücken teils nach Vorschriften der zuständigen Verwaltungsorgane, teils nach allgemeinen Rechtsregeln.

Die Regelung der Kreuzung mit öffentlichen Straßen, Wegen und mit Bundesbahnanlagen durch eine EFL unterliegt regelmäßig dem Privatrecht. Die Kreuzung von Gewässern im Sinne des § 1 WHG war ländermäßig verschieden geregelt. Teils unterlag die Nutzung nur dem Privatrecht, teils war eine wasserrechtliche neben der privatrechtlichen Genehmigung erforderlich.

VI. Sicherheits- und Planungsvorschriften bei Verlegung von Erdölfernleitungen[1]

„Alle diese Maßnahmen dienen dem einen Ziel: der sinnvollen Raum- und Lebensgestaltung.“[2] Erdölfernleitungen befördern feuergefährliches Gut. Rohöl ist brennbar und explosionsgefährlich. Bei der Verlegung von Erdölfernleitungen sind deshalb zahlreiche Sicherheitsvorschriften zu beachten, welche vor allem die Gefahrenquellen durch auslaufendes Öl so gering wie möglich halten sollen. Die vom Gesetzgeber bereits früher, sowie die erst nach dem Bau der ersten EFL in Deutschland geschaffenen Sicherheitsvorkehrungen gewinnen aber auch unter einem mehr wirtschaftspolitischen Gesichtspunkt an Bedeutung. Werden doch immer wieder Stimmen laut, die Erdölfernleitungen einer Konzessionspflicht unterwerfen wollen und einer staatlichen Einflußnahme das Wort reden[3]. Als Begründung werden nicht die oft unbequeme Kon-

---

[99] Die Genehmigung dürfte entfallen, da die Dükereinlegung regelmäßig sonntags vorgenommen wird.

[1] Nach den Erörterungen im vorangegangenen Abschnitt erscheint es des dogmatischen Zusammenhanges wegen zweckdienlich, im folgenden eine Zusammenstellung der sonstigen Sicherheits- und Planungsvorschriften bei dem Bau und Betrieb einer EFL zu geben.

[2] Westermann, Dokumentation, S. 12.

[3] Vgl. FAZ vom 8. 9. 1964, S. 12.

kurrenz zu den herkömmlichen Verkehrsträgern, sondern die mangelnde Sicherheit und die dadurch begründete Gefahr für die Allgemeinheit ins Feld geführt. Die im folgenden aufgeführten, bereits bestehenden gesetzlichen Regelungen auf den durch den Bau von Erdölfernleitungen berührten Rechtsgebieten zeigen, daß das öffentliche Interesse in genügendem Maße berücksichtigt wird. Eine Konzessionspflicht aus Sicherheitsgründen erscheint darüber hinaus m. E. überflüssig. Inwieweit eine solche in Zukunft einmal gerechtfertigt sein wird, z. B. um den Einfluß des öffentlichen Interesses auf den Standort energiewirtschaftlicher Unternehmen zu wahren, unerwünschte Ballungsräume zu verhindern, die Überwachung der Frachttarife sicherzustellen, das Beförderunginteresse von Dritten zu verwirklichen usw., mag dahingestellt bleiben. Auch weitere, für die Schaffung einer Konzessionspflicht aufgeführte Gründe seien nur kurz und ohne Anspruch auf Vollständigkeit erwähnt: überregionale Standortpolitik und zweckmäßig gestaltete staatliche Baulandpolitik, Verhinderung von Fehlinvestitionen und damit Schaffung möglichst billiger Energieversorgung, Verhinderung entstehender Machtkonzentration und Marktbeherrschung, wettbewerbsregelnde Eingriffe, Angleichung der Frachtbedingungen von Land zu Land, Ausschalten von Spekulationen und unlauteren Einflüssen[4]. Gegen eine Konzessionspflicht ins Feld geführte Gründe sind: widersprechende Prinzipien der freien Marktwirtschaft, Hemmung der wirtschaftlichen Vorteile des Rohrferntransportes durch staatliche Reglementierung, die Entscheidung über die Linienführung müsse demjenigen zugestanden werden, der das Kapitalrisiko trage und vor allem die im folgenden darzustellenden bestehenden Rechtsvorschriften, welche das öffentliche Interesse beim Bau von Erdölfernleitungen bereits in genügendem Maße wahren. Die hierzu gemachten Ausführungen sollen lediglich eine kurze und kritische Bestandsaufnahme bilden.

Eine Einflußnahme auf die Auslegung und den Bau von Erdölfernleitungen durch „Manipulationen des Enteignungsrechts“, wie Seidenfus[5] sie fordert, ist abzulehnen. Erfüllt die Planung einer EFL die strengen Voraussetzungen, welche an die Verleihung des Enteignungsrechts geknüpft sind, so erübrigt sich jede „Manipulation“ von selbst. Überdies hat die Erfahrung in Deutschland gezeigt, daß Pipelines auch ohne Inanspruchnahme des Enteignungsrechts verlegt werden können, mag dies auch nur möglich gewesen sein, weil die Länderregierungen

---

[4] Derartige Interessen haben die Schweiz und Österreich bewogen, eine Pipeline-Gesetzgebung mit Konzessionszwang zu schaffen bzw. vorzuschlagen. Geschäftsführer der Unternehmen müssen Inländer sein und die Kapitalmehrheit muß bei Inländern verbleiben; vgl. Handelsblatt Nr. 214 vom 7. 11. 1962.

[5] Energie und Verkehr, S. 211.

erkannt haben, daß sie einem Enteignungsantrag regelmäßig nicht mit Erfolg sich hätten widersetzen können.

1. Gewerberechtliche Vorschriften

Seit der Neufassung des § 24 der Gewerbeordnung vom 29. September 1953 ist für eine gewisse, allerdings nur technische Kontrolle beim Bau von Erdölfernleitungen gesorgt. Nach § 24 Abs. 3 Nr. 9 GewO sind „Anlagen zur Lagerung, Abfüllung und Beförderung von brennbaren Flüssigkeiten" zu überwachungsbedürftigen Anlagen nach § 24 Abs. 1 GewO erklärt worden[6].

Auf Grund dessen ist eine „Verordnung über brennbare Flüssigkeiten"[7] vom 18. Februar 1960 ergangen, nach deren § 9 Abs. 1 Nr. 4 der Betrieb — die EFL muß daher fertiggestellt sein — von „Rohrleitungen zur Beförderung brennbarer Flüssigkeiten außerhalb des Werkgeländes (Fernleitungen) einschließlich der Pump- und Verteilerstationen" einer Erlaubnis der zuständigen Landesbehörden bedarf[8]. § 3 VbF bestimmt die einzelnen brennbaren Flüssigkeiten. Rohöl gehört zur sogenannten Gefahrenklasse A I. Nach § 14 Abs. 2 Nr. 4 der Verordnung unterliegen Erdölfernleitungen einer durch Sachverständige vorzunehmenden einmaligen Sicherheitsprüfung auf ihren ordnungsgemäßen Zustand vor ihrer Inbetriebnahme[9]. Bei der Erlaubniserteilung können sachliche Beschränkungen, Befristungen und Auflagen erteilt, in Schadensfällen oder aus sonstigem Anlaß nach § 15 VbF im Einzelfall außerordentliche Prüfungen vorgenommen werden. Nach § 20 VbF ist eine besondere Anzeigepflicht in Schadensfällen vorgeschrieben. Eine laufende Überwachung ist, unbeschadet dessen, daß nach § 24 Abs. 1 GewO Fernleitungen zu „überwachungsbedürftigen" Anlagen erklärt worden sind, nicht vorgeschrieben, wird aber von den Fernleitungsgesellschaften aus eige-

---

[6] Ob Leitungen zur Beförderung von Erdöl auch unter § 24 Abs. 3 Ziff. 4 fallen, mag daher hier dahingestellt bleiben. Die Ansicht von Röhnisch, a.a.O., S. 113, daß eine EFL überhaupt nicht unter die VbF fällt, überzeugt nicht.

[7] Teilweise geändert und ergänzt durch die „Technische Verordnung über brennbare Flüssigkeiten" vom 10. 9. 1964 (BGBl I, 717), wonach auch die „Errichtung" einer Anlage erlaubnisbedürftig ist. In der VbF sind im wesentlichen nur formalrechtliche Fragen behandelt.

[8] Vgl. Landmann-Rohmer, GewO, § 24 Anm. 15. Vor Inkrafttreten der VbF konnte eine EFL ohne Erlaubnis gebaut und betrieben werden. Nach der Ausführungsverordnung des Landes NRW zur VbF vom 5. 7. 1960 (GVBl, S. 210) ist Erlaubnisbehörde der Regierungspräsident. Geht die EFL über die Grenzen eines Regierungsbezirks hinaus, ist es der Arbeits- und Sozialminister, dem auch die Gewerbeaufsicht untersteht.

[9] Czychowski in NJW 1964, 1889 hält aus wasserwirtschaftlichen Gesichtspunkten regelmäßig wiederkehrende Prüfungen für unentbehrlich. Nach § 9 der TVbF ist auch die *Errichtung* einer Anlage erlaubnisbedürftig, während bisher nur die *Inbetriebnahme* einer Erlaubnis bedurfte; vgl. BB 1964, 1105.

nem Interesse durch Hubschrauberflüge, Streckenbegehung, Freilegungs- und Druckproben und eine eigene „Ölwehr" betrieben[10]. Angesichts der Neuheit wäre m. E. in den Erlaubnisplänen eine sogenannte unstatische Klausel zu empfehlen, wie etwa die Rauch- und Rußklausel in Dampfkesselgenehmigungen[11], daß nämlich bei Auftreten besonderer Mängel und Schadenswirkungen in dem Fernleitungsbetriebe besondere zusätzliche Sicherungsmaßnahmen verlangt werden können. Dabei könnte es sich z. B. um Nachuntersuchung der Rohre auf Festigkeit, Alterung, Deformation, Korrosion, mechanische, elektrische Spannungen und dergleichen handeln.

Erdölfernleitungen fallen, soweit sie gewerblich betrieben werden, unter den Schutzbereich der erwähnten Vorschriften, und zwar nicht nur unter dem Gesichtspunkt ihrer Brand- und Explosionsgefahr, sondern auch wegen drohender Boden- und Wasserverseuchung.

Durch die generelle Erlaubnispflicht erhielt der Staat auch vor Inkrafttreten der Novelle zum WHG von jeder neu geplanten EFL Kenntnis, kann jedoch eine Erlaubnis nur versagen, wenn die *technische Sicherheit* nicht gewährleistet erscheint. Der sogenannte „Deutsche Ausschuß für brennbare Flüssigkeiten", welcher nach § 24 Abs. 4 GewO und § 23 VbF gebildet wurde, wirkt bei der Abfassung der von der Bundesregierung zu erlassenden technischen Vorschriften mit und arbeitet in Zusammenarbeit mit der Vereinigung der Technischen Überwachungsorganisationen einen Entwurf der „Sicherheitstechnischen Richtlinien für Fernleitungen zur Beförderung brennbarer Flüssigkeiten" aus[12].

Eine weitergehende Konzessionspflicht aus Sicherheitsgründen erscheint mir deshalb nicht notwendig, zumal durch die §§ 19 a bis 19 f WHG nunmehr auch eine abschließende wasserrechtliche Regelung getroffen worden ist.

2. Energierechtliche Vorschriften

Äußerst umstritten ist die Frage, inwieweit die Notwendigkeit der Einbeziehung des Rohöls in eine energiewirtschaftliche Investitionskontrolle besteht. Nach § 1 EnWG umfaßt der Begriff der Energiewirtschaft nur die Elektrizitäts- und Gaswirtschaft. Nicht in den Geltungs-

---

[10] Vgl. Uhde in Schweizer Archiv 1963, 126 ff.

[11] Vgl. Landmann-Rohmer, GewO, § 24 Anm. 7.

[12] Engert in BB 1963, 658; Czychowski in NJW 1964, 1889 (Anm. 23). Hier ist auf den Entwurf des Bundesministers für Arbeit und Sozialordnung vom Juni 1964 betreffend „Sicherheitstechnische Richtlinien für Fernleitungen zur Beförderung brennbarer Flüssigkeiten" hinzuweisen.

bereich des Energiewirtschaftsgesetzes fällt dem Wortlaut nach das Öl[13]. Daher halte ich eine unmittelbare Anwendung der Vorschriften des EnWG auf Erdölleitungen für nicht möglich. Zwischen Ölleitungen und Leitungen für Gas und Elektrizität besteht zudem ein wesentlicher Unterschied. Die Rohrleitung für Erdöl und dessen Produkte ist nur eines unter mehreren möglichen Beförderungsmitteln. Zudem ist der Rohrtransport von Erdöl noch kein „Energietransport", da erst eine Verarbeitung des Rohöls nötig ist, um Öl als Energie verwenden zu können.

Es bleibt zu erwägen, ob eine sinngemäße Anwendung von Vorschriften des EnWG, vor allem des § 4, auf Erdölfernleitungen statthaft und geboten ist. Nach § 4 EnWG ist zwar keine energieaufsichtliche Genehmigung erforderlich, wohl aber eine „Freigabe", die „als Verzicht auf die Beanstandung oder Untersagung zu deuten" ist[14].

Dazu bedarf es einer kurzen Erörterung der Zwecke des Energiewirtschaftsgesetzes, die sich aus der amtlichen Begründung und dem Vorspruch des Gesetzes ergeben. Die Erfüllung von drei Grundforderungen der Volkswirtschaft steht dabei im Vordergrund: Möglichst wirtschaftliche Produktionen, soziale Verteilung des Ertrages und Sicherstellung der Versorgung[15]. Diese Ziele zu erreichen, soll nach dem Vorspruch des Gesetzes, der als Auslegungsmaßstab für alle Vorschriften gelten soll[16], gewährleistet sein durch die Sicherung des öffentlichen Einflusses, den wirtschaftlichen Einsatz der Energiearten, die Förderung einer Verbundwirtschaft und die Verhinderung eines volkswirtschaftlich schädlichen Wettbewerbs. Dadurch soll ein für die Gesamtheit optimales Ergebnis erreicht werden, nämlich die Energieversorgung so ausreichend, so sicher und so billig wie möglich zu gestalten[17]. Dieser wirtschaftspolitischen Aufgabe dient § 4 EnWG im Wege der Anlagenkontrolle unter Wahrnehmung von Unternehmerinitiative und -verantwortung, wenn sie auch im Wortlaut dieser Vorschrift weniger zum Ausdruck kommt[18].

---

[13] Ludwig-Cordt-Stech § 1 Anm. 1. Ob Heizöl, Rohöl oder Mineralöl, mag hier dahingestellt bleiben. Vgl. auch § 2 Abs. 2 EnWG „Energieversorgungsunternehmen sind ... Betriebe, die andere mit elektrischer Energie oder Gas versorgen ..." Gleichwohl heißt es bei Niemeier-Müller, a.a.O., S. 81: „Die Frage der Rohrfernleitungen ist im Rahmen der Energieversorgung zu erörtern."

[14] BVerwGE 7, 114 (123/24); vgl. auch Darge-Melchinger-Rumpf I, S. 117 und Eiser-Riederer I, S. 11 und 18.

[15] Ludwig-Cordt-Stech Vorbemerkung zu § 1.

[16] Eiser-Riederer I, S. 22.

[17] Eiser-Riederer I, S. 37.

[18] Schelberger, a.a.O., S. 390.

Öl als Energieträger kann außer Kohle und Koks auf Grund seiner Eigenschaften die Wärmeenergien von Strom und Gas ersetzen. Gas und Heizöl sind besonders in der industriellen und gewerblichen Wärmewirtschaft weitgehend austauschbare Mittel. Beide haben heute — wettbewerbsmäßig gesehen — mindestens das gleiche Verhältnis zueinander, wie Strom und Gas zur Zeit des Erlasses des Energiewirtschaftsgesetzes[19]. Der mit der Heizölversorgung verbundene Investitionsaufwand ist keinesfalls geringer als das in der Strom- und Gasversorgung investierte Kapital, zumal heute der Großteil des Heizöls durch inländische Raffinerien geliefert wird.

Die deutsche Energiewirtschaft hat durch das ständig wachsende Aufkommen von Heizöl als Energieträger eine erhebliche Strukturveränderung erfahren. Dadurch änderten sich die Sicherheit der Energieversorgung und ihre Einflußgrößen, wie sie bei Erlaß des Energiewirtschaftsgesetzes bestanden. Die durch das Vordringen des Heizöls auftauchenden Probleme konnten zur Zeit der Verkündung des Gesetzes nicht geregelt werden, da das Öl zu dieser Zeit erst eine untergeordnete Rolle spielte[20].

Fehlinvestitionen auf dem Gebiet der Fortleitungsanlagen für Rohöl stellen eine ebenso empfindliche Belastung der Volkswirtschaft dar, wie es solche auf dem Gebiet der Gas- und Elektrizitätsversorgung tun würden. Das öffentliche Interesse an ihrer Vermeidung ist daher nicht geringer zu erachten als bei den anderen Energiearten. Ohne eine gewisse staatliche Investitionskontrolle läßt sich der dem Energiewirtschaftsgesetz obliegende Zweck nicht erreichen. Fehlinvestitionen, nicht planvolle Verbundwirtschaft und ungenügende Sicherheit in der Energiewirtschaft lassen sich durch Anwendung des § 4 EnWG vermeiden, ohne daß die staatliche Eingriffsmöglichkeit zugunsten irgendeines Energie- oder Verkehrsträgers verwandt werden müßte. Diese letzteren sind ja keine „Anlagen, die der Fortleitung von Energie dienen" und als Konkurrenten im Sinne von § 2 EnWG angesehen werden könnten.

De lege lata halte ich jedoch eine sinngemäße Anwendung des Energiewirtschaftsgesetzes auf Erdölfernleitungen nicht für möglich. Gegen eine Anwendung sprechen der klare Gesetzeswortlaut und die Verschiedenartigkeit von Ölleitungen und Leitungen für Strom und Gas. Ob Börner[21] eine Einbeziehung des Öltransportes durch Pipelines befürwortet, kann m. E. nicht geschlossen werden aus seiner Bemerkung: „Die intensive Beschäftigung mit dem Leitungstransport legt es nahe,

---

19 Schelberger, a.a.O., S. 392.

20 Vgl. hierzu auch Börner, a.a.O., S. 186/87.

21 a.a.O., S. 186 und 187.

daß das Energierecht den Transport auch eines anderen Energieträgers beachtet, nämlich den des Erdöls durch Pipelines ... Aus diesem Grunde muß das Energierecht stets die gesamte Energiewirtschaft im Blick behalten."

Durch eine Gesetzesnovelle sollte aber eine Ausdehnung des § 4 EnWG auf Mineralölanlagen, somit auch auf Erdölfernleitungen, erfolgen. Andernfalls könnte die durch diese Bestimmung gesetzte wirtschaftspolitische Aufgabe nicht erfüllt werden. Der durch § 1 EnWG definierte Begriff der Energiewirtschaft muß das Mineralöl einbeziehen.

Ob durch eine entsprechende Gesetzesnovelle oder durch Einbeziehung des Ölleitungstransportes in ein neu zu schaffendes Energiegesetz die Notwendigkeit eines „Pipelinegesetzes" entfällt, soll hier nicht untersucht werden.

Die Entwicklung scheint für die Einbeziehung des Rohrleitungstransportes in das Energierecht zu sprechen. So hat die Bundesregierung für das im April 1965 verabschiedete Raffinerie-Meldegesetz ausschließlich eine energiepolitische Begründung gegeben[22].

Wie Schellberger[23] begründet hat, stellt sich die wirtschaftspolitische Frage dabei so: *entweder* an der Konzeption des § 4 EnWG festhalten und sie, wie oben erläutert, fortentwickeln *oder* „die hoheitliche Kontrolle über den *Wettbewerb* zwischen den Energieversorgungsunternehmen und den Energiearten als eine überholte Vorstellung ansehen". Entschließt sich der Gesetzgeber für den ersten Weg, wird das Problem auftauchen, welche weiteren Vorschriften des Energiewirtschaftsgesetzes — insbesondere § 11 — auf das Mineralöl und die Erdölfernleitungen anzuwenden sind.

3. Baugesetzliche Vorschriften

Erdölfernleitungen müssen u. a. durch Gebiete geführt werden, für die gemeindliche Bauleitpläne, d. h. Flächennutzungs- und Bebauungspläne, aufgestellt worden sind (§ 1 Bundesbaugesetz). Aus dem Gesetzestext des Bundesbaugesetzes geht nicht hervor, ob Erdölfernleitungen bei Aufstellung von Bauleitplänen zu berücksichtigen sind. Diese Pläne müssen nur Flächen für den überörtlichen Verkehr und die Versorgungsleitungen ausweisen (§ 5 Abs. 2 Ziff. 3 und 4 und § 9 Abs. 1 Ziff. 1 h, 5, 6 und § 11 BBauG). Nur wenn diese Vorschriften auch für Erdölfernleitungen anwendbar wären, böten sie eine Möglichkeit der öffentlichen Einflußnahme auf die Verlegung von Erdölfernleitungen im Sinne einer ört-

---

[22] Vgl. den übernächsten Abschnitt.

[23] a.a.O., S. 397.

lichen Baulandpolitik. Die §§ 5 und 9 BBauG dürften aber für Erdölfernleitungen keine Geltung haben. § 5 Abs. 2 Ziff. 4 BBauG erfaßt nur Versorgungsanlagen und nicht auch kommerzielle Erdölfernleitungen[24]. Ebenso finden Erdölfernleitungen bei der Regelung der baulichen und sonstigen Nutzung (§§ 29 ff. BBauG) keine Berücksichtigung, es sei denn, man faßt Erdölfernleitungen unter den Begriff bauliche Anlagen im Sinne von § 29 BBauG. Hier liegt eine Gesetzeslücke vor, die zu schließen Aufgabe des Gesetzgebers sein wird. Haben doch z. B. ähnliche Leitungsanlagen, jedoch mit dem Charakter öffentlicher Daseinsvorsorge, nämlich Anlagen für Elektrizität, Gas und Wasser (u. a. in § 35 Abs. 1 Ziff. 3 BBauG), Berücksichtigung gefunden, obgleich die Fragen der Leitungsverlegung die gleichen wie bei Erdölfernleitungen sind. Allerdings sind die Fernleitungsgesellschaften als „Träger öffentlicher Belange" bei der Aufstellung von Bauleitplänen gemäß § 2 Abs. 5 BBauG beteiligt worden[25]. Nur wenn man Erdölfernleitungen unter den Begriff „Bauliche Anlagen" faßt[26], käme eine Anwendung des von einigen Bundesländern nach einer Musterbauordnung von 1961[27] neugefaßten Bauaufsichtsrechts in Betracht. So schreibt die Bauordnung von Nordrhein-Westfalen vom 25. Juni 1962 in § 80 Abs. 1 grundsätzlich für die Errichtung, die Änderung und den Abbruch aller baulicher Anlagen eine Genehmigungspflicht vor. Ferner ist in § 96 eine sogenannte Abnahme vorgesehen, und nach § 96 Abs. 7 Nr. 2 können erforderlichenfalls wiederholte Prüfungen angestellt werden. Nach § 3 Abs. 1 müssen bauliche Anlagen so errichtet, geändert und instandgehalten werden, daß die öffentliche Sicherheit und Ordnung nicht gefährdet werden. Leitungsanlagen mit dem Charakter öffentlicher Daseinsvorsorge sind von der Genehmigung und Bauüberwachung durch § 98 ausdrücklich ausgenommen. Daraus zu schließen, daß gewerbliche Leitungsanlagen unter das Bauaufsichtsrecht fallen, wäre aber m. E. nicht zwingend.

---

[24] Schütz-Frohberg § 5 Anm. 5, der eine Aufnahme von Erdölfernleitungen in § 5 für zulässig und zweckmäßig hält. Die anderen Kommentare zum BBauG erwähnen Pipelines nicht, sondern beschränken § 5 Abs. 2 Nr. 4 BBauG auf Gas-, Wasser- und Elektrizitätsleitungen. Vgl. insbesondere Bonczek-Halstenberg, a.a.O., S. 347 und Niemeier-Müller, a.a.O., S. 82. Vgl. bei Zinkahn-Bielenberg, BBauG, § 5 Anm. 15: „Die Verkehrsflächen im Sinne des Gesetzes sind nicht auf den Straßenverkehr beschränkt." In Anm. 16 zu § 5 heißt es dann jedoch: „Zu den Versorgungsleitungen gehören nicht die Mineralölfernleitungen, sie sind private gewerbliche Anlagen."

[25] Nach Auskunft eines Fernleitungsunternehmens.

[26] So Czychowski in NJW 1964, 1889; Bullinger, a.a.O., S. 37; a. A. Niemeier-Müller, a.a.O., S. 83, die jedoch den Fundamenten, mit denen eine EFL gebaut wird, die Eigenschaft einer „baulichen Anlage" zumessen wollen.

[27] Schriftenreihe des Bundeswohnungsministeriums Bd. 16/17, Recklinghausen.

Eine Genehmigung für Pipelines nach dem Bauordnungsrecht von NRW ist nach § 80 Abs. 3 schon deshalb nicht erforderlich, weil diese von der Erlaubnis nach § 24 GewO mit eingeschlossen ist. Die gleiche Regelung trifft Art. 104 Nr. 2 der bayerischen Bauordnung.

4. Raffinerie-Meldegesetz

Bereits im März 1963 hat die Bundesregierung anläßlich der Energiedebatte im Bundestag die Erwartung ausgedrückt, daß die Ölindustrie Raffinerie- und Pipelineneubauten mit der Regierung abstimmt.

Im April 1965 hat der Bundestag ein „Gesetz über die Anzeige der Kapazitäten von Erdöl-Raffinerien und Erdölrohrleitungen" verabschiedet[28]. Das neue Gesetz, dessen verbindlicher Wortlaut derzeit noch nicht vorliegt, sieht keinen Genehmigungszwang, sondern nur eine Anzeigepflicht für bestehende oder geplante Anlagen vor. Durch die Meldepflicht will die Bundesregierung einen genauen Überblick über den Stand der Raffinerie- und Rohrleitungskapazitäten[29], sowie aller Erweiterungen und Neubauten gewinnen. Authentische Unterlagen sollen vor allem für die erwartete Energiegesetzreform des nächsten Bundestages ausgewertet werden.

Über die Anzeigepflicht hinaus sind die Ölgesellschaften insoweit betroffen, als nach § 3 Abs. 1 des Gesetzes mit Baumaßnahmen zur Errichtung, wesentlichen Veränderung oder Erweiterung der betreffenden Anlagen nur begonnen werden darf, „wenn sie zwölf Monate vor Beginn der Baumaßnahmen die örtliche Lage und die Verarbeitungs- und Beförderungskapazität angezeigt haben".

Nach der von der Bundesregierung gegebenen Begründung[30] soll das Gesetz hauptsächlich dazu dienen, „die Aufgabe, die Voraussetzungen für eine optimale Energieversorgung und für eine günstige energiewirtschaftliche Entwicklung zu erhalten und notfalls zu schaffen . . . erfüllen zu können". Verkehrsrechtliche Erwägungen wurden nicht zur Begründung herangezogen.

Der Bund hat bei der Verabschiedung des Gesetzes nicht zu erkennen gegeben, ob er seine Zuständigkeit auf dem Gebiet der Erdölleitungen aus Art. 74 Nr. 11, 18, 22 oder 23 Grundgesetz herleitet.

Ob die Anzeigepflicht an eine Bundesbehörde[31] zweckdienlich und ein geeignetes Mittel ist, einen ordnenden Einfluß in energiepolitischer

---

[28] Bundestagsdrucksache IV/2953; Die Welt vom 27. 3. und 10. 4. 1965.

[29] Nach dem Wortlaut des § 1 Nr. 2 — „Rohrleitungsanlagen zum Befördern von Erdöl oder flüssigen Erdölerzeugnissen" — fallen darunter auch Produktenleitungen. Vgl. im einzelnen VO zum Raffinerie-Meldegesetz vom 28. 7. 1965.

[30] Bundestagsdrucksache IV/2953, S. 4.

[31] Bundesamt für die gewerbliche Wirtschaft (Außenstelle Hamburg).

Hinsicht herbeizuführen, erscheint zweifelhaft. Eine Einwirkungsmöglichkeit, wie sie das Gesetz schafft, hätte die Regierung ohnehin ausüben können. Die Behörden, die durch ihre Enteignungskompetenz oder Genehmigungserteilung Einfluß auf Leitungsneubauten nehmen können, unterstehen der Länderaufsicht.

VII. Die dingliche Rechtslage einer Erdölfernleitung

Für die Frage der Kreditsicherung sowie der Schadensersatzleistungen bei auftretenden Bergschäden und Ansprüchen auf Sicherungskosten ist von Bedeutung, welche dingliche Rechtslage den meist in fremdem Grund und Boden verlegten Erdölfernleitungen zukommt. Haben sie Zubehöreigenschaft zu einem Aufgabe- oder Pumpstationsgrundstück, so haften sie gemäß §§ 1120, 1192, 1200 BGB dem Grundpfandgläubiger des belasteten Grundstücks. Dieser Tatsache kommt besondere Bedeutung zu, erfordert doch heute die Aufnahme langfristiger Kredite regelmäßig hypothekarische Sicherheiten. In vielen Fällen ist eine dingliche Sicherung auch gesetzlich vorgeschrieben. So setzt die Erklärung der Mündelsicherheit bei fest verzinslichen Wertpapieren voraus, daß diese durch Grundpfandrechte gesichert sind. Auf die betriebswirtschaftlich interessante Frage, ob im Krisenfall tatsächlich eine Kreditsicherung vorliegt, kann nicht näher eingegangen werden.

Versicherungen als Kreditgeber unterliegen den Bestimmungen des Versicherungsaufsichtsgesetzes[1]. Ohne Inanspruchnahme langfristiger Fremdmittel von Kapitalsammelstellen wird eine derart kapitalintensive Anlage wie eine EFL kaum gebaut werden können[2]. Die Langlebigkeit der Leitungsanlagen verlangt eine besondere Langfristigkeit der Finanzierungsmittel.

Die großen europäischen Erdölfernleitungen wurden in der Regel durch Obligationenkredite finanziert, für welche die Gesellschafter besondere Garantien gegeben haben[3].

---

[1] Vgl. insbesondere §§ 66 ff.

[2] Der in 15 Monaten vollendete Bau der „Südeuropäischen Pipeline" — der bisher längsten in Europa — hat insgesamt 560 Millionen DM einschließlich der Aufwendungen für Kapazitätserweiterungen gekostet. Die Anfangsinvestitionen in Höhe von 480 Millionen DM wurden zu drei Vierteln durch Anleihen finanziert. Vgl. Handelsblatt vom 15. 6. 1964 „Südeuropäische Pipeline — ein Wirtschaftsmotor".

[3] Zur Sicherung der 60 Millionen 6 %igen Inhaber-Teilschuldverschreibung für den Bau der Rhein-Donau-Ölleitung haben die Gesellschafter der emittierenden GmbH eine Fertigstellungs- und Durchsatzgarantie übernommen. Vgl. Prospekt vom Juli 1963. Gemäß § 10 der Anleihebedingungen der NWO GmbH haben deren Gesellschafter zur Sicherung aller Forderungen aus den Teilschuldverschreibungen der Anleihe im Verhältnis ihrer Beteiligung am

1. Die Erdölfernleitung als bewegliche Sache

Voraussetzung für die Entscheidung, welche bodenrechtliche Stellung den Erdölfernleitungen zukommt — sei es, daß sie Bestandteile oder Zubehör des Belegenheitsgrundstückes sind —, ist, daß sie einen „körperlichen Gegenstand“ im Sinne von § 90 BGB darstellen. Zunächst ist eine Untersuchung darüber nötig, wie die Leitungsrohre als solche rechtlich zu behandeln sind. Eine außerhalb des Betriebsgrundstückes des Fernleitungsunternehmens verlegte EFL könnte man als eine *einzige* Sache ansehen, wenn sie auch oft mehrere hundert Kilometer lang ist und aus vielen einzelnen miteinander verbundenen Rohrstücken besteht. Die einzelnen Rohre müßten ihre Eigenschaft als selbständige Sache durch ihre Verschweißung miteinander eingebüßt haben. Sie müßten also während der Dauer ihrer Verbindung miteinander als unselbständige Teile der EFL erscheinen[4].

Das Zusammenfügen einzelner Teile zur Erreichung eines bestimmten Zwecks, hier Transport von Rohöl über große Entfernung, genügt noch nicht. Voraussetzung ist vielmehr, daß eine physische oder mechanische unmittelbare Verbindung der Sachteile vorliegt[5].

Ein gewisses räumliches Verhältnis wie beim Zubehör genügt nicht[6]. Bei einer Rohrverbindung zu einer EFL handelt es sich aber um eine dauernde Verbindung[7]. Wenn auch die einzelnen Rohrstücke zusammengeschweißt und miteinander verbunden sind — auf den Festigkeitsgrad der Verbindung kommt es nicht an — und für sich vorher selbständige Sachen waren, haben sie mit Verlegung der Leitung diese Eigenschaft verloren und sind zu unselbständigen Stücken der EFL als eines einheitlichen Ganzen geworden. Dem steht auch nicht die Auslegung nach Verkehrsanschauung und wirtschaftlichen Momenten[8] entgegen. Die einzelnen Rohre sind zu einer wirtschaftlichen Einheit

---

Stammkapital der Gesellschaft von den Anleihebedingungen unabhängige Garantien für alle Zins- und Kapitalforderungen, die den Inhabern der Teilschuldverschreibungen zustehen, übernommen. Zur weiteren Besicherung aller Forderungen aus den Teilschuldverschreibungen ist gemäß § 11 der Anleihebedingungen auf den Namen der Dresdner Bank AG eine Briefgrundschuld in Höhe von 60 Millionen DM auf dem der NWO GmbH gehörenden Gelände in Wilhelmshaven im Grundbuch eingetragen worden.

[4] RGRK § 93 Anm. 14 und die dort zitierte Rechtsprechung.

[5] RG Warn. 1919 Nr. 45; RG Recht 1919 Nr. 2063; Planck-Strecker, § 93 Anm. 2 d.

[6] RGZ 58, 342; 63, 173; 69, 152; RGRK § 93 Anm. 14.

[7] Willers, a.a.O., S. 74/75 hält eine Hochspannungsleitung nicht für eine einheitliche Sache, da kein körperlicher Zusammenhang der einzelnen Teile vorliege. Sie sei nur eine „Sachgesamtheit“.

[8] Die wirtschaftliche Auffassung ist in erster Linie entscheidend, RGZ 157, 244.

verbunden und werden im Verkehr als solche behandelt. Nicht zuletzt hat diese Rohrverbindung im Wirtschaftsleben und nach allgemeiner Verkehrsanschauung die einheitliche Bezeichnung *Fernleitung* erhalten, was Voraussetzung für die Annahme einer einheitlichen Sache ist[9]. Die Einheitlichkeit wird auch nicht aufgehoben, wenn einmal einzelne Rohrstücke ausgebessert werden und die EFL unterbrochen wird[10].

2. Kann eine Erdölfernleitung wesentlicher Bestandteil des Ziel- oder Aufgabegrundstückes sein?

Eine EFL, die von einer Aufgabestation, z. B. einer Landungsbrücke oder einem Tanklager ausgeht, liegt von der Grenze dieses Aufgabegrundstückes ab in vielen, oft tausenden von fremden Grundstücken. Sie setzt sich aus zahlreichen untereinander verschweißten Rohrstücken zusammen. Diese einzelnen Rohrverbindungen sind untereinander keine besonders festen, und der Anschluß des Rohranfangs an das Aufgabegrundstück ist auch kein besonders fester. Die Anwendung des § 94 BGB scheitert aber nicht schon, weil der Zusammenhang der Fernleitung mit dem Aufgabegrundstück nicht ohne den Halt, den der Erdboden der fremden Grundstücke bietet, gewährt werden kann. Es kann zur Annahme einer körperlichen Einheit zwischen EFL und Aufgabestation unter Umständen genügen, wenn nur eine lose Verbindung besteht. Zur Entscheidung müssen die Umstände des Einzelfalles und die Verkehrsanschauungen herangezogen werden[11]. Eine feste Verbindung ist nicht erforderlich, eine einheitliche Sache liegt auch dann vor, wenn „die bestimmungsmäßige Benutzung der ganzen Sache während der Dauer der Verbindung erst durch das Verbundene ermöglicht wird und nach seiner Trennung wertlos ist“[12]. Daraus ist zu folgern, daß eine mehr äußerliche Verbindung keine einheitliche Sache darstellt. Ein besonderer Umstand, der zur Annahme einer körperlichen Einheit zwischen EFL und Aufgabestation führen könnte, ist nicht ersichtlich. Auf eine betriebliche Einheit kommt es ebenfalls nicht an. „Allein nach dem Sprachgebrauch sind die von einer Erzeugungsstelle ausgehenden, mit ihr lose verbundenen Röhren- und Drahtleitungen, die sich über ein weites Nachbargebiet erstrecken, weder mit der Grundfläche, auf der das Gebäude für die Erzeugung des Gases oder der Elektrizität steht, ‚fest verbunden‘ (§ 94, 1), noch sind sie ‚in dieses Gebäude selbst zu seiner Erstellung eingefügt‘ (§ 94, 2).“[13] Sieht jemand eine EFL bloßliegen

[9] RGRK § 93 Anm. 12.
[10] RGRK § 93 Anm. 22.
[11] RGZ 83, 69; 87, 45; Erman-Böhle-Stamschräder § 93 Anm. 3.
[12] BGHZ 20, 159.
[13] Stuttgart OLGE 30, 324.

und dies viele Kilometer von der Aufgabe- oder Zielstation entfernt, wird er nicht die Vorstellung haben, einen Teil des Grundstücks vor sich zu haben, von dem die EFL ausgeht oder zu dem sie hinführt Die körperliche Verbindung allein ist dafür nicht ausschlaggebend. Vielmehr müssen bei Vorliegen einer körperlichen Einheit die einzelnen Bestandteile *nur* aneinander ihren Halt haben. Das ist bei einer EFL, die ihren Halt erst durch Setzbewegungen und andere bodenmechanische Effekte findet, nicht der Fall. Nur wenn eine Loslösung nicht ohne besondere Schwierigkeiten vorgenommen werden kann, also ein unverhältnismäßiger Aufwand an Kosten und Mühen erforderlich ist und erhebliche Beschädigungen zur Folge hat, liegt eine feste Verbindung vor[14]. Gegen eine Bestandteilseigenschaft spricht, daß die Leitungsrohre leicht von dem Grundstück, von dem sie ausgehen oder zu dem sie hinführen, gelöst werden können, ohne daß eine Beschädigung der Rohre erfolgt[15]. Eine Trennung des Leitungsnetzes von der Zentrale ist durch einfache Schaltgriffe möglich. Der Gegensatz zur festen Verbindung ist nicht lose, sondern leicht lösliche Verbnidung[16]. Bei einer so leichten Loslösung, die aus praktischen und Sicherheitsgründen zur Unterbrechung des Betriebszusammenhanges, der Ölfüllung, des Transportes, von Spannungszuständen usw. zweckdienlich ist, werden die einzelnen Rohrstücke und die EFL weder in ihrer äußeren Erscheinung noch in ihrem Wesen getroffen. Die Fernleitung kann jederzeit wieder angeschlossen werden.

Nach der Verkehrsanschauung und der Art der Verbindung liegt zwischen EFL und Aufgabegrundstück oder Zielgrundstück keine Körpereinheit vor. Damit entfällt eine wesentliche Voraussetzung der Bestandteilseigenschaft einer Sache, die bei Trennung eine Zerstörungs- und Wesensänderung fordert (§ 94 BGB).

Eine EFL ist folglich kein Bestandteil des Aufgabe- oder Zielgrundstücks. Zu bemerken ist noch, daß das Rohrnetz, soweit es in raffinerieeigenem oder zur Aufgabestation gehörendem Gelände verlegt ist, deren wesentlicher Bestandteil nach §§ 94 Abs. 1, 95 Abs. 1 BGB ist, weil die Leitung dort zu einem dauernden Zweck mit dem Grund und Boden fest verbunden ist[17]. Dabei wird es sich aber immer nur um kurze Rohrstrecken handeln.

Die vom Reichsgericht früher vertretene Auffassung[18], daß Zuleitungsmittel als Bestandteile des Grundstücks anzusehen sind, von dem aus

---

[14] RG Warn. 1914, Nr. 143; Hamburg OLGE 38, 29; Erman-Böhle-Stamschräder § 93 Anm. 3.

[15] RGZ 87, 46.

[16] RG in JW 1905, 387 Nr. 2.

[17] RGZ 87, 52; Erman-Böhle-Stamschräder § 94 Anm. 2.

[18] RGZ 48, 267; 39, 205; 67, 229 (233).

die Versorgung erfolgt, wurde schon bald wieder aufgegeben[19]. Seitdem ist von der Rechtsprechung[20] anerkannt, daß Rohrleitungen, auch wenn sie über oder unter fremdem Grund und Boden verlegt sind, in der Regel Zubehör zu den Betriebsmittelpunkten, also den Produktionsstätten sind.

Kraft positiver Gesetzesbestimmung (§ 96 BGB) wird das Verhältnis der Grunddienstbarkeit zum herrschenden Grundstück dem Bestandteilsverhältnis gleichgestellt. Ist aber die Grunddienstbarkeit selbst Bestandteil, so braucht das in Ausfluß dieses Rechts errichtete Bauwerk nicht auch Bestandteilscharakter aufzuweisen[21]. Eine EFL, soweit die Durchleiterechte durch Grunddienstbarkeiten gesichert sind, verliert ihre sachenrechtliche Selbständigkeit nicht.

3. Wird eine Erdölfernleitung durch die Verlegung in fremden Grundstücken zu wesentlichen Bestandteilen derselben?

Um wesentlicher Bestandteil eines Grundstücks nach § 94 BGB zu sein, ist eine feste Verbindung der betreffenden Sache mit dem Grund und Boden notwendig. Da eine EFL nicht unmittelbarer Bodenbestandteil ist, wird diese Entscheidung nur unter Berücksichtigung der tatsächlichen Verhältnisse getroffen werden können. Es genügt, wenn eine Sache in das Grundstück „hineingebaut" wird[22]. Eine Verbindung durch Gebrauch bestimmter Bindemittel ist nicht nötig. Ein weiteres Kriterium ist der Schwierigkeitsgrad der Loslösung. Ist „eine Trennung nicht ohne erhebliche Veränderung des Grundstücks oder der zu lösenden Sache möglich", liegt eine feste Verbindung vor. Der Gegensatz zur festen Verbindung ist daher nicht so sehr der Begriff der losen, sondern der Begriff der leicht ablösbaren Verbindung[23].

Eine EFL wird etwa 1 m unter der Erdoberfläche verlegt, wird also von dem, nach der Verlegung noch besonders verdichteten[24] Erdreich gänzlich bedeckt. Gelegentlich, vor allem in Sumpf- und Moorgelände, wird die EFL durch Aufhängen an verstellbaren Dreibeinen, die fest im Boden verankert sind, verlegt. Ist eine Trennung der EFL, gleich aus welchen Gründen, vom Grund und Boden notwendig, muß dieser in größerer Länge aufgegraben werden, was einen erheblichen Aufwand an Arbeit und Kosten verursacht. Durch das Ausgraben und

---

[19] RGZ 83, 67 (70).

[20] RGZ 83, 67; 87, 43; 168, 288; 183, 288; BGHZ 37, 353 (357).

[21] RGRK § 96 Anm. 2.

[22] Enneccerus-Nipperdey AT, Teil I, S. 798.

[23] RG in JW 1905, 387 Nr. 2 .

[24] Durch Walzen, Stampfen oder Rütteln.

Auswerfen des Erdreichs wird das betreffende Grundstück in seiner sonstigen Nutzung erheblich berührt. Daraus kann geschlossen werden, daß zwischen EFL und den einzelnen Grundstücken eine feste Verbindung besteht[25].

Nicht gefolgt werden kann der Ansicht des OLG Braunschweig[26], wenn es heißt:

„Den Bedürfnissen des wirtschaftlichen Lebens in allen Beziehungen gerecht wird einzig und allein der Standpunkt, daß das Leitungsnetz durch die *Einsenkung* in das Erdreich seine juristische Selbständigkeit überhaupt nicht verliert und folgeweise an seinen Eigentumsverhältnissen auch keine Veränderung erleidet."

Damit verkennt das Gericht „den zwingenden Charakter dieser sachenrechtlichen Vorschriften"[27]. Eine EFL müßte demnach nach § 94 BGB wesentlicher Bestandteil der jeweiligen Grundstücke sein, in denen sie verlegt ist. Ist eine EFL aber eine einzige Sache, wie bereits oben festgestellt, so stünde sie im Eigentum der jeweiligen Grundstückseigentümer (§ 946 BGB), „ein den Bedürfnissen des Rechtsverkehrs zuwiderlaufendes Ergebnis"[28]. Inwieweit § 947 BGB Platz greift, soll hier nicht erörtert werden.

Pumpstationen, Molchschleusen und Zwischentanklager, auch soweit sie auf fremdem Grund und Boden errichtet werden, werden schon wegen der Größe und des Gewichtes der Pumpen Bestandteil des Grund und Bodens, auf dem sie errichtet werden.

a) Liegt ein Ausnahmefall des § 95 BGB vor?

Nach § 95 BGB wird die Bestandteilseigenschaft einer Sache dann verneint, wenn sie nur zu einem *vorübergehenden Zweck* mit dem Grund und Boden verbunden ist. Ferner sollen solche Gebäude oder Werke nicht Bestandteilseigenschaft haben, die in *Ausübung eines Rechts an* einem fremden Grundstück von dem Berechtigten mit dem Grundstück verbunden worden sind. Liegt für eine Sache die eine oder andere Voraussetzung vor, so bleibt sie eine selbständige Sache, der allenfalls Zubehörcharakter zukommen kann. Die Unterscheidung zwischen vorübergehendem und — im Gegensatz dazu — dauerndem Zweck ist nach praktisch wirtschaftlichen Momenten unter Berücksichtigung des Einzelfalls zu treffen[29]. Bei Vereinbarkeit mit dem äußeren Sachverhalt ist ferner der

---

[25] So auch BGHZ 37, 353 (358).
[26] Seuff.Arch. 71, Nr. 78, S. 134.
[27] BGHZ 37, 353 (358).
[28] BGHZ 37, 353 (357).
[29] Erman-Böhle-Stamschräder § 95 Anm. 1.

Wille des Einfügenden entscheidend[30]. Vorübergehender Zweck im Sinne von § 95 BGB ist nur dann gegeben, wenn der beabsichtigte Erfolg oder die Verbindung nach der Natur des Gegenstandes begrenzt ist[31]. Ohne Einfluß bleibt die Art der Anlage, insbesondere ihre Lebensdauer, desgleichen, ob die Verbindung fest oder leicht lösbar ist[32]. Wohnt dem Einfügungszweck seiner Natur nach jedoch eine zeitliche Begrenzung inne, so wird immer ein vorübergehender Zweck vorliegen. Um die Absicht und die Erwartung, mit der jemand die Verbindung vornimmt, zu deuten, muß man den mit der Verbindung beabsichtigten Erfolg berücksichtigen[33]. Nicht die lediglich negative Erwartung des Erbauers, er brauche später die Sache nicht wieder zu beseitigen, sondern die positive Absicht, die Sache bei Nutzungsende in das Eigentum des Grundstückseigentümers fallen zu lassen, ist entscheidender Gegensatz eines vorübergehenden Zwecks[34]. Ein vorübergehender Zweck kann jedoch auch vorliegen, wenn die Verbindung auf längere, bei ihrer Herstellung nicht abzusehende Dauer getroffen worden ist[35]. Der Begriff „vorübergehender Zweck" in § 95 Abs. 1 BGB muß eine *weite* Auslegung erfahren[36]. Die Willensrichtung des die Verbindung Herstellenden ist jedoch dann nicht ausschlaggebend, wenn sie mit dem äußeren Sachverhalt unvereinbar ist[37].

b) Die Erdölfernleitung ist auf Grund eines dinglichen Rechts verlegt

Sind die Durchleiterechte der Fernleitungsgesellschaft dinglich gesichert, kann die dauernde Zweckbindung der Leitung keinem Zweifel unterliegen. Die Leitung ist auch in Ausübung eines Rechtes an den Durchleitungsgrundstücken verlegt.

c) Die Erdölfernleitung ist auf Grund eines Gestattungsvertrages verlegt

Anders beurteilen sich die Rechtsverhältnisse an den Rohrleitungen, wenn sie auf Grund eines obligatorischen Gestattungsvertrages ver-

---

[30] BGH in BB 1955, 335; BGH in LM Nr. 5 zu § 95.

[31] RGZ 61, 191; 62, 411; 63, 421; 66, 89; 97, 104.

[32] RGZ 87, 50.

[33] Enneccerus-Nipperdey AT, Teil I, S. 800.

[34] BGH in NJW 1959, 1488; BGHZ 8, 1 (7/8).

[35] RG Warn. 1013, Nr. 39; RGZ 55, 281; 61, 188; 78, 50.

[36] BGH in LM Nr. 6 zu § 95.

[37] RGZ 153, 236; 158, 376; 63, 416; 150, 22; Soergel-Siebert § 95 Anm. 2; Erman-Böhle-Stamschräder § 95 Anm. 1.

legt sind. Nach Lehre und Rechtsprechung[38] werden Sachen, die der an einem Grundstück nur obligatorisch Berechtigte für die — auch langjährige — Vertragsdauer in das fremde Grundstück einfügt, grundsätzlich als nur zu vorübergehendem Zweck mit dem Grundstück verbunden angesehen und bleiben daher sonderrechtsfähig. Durch diesen Hinweis auf die Dauernutzung ist dargetan und festgelegt, wo die Grenze zwischen vorübergehenden und definitiven Zuständen nach der Systematik des bürgerlichen Rechtes verläuft. Die äußerste zeitliche Dauer eines Miet- oder Pachtvertrages beträgt gemäß § 567 BGB 30 Jahre. Nach 30 Jahren verjähren spätestens alle obligatorischen Ansprüche (§ 195 BGB). Die Vorschriften der §§ 567 und 195 BGB sollen auch auf miet- oder pachtähnliche Verhältnisse, einschließlich der Gestattungsverträge entsprechend anwendbar sein[39]. Auch obligatorische Dauerschuldverhältnisse haben also nur vorübergehenden Charakter. „Als vorübergehend" im Sinne von § 195 BGB ist der Ablauf eines Zeitraumes von längstens 30 Jahren anzusehen[40].

Die Anwendung auf eine nur auf Grund obligatorischen Rechts verlegte EFL hieße, daß diese nur zu einem vorübergehenden Zweck mit den fremden Grundstücken verbunden worden ist. Bei der Erörterung darüber, ob ein FLU Anspruch auf Verleihung des Enteignungsrechts hat und ob für die Verlegung einer EFL ein öffentliches Interesse besteht, ist im einzelnen nachgewiesen, daß Erdölfernleitungen für die Dauer errichtet werden. Der Zweck der Rohölversorgung durch eine Pipeline ist nur als ein dauernder denkbar, selbst wenn die Eigentümer der Fernleitungsgesellschaft wechseln oder andere Abnehmer an die Leitung angeschlossen werden. Andernfalls wäre eine Verleihung des Enteignungsrechtes bedenklich. Selbst wenn ein FLU die Absicht gehabt haben sollte, die Verbindung der EFL mit dem Grund und Boden nur für eine bestimmte Zeitdauer vorzunehmen, sprächen die tatsächlichen Verhältnisse gegen diese Absicht. Der Gedanke, nach einigen Jahren oder Jahrzehnten eine oft mehrere hundert Kilometer lange Fernleitung wieder aus den Durchleitungsgrundstücken auszubauen, dürfte bei niemandem aufkommen. Würden doch die Unkosten einer Trennung an die der Verlegung selbst grenzen.

Schon die Art der Verlegung der Leitungsrohre spricht gegen eine spätere Trennungsabsicht[41]. Selbst wenn später eine Entfernung der

[38] RGZ 87, 51; BGHZ 8, 1 und 8, 6; BGH in VersR 1960, 365; Staudinger-Coing, § 95 Anm. 3 c; Planck-Strecker, § 95 Anm. 4 b; Erman-Böhle-Stamschräder § 95 Anm. 4.

[39] Plandt-Gramm § 567 Anm. 2; Giesecke, Leitungen auf fremden Grundstücken, S. 97; Dittus in BlGBW 1960, 338; Engert in NJW 1964, 1303.

[40] Engert in BlGBW 1960, 261.

[41] OGHZ 1, 168 (170).

Rohre erforderlich ist, wird die Verbindung der Rohre mit dem Boden dadurch nicht rückwirkend „vorübergehend“. Entscheidend ist nicht eine rückschauende, sondern eine vorausschauende Betrachtung[42]. Nicht gefolgt werden kann der Ansicht von Schröer[43], daß die Absicht einer späteren Trennung der Leitungen bei Versorgungsunternehmen immer gegeben sei.

Ausschlaggebend ist demnach, daß der Verbindungszweck als dauernder gewollt ist. Ein FLU dürfte nicht die Absicht gehabt haben, den Transport von Mineralöl durch eine EFL nur vorübergehend, also für eine gewisse Zeit, zu betreiben. Absicht beim Bau einer EFL ist vielmehr, einen dauernden Raffineriebetrieb sicherzustellen. So hat das OLG Braunschweig[44] anerkannt, daß die Rohrleitung eines Kalibergwerkes, die dem Bergwerksbetrieb dauernd zu dienen bestimmt war, nicht nur zu vorübergehendem Zweck in das Grundstück eingebaut sei.

Auch bei obligatorischen Gestattungsverträgen wird deshalb wegen der Besonderheit der Anlage einer EFL keine nur vorübergehende Zweckbestimmung anzunehmen sein. Da der „Zweck in der Regel von vornherein nicht begrenzt zu sein pflegt, so kann man bei ihnen, ohne den Worten Gewalt anzutun, auch nicht von einem nur vorübergehenden Zweck sprechen“[45].

Eine EFL wird, gleichgültig, ob sie auf Grund eines dinglichen oder obligatorischen Vertrages verlegt wird, nicht nur zu vorübergehendem Zweck im Sinne von § 95 BGB mit fremdem Grund und Boden verbunden[46].

Soll eine EFL trotz ihrer dauernden und nicht vorübergehenden Verbindung mit den Durchleitegrundstücken als selbständige Sache und nicht als wesentlicher Bestandteil angesehen werden, wird eine Untersuchung darüber notwendig, ob eine EFL das Tatbestandsmerkmal *Werk* im Sinne von § 95 Abs. 1 Satz 2 BGB erfüllt und sie als ein solches *in Ausübung eines Rechtes an* fremden Grundstücken von dem Berechtigten mit dem Grundstück verbunden worden ist.

Der Begriff Werk im Sinne von § 95 BGB umfaßt alle Anlagen, die nicht Erzeugnis des Grundstückes sind und einem bestimmten Zweck

---

[42] RGZ 153, 236; 158, 376; OGHZ 1, 168 (170); BGH in DB 1958, 456.

[43] In NJW 1964, 186; vgl. auch LVG Münster Urteil vom 23. 10. 1959 — 1 K 152/59 — und — 1 K 154/59 —.

[44] DRZ 1933, Rspr. Nr. 1; vgl. auch RG in JW 1935, 418 Nr. 2.

[45] OLG Braunschweig in Seuff.Arch. 71, Nr. 78, S. 132.

[46] Bereits Thoma hat 1918 in AÖR Bd. 38, S. 364 diese Ansicht für Gasröhren vertreten und treffend ausgeführt: „... daß der Zweck der Gasversorgung ... als ein dauernder zu denken ist und daß in solchen Fällen niemals die Absicht besteht, die Gasröhren im Ganzen wieder herauszunehmen, weil sich das nicht lohnt. Die Gasröhren sind also trotz der *Befristung* der Konzession zu einem dauernden Zweck eingelegt.“

dienen. Demnach ist eine EFL ein Werk im Sinne von § 95 Abs. 1 Satz 2 BGB[47]. Die Worte „in Ausübung eines Rechtes" besagen, daß die Verbindung durch den Inhaber des Rechtes am fremden Grundstück geschehen sein muß. Fraglich erscheint jedoch, ob die EFL jeweils in Ausübung eines Rechtes *an* dem Grundstück mit diesem von dem Berechtigten verbunden worden ist. Ist die EFL aufgrund einer Dienstbarkeit verlegt, ergeben sich keine Zweifel. Anders, wenn die Verlegung nicht von einem dinglich Berechtigten, sondern nur von einem durch Gestattungsvertrag dazu Berechtigten (persönlich dazu Berechtigten) verlegt wurde. Für den einengenden Begriff, also Erfassung nur *dinglicher* Rechte, spricht der Wortlaut des § 95 BGB. So auch der überwiegende Teil der Rechtsprechung und die neuere Lehre[48].

Die älteren Kommentare zum BGB[49] sowie das OLG Stuttgart[50] vertreten hingegen die Ansicht, daß § 95 Abs. 1 Satz 2 BGB auch obligatorische Rechte umfaßt. Die Vertreter der herrschenden Meinung stützen sich auf die Motive und Protokolle zum BGB sowie auf den Wortlaut des § 95 BGB. Nach den Motiven[51] beruht die Vorschrift des § 95 BGB darauf, daß Anlagen dann nicht in rechtliche Beziehung zu einem Grundstück treten sollen, wenn sie diesem ihrer Zweckbestimmung nach nicht dienen. Die Absicht des Gesetzgebers ging somit dahin, daß die von § 95 BGB betroffenen Sachen durch ihre tatsächliche Verbindung mit Grund und Boden nicht in rechtlichen Zusammenhang mit demselben treten. So heißt es in den Motiven:

„... daß nach dem Wesen der Dienstbarkeit der Berechtigte das fremde Grundstück in bestimmter Weise benutzen und die dazu nötigen Anlagen in seinem Interesse herstellen kann, seine hierzu verwendeten eigenen Sachen daher den Charakter von Akzessionen des Rechtes haben und behalten. Das trifft aber nicht bloß für die eine oder andere Kategorie von Dienstbarkeiten zu, sondern für *jedes* an einem fremden Grundstück bestehende Recht, in dessen Ausübung der Berechtigte eine Anlage auf diesem Grundstück errichtet."

In den Protokollen[52] heißt es:

---

[47] RGRK, § 95 Anm. 28 und Dresden OLGE 30, 325.

[48] HRR 38, 364; Palandt-Danckelmann § 95 Anm. 3; Erman-Böhle-Stamschräder § 95 Anm. 4; M. Wolff, Der Bau auf fremdem Boden, S. 73; Staudinger-Coing, § 95 Anm. 3 d, RGRK § 95 Anm. 34.

[49] z. B. Rehbein; Windscheid-Kipp, 9. Aufl.; Crome; Gierke; aber auch Staudinger-Riezler, 10. Aufl., § 95 Anm. 3 d; vgl. auch Synkule, a.a.O., S. 26; Herold, a.a.O., S. 29; Schulz in ACP 105, S. 381; Thoma in AÖR 38, 364 hat die Ausdehnung des § 95 Abs. 1 Satz 2 BGB auf öffentlich-rechtliche Nutzungsrechte bejaht.

[50] Seuff.Arch. 64, 229.

[51] Band 3, S. 48.

[52] Band 3, S. 10.

„Der Gedanke des § 785 sei der, daß demjenigen, welcher eine bewegliche Sache mit einem Grundstücke verbinde, unter den angegebenen Voraussetzungen der Werth der Sache und zu diesem Zwecke das Recht an derselben erhalten werden solle."

Zur Bejahung des Sondereigentums kann auch der Gesetzeszweck des § 94 BGB herangezogen werden. Danach soll eine Trennung von Grund und Boden verhindert und das Ganze erhalten werden. Grund ist das volkswirtschaftliche Interesse an der Erhaltung der Grundstücksbestandteile. Bei einer in Grund und Boden verlegten Rohrleitung ist die Idee der Grundstückseinheit aber zu verneinen. Die wirtschaftlichen Voraussetzungen, die § 94 BGB zugrunde liegen, sind nicht gegeben. Gegenüber dem Gesetzeszweck muß der Sprachgebrauch des BGB zurücktreten[53]. Ein praktisches Bedürfnis allein kann jedoch nicht zu einer solchen Gesetzesauslegung herangezogen werden. Eine Analogie läßt sich aber wegen Gleichheit des Grundes rechtfertigen. Ob auch der BGH[54] eine Analogie des § 95 BGB für möglich hält, ist aus der Bemerkung:

„... daß grundsätzlich die mit dem Boden fest verbundenen Sachen Bestandteile des Grundstücks werden (§ 95 Abs. 1 S. 1 BGB), § 95 Abs. 1 S. 2 BGB also Ausnahmevorschrift ist, steht einer rechtsähnlichen Anwendung nicht im Wege..."

nicht eindeutig zu entnehmen.

Beide Sätze des § 95 Abs. 1 BGB stehen sich inhaltlich nahe, da beide die Idee der Grundstückseinheit verneinen. Die Willensrichtung des nur obligatorisch Berechtigten kann bei Vornahme der Verbindung auf eine dauernde Verbindung gerichtet sein. Wollte man ihm die Rechte des dinglich Berechtigten verweigern, stünde er schutzlos da. Die aufgrund der Berechtigung mit dem Grund und Boden verbundenen Sachen stehen in jedem Fall in erkennbarer Abhängigkeit von der Nutzungsausübung des Berechtigten. Mit derartiger Willensrichtung mit dem Boden verbundene Sachen kann man nach einer praktischen Verkehrsausübung nicht zum Grundstück rechnen. Selbst wenn man grundsätzlich eine Ausdehnung der Vorschrift auf obligatorische Rechte verneint, wird man m. E. doch eine erweiternde Anwendung in bestimmten, vom Wirtschaftsleben erforderlichen und einem praktischen Bedürfnis Rechnung tragenden Fällen verlangen können. Eine solche Auslegung ist vor allem für solche Anlagen geboten, die aufgrund eines Enteignungsverfahrens errichtet werden und gegen den Willen des Berechtigten nicht dinglich gesichert werden konnten[55].

---

[53] Staudinger-Riezler, 10. Aufl., § 95 Anm. 3.

[54] In LM Nr. 2 zu § 95 BGB.

[55] Vgl. Tobias in ACP 94, S. 405, der das Problem für Gasröhren ähnlich gelöst hat.

Interessant in diesem Zusammenhang ist, daß die Rechtsprechung[56] solchen Sachen die Bestandteilseigenschaft abgesprochen hat, welche „aufgrund eines in Aussicht genommenen und später auch wirklich eingetragenen Rechts errichtet“ worden sind. Wenn zugunsten eines Fernleitungsunternehmens eine Vormerkung zur Eintragung einer beschränkten persönlichen Dienstbarkeit eingetragen wird, könnte man auch dies zur Anwendbarkeit des § 95 Abs. 1 Satz 2 BGB genügen lassen.

Der BGH[57] spricht bei dem Benutzungsrecht der Versorgungsunternehmen an Straßen von einem „Benutzungsrecht besonderer Art“, welches „einer beschränkten persönlichen Dienstbarkeit am nächsten“ kommt!

Abschließend läßt sich mit dem BGH[58] zu diesem Problem sagen: nur wenn von einem FLU „der Bau also nicht lediglich für seine Zwecke, sondern auch für die des Vertragsgegners erstellt worden ist, scheidet die Anwendbarkeit des § 95 BGB aus“. Ein FLU aber verlegt eine EFL — wie nachgewiesen — nur für seine Zwecke.

Das bürgerliche Recht kennt keine Sonderbestimmung für die mit dem Grund und Boden verbundenen *Nichtbestandteile* desselben[59]. Daraus folgt, daß die in Ausübung eines Rechts an fremdem Grund und Boden verbundenen Werke als bewegliche Sachen anzusehen sind. Ein Drittes gibt es nicht.

Aus dem bisher Ausgeführten ist ersichtlich, daß eine EFL nicht zum wesentlichen Bestandteil der fremden Grundstücke wird, sondern eine selbständige, bewegliche, im Eigentum der Fernleitungsgesellschaft stehende Sache bleibt[60]. Das Ergebnis ist dasselbe, ob die EFL auf Grund dinglich oder nur obligatorisch gesicherter Durchleiterechte verlegt ist. Diese Ansicht „deckt sich mit der allgemeinen Verkehrsauffassung und steht im Einklang mit den wirtschaftlichen Gegegebenheiten. Nach ihr sind die Fernleitungen bewegliche Sachen und können daher, auch soweit sie über fremden Grund und Boden verlaufen, Eigentum des Versorgungsunternehmens sein“[61].

---

[56] OLG Breslau in DJ 1938, 380; OLG Nürnberg in DNotZ 1955, 204.

[57] BGHZ 37, 353 (362).

[58] VersR 1960, 365.

[59] RGZ 55, 282 (284).

[60] BGHZ 33, 353 (356); vgl. auch Erman-Westermann § 905 Anm. 2, wo es heißt: „Solche Leitungen stehen im Eigentum der betreffenden Anstalt, nicht in dem des jeweiligen Grundstückseigentümers.“ Die entgegengesetzte Auffassung von Engert in BlGBW 1960, 261 läßt die Problematik des § 95 Abs. 1 Satz 2 BGB unberücksichtigt.

[61] BGHZ 33, 353 (357); für die Auffassung, daß ein FLU Eigentum an den aufgrund eines Gestattungsvertrages, gleichwohl aber nicht nur zu vorübergehendem Zweck, verlegten Röhren behält, spricht auch der Wortlaut der Entscheidung des BGH in VkBl 1963, 566 (568), wo es heißt: „... aus dem

4. Kann eine Erdölfernleitung Zubehör der Aufgabe- oder Zielstation sein?

a) Nach § 97 BGB

Die Voraussetzung, daß die EFL nicht Bestandteilseigenschaft aufweist[62], ist gegeben.

„Zubehör sind Nebensachen, welche einer Hauptsache wirtschaftlich untergeordnet sind und zu ihr in einem ihrer Bestimmung entsprechenden räumlichen Verhältnis stehen[63]." Der Unterschied zur anderen Art der Sachverbindung, dem Bestandteil, ist nicht so sehr in dem Zweckdienstverhältnis als vielmehr in der größeren oder geringeren Innigkeit der Verbindung zu suchen. Regelmäßig wird die Bindung an die Hauptsache beim Bestandteil eine innigere sein als beim Zubehör. Als weiteres Abgrenzungsmerkmal dient die Verkehrsanschauung. Was diese als zur Vollendung einer Sache gehörig ansieht, ist ihr Bestandteil. Was als wirtschaftlich dienende, aber selbständige Sache gewertet wird, ist Zubehör. Bestandteilseigenschaft liegt vor, wenn rein objektiv eine Verbindung gemäß § 93 BGB vorhanden ist. Zubehöreigenschaft liegt vor, wenn subjektiv von den Beteiligten gewollt die selbständige Hilfssache in den wirtschaftlichen Dienst der Hauptsache gestellt wird. Der Begriff des Zubehörs setzt voraus, daß die Sache ihre individuelle Selbständigkeit bewahrt hat, also nicht Bestandteil der Hauptsache ist und daß die Sache eine bewegliche ist. Ferner muß die Sache dem wirtschaftlichen Zweck der Hauptsache zu dienen bestimmt sein und zu ihr in einem dieser Bestimmung entsprechenden räumlichen Verhältnis stehen. Liegen alle aufgezählten Voraussetzungen vor, darf keine entgegenstehende Verkehrsauffassung der Sache die Zubehöreigenschaft absprechen. Um die EFL als Zubehör einzustufen, muß sie dem wirtschaftlichen Zweck einer *Hauptsache* zu dienen bestimmt sein. Dies ist das im Verhältnis zu den übrigen aufgezählten Erfordernissen entscheidende Merkmal. Das Gesetz schweigt zum Begriff der „Hauptsache". Eine Auslegung des Begriffs ist nur durch eine allgemeine natürliche Anschauung möglich. Fraglich ist, was in unserem Fall als Hauptsache anzusehen ist. Eine EFL dient nicht, wie Strom-, Gas- oder Wasserleitung, dem Transport eines zum Gebrauch bestimmten Fertigproduktes, sondern soll erst einen Rohstoff zu der betreffenden Ver-

---

räumlich engen *Nebeneinander* von Straßeneigentum *und* Eigentum an den Versorgungsleitungen ..." Das Problem, ob den Fernleitungsunternehmen zugemutet werden kann, sich wegen der verbleibenden Zweifel und der unsicheren Rechtslage mit einer obligatorischen Sicherung ihrer Durchleiterechte zu begnügen, soll hier dahingestellt bleiben.

[62] RGZ 55, 283; 65, 363; 70, 201; 87, 50.

[63] Erman-Böhle-Stamschräder, § 97 Anm. 1.

arbeitungsstelle, der Raffinerie, befördern, ist also Mittel zum Zweck. Sie ist für die Raffinerie von größter Wichtigkeit, läßt diese jedoch nicht von ihr vollständig abhängig werden, denn notfalls kann ihr — wenn auch unter größten Schwierigkeiten und nicht im gleichen Umfang — das Rohöl durch andere Verkehrsmittel zugeführt werden[64]. Hingegen verliert eine EFL ohne die an sie angeschlossene Raffinerie ihre Zweckbestimmtheit[65]. Selbst wenn die EFL wertvoller — was ihre Bau- und Unterhaltungskosten angeht — als die angeschlossene Raffinerie ist, bleibt sie doch Neben-[66] oder besser Hilfssache und der Raffinerie untergeordnet[67]. In der Mehrzahl der Fälle sind außerdem *mehrere* Raffinerien an dieselbe EFL angeschlossen. Die Zweckbestimmtheit einer EFL verbietet es demnach auch, sie selbst als Hauptsache anzusehen. Diese Unterordnung führt jedoch nicht zur unlösbaren Verbindung und damit zur Bestandteilseigenschaft einer EFL. Die Leitung bleibt, wie nachgewiesen, eine selbständige bewegliche Sache, mag sie auch dem Rechtsschicksal der Hauptsache, der zu dienen sie bestimmt ist, folgen. Es ist möglich,daß eine Sache, die sämtliche oben näher erörterten Voraussetzungen der Zubehöreigenschaft erfüllt, gleichzeitig Zubehör zu *mehreren* Sachen sein kann[68], auch wenn diese verschiedenen Eigentümern gehören. Diese Tatsache gilt für eine Gruppenfernleitung.

Sind mehrere Raffinerien an sie angeschlossen, steht sie im Zubehörverhältnis zu jeder, soweit auch die anderen noch zu erörternden Zubehörmerkmale vorliegen.

Für die Frage der Kreditsicherung und der Schadensersatzleistung aus § 148 ABG kann aber das Zubehörverhältnis der EFL zu einer im fremden Eigentum stehenden Sache nicht maßgebend sein. Um ihren Zweck als hypothekarische Sicherheit zu erfüllen, müßte die Leitung Zubehör zu einer Hauptsache sein, die im Eigentum auch des Eigen-

---

[64] Ein Beispiel aus jüngster Zeit bietet die ENI Raffinerie in Ingolstadt. Dieser wurde bis 1965 das Rohöl behelfsmäßig durch Kesselwagen von der benachbarten ESSO-Raffinerie zugeführt, weil die Fertigstellung der ENI Pipeline wegen der Bodenseetrasse verzögern wird. Inzwischen besteht eine 5,2 km lange Verbundleitung.

[65] Ein Verhältnis der Über- und Unterordnung ist hingegen bei Kraftwerken zu großen Stromleitungsnetzen eines Verbundbetriebes nicht gegeben. Wie Thierbach, a.a.O., S. 5 ff. und Willers, a.a.O., S. 102 ff. nachgewiesen haben, sind die weiträumigen Hochspannungsfreileitungen rechtlich selbständige Sachen.

[66] Der Zubehörbegriff ist nicht gleichbedeutend mit Nebensache; Staudinger-Coing § 97 Anm. 7.

[67] Nach RGZ 87, 43 ist nicht erforderlich, daß die Hauptsache mehr Wert als das Zubehör hat.

[68] Erman-Böhle-Stamschräder § 97 Anm. 9 und 10; Staudinger-Coing § 97 Anm. 4; Westermann, Sachenrecht, S. 481; RG in JW 1932, 1581.

tümers der EFL selbst steht. Hier taucht ein neues Problem auf, ob nämlich eine EFL Zubehör zu dem Betriebsgrundstück der Fernleitungsgesellschaft — soweit ein solches im Inland überhaupt vorhanden ist[69] — sein kann. Die reichsgerichtlichen Entscheidungen über den Zubehörcharakter einer Strom-, Gas- oder Wasserleitung treffen nicht unseren Fall, handelt es sich bei ihnen doch immer um Leitungen, welche etwas „wegleiten" oder verteilen. Wegleitungs- und Verteilungsanlagen werden regelmäßig Zubehör zu der Sache oder dem Grundstück sein, von dem sie ausgehen[70]. Eine Parallele für das Verhältnis Erdölleitung — Raffinerie könnten aber die Abwässerungsleitungen bilden. Sie befördern ein Leitunsgut *zu* einer bestimmten Anlage. „Bei Abwässerungsleitungen haben diese im Rechtssinn als bewegliche Sachen zu gelten, die Zubehör des Grundstücks der Kläranlage sind als der Hauptsache, der sie die Abwässer zum Zwecke der Sammlung und Klärung zuleiten."[71] Eigentümer der Abwässerleitungen und der Kläranlagen sind identisch. Dieser Parallelfall gilt nur dann für das Verhältnis der EFL zur Raffinerie, wenn letztere im Eigentum auch der Eigentümer der EFL stünde.

Geht eine EFL von einem Tanklager aus, dürfte dieses nicht als Hauptsache im Verhältnis zu der gesamten EFL gelten. Spielt auch das Wertverhältnis Zubehör-Hauptsache keine Rolle, dürfte es hier aber an einem Unterordnungsverhältnis scheitern. Es liegt vielmehr ein Fall vor, wo zwei Sachen — genauer Sache und Grundstück — völlig koordiniert und in ihrer Wichtigkeit gleichbedeutend sind. Beide dienen einem gemeinschaftlichen Zweck, bei dem kein Unterordnungsverhältns gegeben ist. Das aber schließt ein Zubehörverhältnis aus. Entscheidend kann in diesem Zusammenhang auch nicht sein, daß der wesentliche Betriebszweck einer Fernleitungsgesellschaft in der Mineralölverteilung liegt. Dadurch werden die Verteilungsanlagen, also Aufgabe- und Pumpstation, nicht zu Hauptsachen im Sinne von § 97 BGB[72]. Das Aufgabegrundstück braucht zudem gar nicht im Eigentum der Fernleitungsgesellschaft zu stehen. Dasselbe Koordinationsverhältnis besteht auch von EFL zu den Pumpstationen, zu denen die Leitung ebenfalls nicht im Zubehörverhältnis stehen dürfte. Geht die EFL unmittelbar von einer Sonde aus, steht sie im Zubehörverhältnis zu dem Förder- und Bohrgrundstück, welches aber wiederum in fremdem Eigentum stehen kann.

---

[69] Vgl. S. 25.

[70] Vgl. aber Anm. 65 auf S. 135.

[71] RG in ZfB 78, 422.

[72] Anders ist die Rechtslage bei Energieversorgungsunternehmen, deren Betriebszweck in der Stromverteilung liegt. Hier kann das Leitungsnetz Zubehör zu den Umspannwerken sein. Vgl. Willers, a.a.O., S. 107/108.

Eine nicht nur über kurze Strecken verlegte Fernleitung stellt eine Anlage- und Sachgesamtheit dar, die als ein materiell *selbständiges Gebilde* zu betrachten ist. Eine andere Auffassung hätte zur Folge, daß eine Fernleitung Zubehör zu einem oft über hunderte von Kilometern entfernten Grundstück wäre[73]. Die in Karlsruhe und Ingolstadt endende Pipeline müßte z. B. Zubehör zu ihrem Aufgabegrundstück in Marseille sein und müßte von einer hypothekarischen Haftung dieses Grundstückes miterfaßt werden. Oder für eine bei Recklinghausen durch Bergschäden beeinträchtigte EFL müßte der Eigentümer des Aufgabegrundstückes in Wilhelmshaven Bergschadenersatzansprüche stellen[74]. Ist eine EFL kein Zubehör zu Aufgabe- oder Pumpstationsgrundstücken, werden diese Folgen vermieden[75].

Das Ergebnis würde sich auch nicht ändern, wenn Aufgabegrundstück der EFL ein *gewerbliches Grundstück* wäre, welches als Betriebsgrundstück anzusehen ist. Die Rechtsprechung hat den Kreis der Sachen, die als Zubehör gewerblicher Grundstücke anzusehen sind, zum Teil sehr weit gezogen[76]. Der Zubehörgriff bei derartigen Grundstücken ist zum Teil nach kreditrechtlichen Gesichtspunkten ausgerichtet worden. In unserem Fall hätte ein derartige Ausweitung zur Folge, daß die EFL nicht als Zubehör zu dem Grundstück, sondern zu dem Betrieb und Unternehmen anzusehen wäre. Das „Unternehmen selbst wird aber nicht als ein eigenständiger Rechtsgegenstand anerkannt, dem die einzelnen, dem Betrieb dienenden Sachen als Bestandteile oder als Zubehör zugeordnet werden können“[77]. Hauptsache im Sinne von § 97 BGB kann das Unternehmen nicht sein[78]. Auch das Reichsgericht, von dem

---

[73] Diese Ansicht wird bestätigt durch die Tatsache, daß bei der Briefgrundschuld auf dem Gelände der NWO GmbH (vgl. Anm. 3 auf S. 122) als Zubehör zu dem Grundstück lediglich Maschinen und Einrichtungen sowie die Seeverladebrücke in der Jade nebst dazugehörigen Anlagen, nicht jedoch auch die Fernleitung, deklariert worden ist.

[74] Die hier vertretene Ansicht der Rechtsnatur einer EFL erübrigt eine Auseinandersetzung mit dem Problem der Bergschadenshaftung für die Zerstörung einer Fernleitung. Es kann insbesondere dahingestellt bleiben, ob eine EFL als „Zubehörung“ i. S. von § 148 ABG gilt und ob der Ersatz für die Beschädigung der Leitung nicht den Haftungsgrund des § 148 ABG sprengen würde. Das Problem des § 148 ABG wird in einer von Professor Dr. Boldt (Münster) ausgegebenen Dissertation behandelt werden.

[75] Willers, a.a.O., S. 102 ff. hat nachgewiesen, daß bei einem Energieversorgungsunternehmen, dessen Unternehmenszweck vorwiegend die Strom*verteilung* ist und das keine eigenen Kraftwerke betreibt, die Stromleitungen nicht im Unterordnungsverhältnis zu den in fremdem Eigentum stehenden Kraftwerken stehen. Dieser Fall ist ähnlich dem der „Verteilung“ von Rohöl durch Pipelines.

[76] RG in JW 1917, 708 und 1936, 3377 und Siebert, a.a.O., S. 61.

[77] Siebert, a.a.O., S. 66.

[78] Für alle: Palandt-Danckelmann, § 97 Anm. 3 a.

eine Fernleitung als Zubehör des Elektrizitätswerkes[79] anerkannt wurde, hat doch als Hauptsache immer das Grundstück angesehen. Die Besonderheit in diesem Fall lag nur darin, daß auf dem Grundstück, von dem die Fernleitung ausging, auch das „Unternehmen" seinen Sitz hatte. In derartigen Fällen ist eben das Zubehör solcher Grundstücke gleichzeitig auch Unternehmenszubehör.

Eine EFL steht nicht im Zubehörverhältnis zu dem Aufgabegrundstück oder zu den Pumpstationsgrundstücken. Dies ergibt sich unter anderem auch aus der Ähnlichkeit mit Leitungen der Stromversorgung, von denen es in einem Erlaß des Bundeswirtschaftsministeriums vom 27. Februar 1957[80] zur Zubehörfrage heißt:

„... daß die großen Überlandleitungen der Elektrizitätswirtschaft nach der Verkehrsauffassung nicht als Zubehör der den Elektrizitätswerken dienenden Grundstücke anzusehen seien."

b) Zubehöreigenschaft zur Raffinerie

Es bliebe noch zu untersuchen, ob eine EFL die übrigen Zubehörmerkmale im Verhältnis zu den an sie angeschlossenen Raffinerien erfüllt. Um dem wirtschaftlichen Zweck der Raffinerie zu dienen, muß ein Unterordnungsverhältnis bestehen oder vorgesehen sein[81]. Der wirtschaftliche Zweck einer Sache wird durch ihren bestimmungsgemäßen Verwendungszweck bestimmt, ist also objektiver Natur. Die Hilfssache muß kraft ihrer sachlichen Eigenschaft in der Lage sein, dem Zwecke der Hauptsache dienen zu können. Das Zweckdienstverhältnis braucht nicht derart intensiv zu sein, daß die Hilfssache den Gebrauch der Hauptsache überhaupt erst ermöglicht. Mit beiden zusammen muß jedoch ein gleiches Ziel verfolgt werden. Darin liegt ein subjektives Moment.

Die Zweckbestimmung muß eine *dauernde* sein, da eine nur vorübergehende Benutzung nach § 97 Abs. 2 Satz 1 BGB die Zubehöreigenschaft ausschließt. Wann eine dauernde und wann eine vorübergehende Zweckbestimmung vorliegt, entscheidet die Verkehrsanschauung. Die dauernde Zweckbestimmung einer EFL für die Rohölversorgung ist bereits weiter oben nachgewiesen.

Damit eine Hilfssache als Zubehör zu einer Hauptsache angesehen werden kann, ist weiter erforderlich, daß sie zugleich in einem ihrer Dienstbestimmung *entsprechenden räumlichen Verhältnis* zur Hauptsache steht. Wie groß die räumliche Trennung sein darf, ist vom Gesetz-

---

[79] RGZ 87, 43 (52); RG 83, 67; RG Warn. 1918 Nr. 155.

[80] Abgedruckt bei Eiser-Riederer, I, S. 91.

[81] Erman-Böhle-Stamschräder, § 97 Anm. 3.

geber nicht gesagt, vielmehr ist durch den Begriff „entsprechend“ dargetan, daß es jeweils auf den Einzelfall ankommt und dieser nach den tatsächlichen Verhältnissen zu beurteilen ist. Entscheidend ist das Zweckdienstverhältnis der Hilfssache; der wirtschaftliche Zweck der Hauptsache muß das räumliche Verhältnis bestimmen können. Dies hängt letztlich wieder von subjektiven Momenten ab, nämlich welche Zweckbestimmung der Besitzer verfolgt. Selbst wenn eine EFL hunderte von Kilometern entfernt ihren Ausgangspunkt hat, wird man eine räumliche Beziehung zur Zielstation nicht verneinen können. Ein absolutes Maß der Entfernung ist nicht das Ausschlaggebende. Die EFL steht ja durch die einzelnen miteinander verschweißten Rohrstücke mit der Raffinerie sogar in unmittelbarer körperlicher Verbindung. Eine feste Verbindung ist nicht erforderlich. Eine zeitweilige Trennung der EFL von der angeschlossenen Raffinerie, z. B. durch Beschädigung oder wegen einer Ausbesserung[82] beeinträchtigt ihre Zubehöreigenschaft nicht, desgleichen nicht eine zweitweilige Benutzungsunfähigkeit der Hauptsache, wenn die Möglichkeit der Wiederaufnahme des Betriebes besteht[83]. Die Trennung ist in einem derartigen Fall nur vorübergehend (§ 97 Abs. 2 Satz 2 BGB).

Außer den bisher erörterten und auf eine EFL angewandten Begriffsmerkmalen bestimmt das Gesetz in § 97 Abs. 1 Satz 2 BGB, daß eine Sache dann nicht Zubehör ist, „wenn sie im Verkehr nicht als Zubehör angesehen wird“. Bei Vorliegen aller der im § 97 Abs. 1 Satz 1 BGB geforderten Voraussetzungen kann eine entgegenstehende Verkehrsauffassung somit die Zubehöreigenschaft ausschalten. Dies kann allerdings immer nur einen negativen Einfluß auf die Gestaltung des Zubehörbegriffes ausüben. Verkehrsanschauung ist die Anschauung, die sich allgemein oder doch in einem bestimmten Verkehrsgebiet gebildet hat und die in Lebens- und Geschäftsgewohnheiten in Erscheinung tritt[84]. Die vom Gesetzgeber geforderte Verkehrsanschauung soll nicht für die Frage entscheidend sein, ob die vom Gesetz für erforderlich gehaltenen Voraussetzungen vorliegen oder nicht. Vielmehr soll sich nach ihr ergeben, wie die Sache im Verkehr rechtlich behandelt zu werden pflegt. Gilt eine Sache als von der rechtlichen Verfügung über eine andere, die Hauptsache, ohne weiteres als mitbetroffen, so ist daraus ein Rückschluß auf ihre Zubehöreigenschaft zulässig. Teilt nach der Verkehrsauffassung eine Sache nicht das Rechtsschicksal einer anderen, so kann daraus geschlossen werden, daß sie auch nicht in Zubehöreigenschaft zu der anderen Sache steht.

---

[82] KG OLGE 6, 213.

[83] RGZ 77, 36 (40); JW 1907, 129.

[84] RGZ 77, 241 (244); Warn. 1930, Nr. 49; RGRK, § 97 Anm. 36.

Wegen der Neuheit der wirtschaftlichen und technischen Verhältnisse bei Erdölfernleitungen in Deutschland konnte sich noch keine einheitliche Verkehrsauffassung bilden. In der Praxis bestand bisher — soweit ersichtlich — kein Bedürfnis zur Klärung der Frage nach der Rechtsnatur einer EFL. Die Kreditgeber haben die Leitungen nicht als Sicherungsobjekt herangezogen, sondern sich mit Garantien der Gesellschafter eines Fernleitungsunternehmens begnügt. Gleichwohl bietet m. E. die Frage der Verkehrsanschauung keine Schwierigkeiten. Es gibt bisher keine Geschäftsgewohnheit, welche die Eigenschaft der EFL als Zubehör zur angeschlossenen Raffinerie ausschließt. Gerade in den betroffenen Kreisen der Mineralölwirtschaft ist keine abweichende Anschauung erkennbar.

Die Annahme eines Zubehörverhältnisses Fernleitung-angeschlossene Raffinerie dürfte die Verkehrsanschauung somit nicht zuwiderlaufen. Auch die Rechtsprechung[85] hat Rohrleitungen als Zubehör zu den mit Hilfe der Leitungen belieferten Produktionsstätten angesehen. Diese Ansicht „deckt sich mit der allgemeinen Verkehrsauffassung und steht im Einklang mit den wirtschaftlichen Gegebenheiten“[86].

Erdölfernleitungen sind somit Zubehör zu den an sie angeschlossenen Raffinerien. Die Zubehörsache braucht nicht im Eigentum des Eigentümers der Hauptsache zu stehen[87], was sich schon aus den §§ 926, 1120 BGB ergibt. In diesem Fall wird sie nicht von einer hypothekarischen Haftung der Hauptsache erfaßt.

c) Nach § 98 BGB

Der Nachweis der Zubehöreigenschaft von Erdölfernleitungen zu den angeschlossenen Raffinerien läßt sich auch aus § 98 BGB erbringen. Nach dieser Vorschrift sind bei Gebäuden, die für einen gewerblichen Betrieb dauernd eingerichtet sind, die zum Betrieb vorhandenen Maschinen und Gerätschaften dazu bestimmt, dem wirtschaftlichen Zweck der Hauptsache zu dienen. Eine Raffinerie ist eine Fabrikanlage und kann als Gebäude bezeichnet werden, das für einen gewerblichen Betrieb dauernd eingerichtet ist. Der Begriff der „Gerätschaften“ erfährt nach herrschender Lehre und Rechtsprechung eine extensive Auslegung und läßt es zu, auch eine EFL darunter zu fassen[88]. Sie dient auch dem „Betrieb“ einer Raffinerie. § 98 BGB soll lediglich der Erläuterung und Ver-

---

[85] RGZ 87, 43; 168, 288.

[86] BGHZ 37, 353 (357).

[87] Soergel-Siebert, § 97 Anm. 11; Staudinger-Coing, § 97 Anm. 6 a; RGZ 53, 350; RG in Seuff.Arch. 63 Nr. 1.

[88] JW 1915, 908, wo über eine elektrische Fernleitung gesagt ist, daß sie als Gerätschaft eines Elektrizitätswerkes zu gelten hat.

deutlichung des § 97 BGB dienen. Daher müssen über die oben angeführten Merkmale hinaus auch die übrigen Merkmale des § 97 BGB zutreffen[89].

5. Ergebnis

Eine Erdölfernleitung ist eine selbständige bewegliche Sache, die im Eigentum der betreffenden Fernleitungsgesellschaft zu stehen pflegt. Sie ist weder Bestandteil des Aufgabe- oder Zielgrundstücks, noch wird sie Bestandteil der fremden Grundstücke, in oder über denen sie verlegt ist.

Hingegen ist eine EFL Zubehör zu den an sie angeschlossenen Raffinerien, nicht aber zu dem Grundstück, von dem sie ausgeht, oder zu den Pumpstationsgrundstücken.

Ferner kann eine EFL nicht durch Bestellung eines Grundpfandrechtes auf dem Aufgabegrundstück zur Kreditsicherung herangezogen werden. Sie wird von einer hypothekarischen Haftung nach § 1120 BGB nicht erfaßt. Wegen ihrer technisch-betrieblichen Eigenart ist eine EFL eine rechtlich selbständige Sache, die nur durch Sicherungsübereignung zur Sicherung von Krediten dienen kann[90].

6. Rechtslage des „Unterwegsöls"

Ist die Anzahl der Bezieher und Verarbeiter des Fernleitungsgutes auch noch so beschränkt, so fragt sich, ob es möglich ist, jedem Abnehmer *sein* Öl anzuliefern, und wer Eigentümer des Unterwegsöls ist. Die Menge des letzteren kann bei langen Erdölfernleitungen eine halbe Million Tonnen durchaus erreichen und überschreiten[91]. Es ist dadurch praktisch nicht möglich, jedem Abnehmer sein Öl anzuliefern oder einer bestimmten Raffinerie den Inhalt „ihres Tankschiffes" zu übermitteln[92]. Durch Zwischenschaltung von Trennmolchen kann nur eine Mischung von verschiedenen Ölsorten vermieden werden. Da aber die Leitung

---

[89] Erman-Böhle-Stamschräder, § 98 Anm. 1.

[90] Die Deckungsstockfähigkeit von derart gesicherten Schuldverschreibungen ist vom Bundesaufsichtsamt für das Versicherungs- und Bausparwesen ausdrücklich anerkannt, vgl. Eiser-Riederer, I, S. 92. Eine Verpfändung nach §§ 1204 ff. BGB scheidet aus, da das FLU dem Gläubiger nicht den nach § 1205 BGB erforderlichen Besitz einräumen kann.

[91] Die gesamte Leitung der Rotterdam-Rhein-Pipeline hat ein Fassungsvermögen von 88 000 cbm, was einem Transportraum von drei bis vier Überseetankern entspricht.

[92] Bei der Nord-West-Oelleitung läuft der Betrieb so ab, daß jeweils nur eine der sieben angeschlossenen Raffinerien mit der für sie bestimmten Rohölprovenienz beliefert wird. Vgl. Uhde in Schweizer Archiv 1963, 120.

zum Fördern unter Druck stehen muß und eine verlorene Füllung braucht, wird das eingespeiste Öl Miteigentum aller Anschließer bzw. Abnehmer; maßgebend sind folglich die Vorschriften der §§ 947 ff. BGB. Diese Lösung ist auch den einzelnen Verträgen zwischen FLU und ihren Abnehmern zugrundegelegt.

Den Beförderungsvorgang wird man als beendet anzusehen haben, wenn der Empfänger den Gewahrsam über das angediente Gut ausüben kann[93].

Bei der Verpumpung aufeinanderfolgender Ölpartien bzw. verschiedener Produkte (sogen. batches) entstehen „Mischzonen", deren Längen abhängig sind von dem Durchmesser der Leitung, der Fließgeschwindigkeit und der Länge des Transportweges[94]. Die Mischzone läßt sich im voraus durch kontinuierliche Dichtemessungen bestimmen. Es empfiehlt sich, bei der Verpumpung bestimmter Produkte, vertraglich zu vereinbaren, daß die Empfänger je die Hälfte des „Mischgutes" erhalten.

Größere Mischzonen werden durch sogenannte Trennmolche verhindert. Das sind Hartgummibälle etwa im Durchmesser der Leitung, die durch sogenannte Molchschleusen in den Produktenstrom eingeführt werden.

---

[93] RGZ 114, 308 (313).

[94] Vgl. Stratmann in Erdöl und Kohle, Erdgas und Petrochemie 1965, 230.

C. Die Stellung der Erdölfernleitungen im Planungsrecht und in der Raumordnung

„Der Raum ist Grundlage des Lebens der Rechtsgemeinschaft; seine Gestaltung ist auch Aufgabe des Rechts. Was in ihm und an ihm gestaltend geschieht, muß auch und gerade für das Recht von Bedeutung sein, wenn dieses seine Aufgabe erfüllen will, aus grundlegenden Wertvorstellungen heraus eine richtige Ordnung zu schaffen[1]."

Grundstücke sind Teile des Raumes. Wo sie von intensiver Bebauung, reger industrieller Nutzung und von weitzielenden Verkehrseinrichtungen, insbesondere also von Erdölfernleitungen, beansprucht werden, ist es klar, daß ihre Herauslösung aus der nachbar-, bau-, wasser-, bergrechtlich geschaffenen, land- und forstwirtschaftlich begründeten, räumlichen Gemeinschaft untunlich ist und daß es gilt, die willkürlichen Eigentumsgrenzen zu überwinden, um in gegenseitiger Rücksichtnahme und Duldung den Raum nicht als Summe von Bodenflächen, sondern als organische Einheit und Gestaltungsaufgabe für das Leben unseres Volkes zu planen und zu formen. Dabei sind die Einflußgrößen so vielfältig wie die auf den Boden bezogenen Lebensäußerungen es überhaupt sind. „Die richtige Verteilung von Wald und Acker, von Stadt und Dorf, von Industrie- und Wohnzentren, die Aufschließung durch Wasser- und Landwege im Rahmen des größeren und kleineren Raums gehören dazu. Raumordnung ist die Tätigkeit der Staatsführung zur Ordnung des deutschen Lebensraumes[2]."

In der Vergangenheit wurde der Begriff der Raumordnung oft mißdeutet. Nicht die Landesplanung als objektive Tätigkeit der Raumgestaltung und die vorhandene oder angestrebte Raumgestalt wurde unter Raumordnung verstanden, sondern vielmehr politische Einflußnahme auf die Raumgestaltung. „Es dürfte ohne Zweifel eine Notwendigkeit sein, daß ein Staat sein Herrschaftsgebiet räumlich gut zu ordnen und zu gliedern versucht, wenn er die aus früheren Jahrhunderten überkommene und traditionell gewachsene — außerdem zum Teil naturbedingte — Verteilung der wirtschaftlichen Kräfte im Raum nicht als

---

[1] Westermann, Dokumentation, S. 3.

[2] Westermann, Sachenrecht, S. 304; und in Das Baurecht im Rechtssystem, S. 137.

unabänderlich ansehen will[3]." Verkehr und Anlagen der Energiewirtschaft, deren raumpolitische Aufgaben hervorragende Bedeutung haben, sind eine der Hauptfaktoren, welche die Struktur eines Gebietes beeinflussen können. Das ist auch vom Gesetzgeber erkannt. So heißt es in dem „Ersten Raumordnungsbericht" des Ministers für Wohnungswesen, Städtebau und Raumordnung vom 1. Oktober 1963[4]:

„Bedeutende Gestaltungsmöglichkeiten werden durch die Entwicklungen auf dem Energiesektor eröffnet. Rohöl- und Ferngasleitungen sind ein Beispiel für die Möglichkeit, gemeinsam mit anderen Erschließungsmaßnahmen bislang bestehende traditionelle Standortnachteile auszugleichen."

Nicht nur Dezentralisierung und Entballung, sondern Erschließung neuer Industriegebiete sind das Ziel. Leider ist mit wachsender Bedeutung der Fragen der Raum- und Strukturpolitik oft die falsche Vorstellung verbunden, unter Raumordnung und Strukturpolitik sei im wesentlichen die Industrieansiedlung zu verstehen. Richtmaß einer richtig verstandenen Raumordnung aber sollte sein, über Gemeinde-, Kreis- und sogar Ländergrenzen hinweg zu planen und möglichst weiträumige Lösungen anzustreben. Hinzu tritt die Möglichkeit, durch unterirdische Fernleitungen ungünstige Einflüsse, Beeinträchtigung der Sicherheit und unnötige Belästigungen von der Bevölkerung fernhalten zu können. Der Schutz des Menschen ist eng verknüpft mit dem Schutz von Raum und Boden. Die erheblichen Aufwendungen zur Luft- und Wasserreinhaltung und zur Lärmbekämpfung sind anschauliches Beispiel. Das landesplanerische Interesse muß dahingehen, nicht ökonomischen Nutzungen des Bodens entgegenzuwirken, was durch verständige Förderung des Fernleitungsbaues erreicht werden kann.

„Rohrleitungen setzen der Landesplanung Ziele und stellen ihr Aufgaben, die die nationale und kontinentale Raumordnung weitgehend berühren, ja sie erheben sie in den Rang einer besonderen Raumordnungspolitik"[5].

I. Planung und Einordnung von Erdölfernleitungen

Die geschichtliche Entwicklung des Planungs- und Baurechts hat die frühere liberalistische Vorstellung einer unbeschränkten Baufreiheit überwunden und an ihre Stelle den Bebauungsplan und Leitplan treten lassen, der seinerseits Begriffe wie Baugebiete, Baustufen, Grün- und Industriegelände, Außen-, Innen-, Wirtschafts-, Ausstrahlungs- und Randbezirke eingeführt hat.

---

[3] Linden und Weber, a.a.O., S. 32.

[4] 4. Wahlperiode, Drucksache IV/1492, S. 57.

[5] Guthsmuths, a.a.O., S. 23. Ähnlich Niemeier-Müller, a.a.O., S. 82.

Wesentlich für diese Ordnung des Raumes sind die naturgegebenen Zwecksetzungen, die auch für die zukünftige gesetzliche Gesamtregelung des Planungsrechts bestimmend sind. Auf einem vorwiegend bergbaulich genutzten Raum z. B. darf ein wirtschaftlich und nachhaltig betriebener Abbau nicht durch Überlastung bergbaufremder Art, durch Wohnungen, enge Industrialisierung, empfindliche Verkehrsanlagen usw., gehindert werden. Die Bebauungspläne als Instrument der Wirtschaftsentwicklung sollen auch für die Ökonomie des Planungsgebiets Grundlagen der optimalen Nutzung schaffen.

Für die Organisation und das Verfahren in den einzelnen Landesplanungsgesetzen kann das Landesplanungsgesetz vom 7. Mai 1962 für NRW[1] als Beispiel für andere Länder gelten, die noch keine gesetzlichen, sondern erst administrative Regelungen haben[2]. Es kennt Landesplanungsgemeinschaften (gebildet aus Stadt-, Landkreisen, Behörden, Verbänden, wissenschaftlichen und kulturellen Einrichtungen) und Landesplanungsbehörden. Raumordnungspläne werden in beiderseitigem Einvernehmen aufgrund von Planungsvorhaben der Interessenten aufgestellt und bekanntgemacht. Die Mitwirkung aller beteiligten Behörden, Gemeinden und Gemeindeverbände ist vorgeschrieben. Die Pläne können ganz oder teilweise für verbindlich erklärt werden. Für besonders gelagerte Gebiete, wie Braunkohlentagebau oder geschlossene Industrieräume, sind Sondergesetz oder Sonderbehörden (Siedlungsverbände) für die Planungsarbeit geschaffen. Im Planfeststellungsverfahren bedient sich die örtliche Behörde des Raumordnungsplanes als Unterlage. Bei Abweichungen besteht ein Widerspruchsrecht der Landesplanungsgemeinschaft. Unter bestimmten Voraussetzungen kann ein Flächensicherungsplan aufgestellt werden, der durch Rechtsverordnung für verbindlich erklärt werden kann.

Nordrhein-Westfalen kennt darüber hinaus als erstes Land der Bundesrepublik ein *Landesentwicklungsprogramm* vom 7. August 1964[3]. Darin ist z. B. vorgeschrieben, daß Rohrleitungen zum Transport von Öl oder sonstigen wassergefährdenden Stoffen so *geplant* werden sollen, daß sie die Wasserversorgung nicht gefährden. Es sind vier allgemeine und 17 besondere Planungsgrundsätze aufgestellt, die verbindliche Richtlinien für alle raumbedeutsamen Maßnahmen, Planungen und Entscheidungen der betreffenden Behörden sind. Ebenso sind sie bin-

---

[1] GVBl, S. 229.

[2] Landesplanungsgesetze gibt es bisher in Baden-Württemberg, Bayern, Hessen, Schleswig-Holstein und im Saarland. Beachtenswert ist das vorbereitete Landesplanungsgesetz von Rheinland-Pfalz. Darin sollen auch materielle Ziele der Raumordnung enthalten sein. Vgl. Halstenberg in ZfW 1964, 165.

[3] MBl von NRW, S. 1205; vgl. dazu in BlGBW 1965, 27 ff.

dende Grundlage für die Durchführung des Bund-Länder-Abkommens über Fragen der Raumordnung.

Im übrigen ist Raumordnung eine gesellschaftspolitische Zielsetzung und naturgemäß eine Angelegenheit der großen Linie und kann nicht in die Einzelheiten nachbarlicher Beziehungen eindringen, wenn auch die gegenseitige Rücksichtnahme ein wesentliches Merkmal ist.

Die Notwendigkeit einer Raumordnung auf überörtlicher Ebene bestreitet kaum noch jemand, jedoch wird man mit einem der besten Sachkenner von Raumordnungsfragen, Staatssekretär Professor Dr. Ernst, sagen müssen: „Es muß etwas geschehen, wir müssen aus dem Bereich der theoretichen Diskussion herauskommen zur praktischen Tat“[4]. Um so bedauerlicher war das Fehlen einer einheitlichen gesetzlichen Regelung. Eine räumliche Ordnung kann nur sinnvoll sein, wenn der gesamte Strukturbereich erfaßt wird. Die Vermeidung von Verdichtungszonen und Siedlungsformen heutiger Prägung, Ausgleich der Standortgunst peripherer Räume, Stärkung der Wettbewerbsfähigkeit verkehrsschwacher Gebiete, Gewährleistung der „Gleichheit“ vor dem Verkehr, dürften nur durch eine bundesgesetzliche Regelung zu erreichen sein. Ohne auf die verfassungsrechtlichen Probleme eingehen zu wollen, soll eine kurze Darstellung der derzeitigen Sach- und Rechtslage gegeben werden: Bereits 1955 lag dem Bundestag ein Initiativ-Gesetzentwurf eines Bundesraumordnungsgesetzes[5] vor, der aber von dem damals für Raumordnungsfragen zuständigen Innenminister als nicht vordringlich behandelt wurde und daher liegen blieb. 1957 wurde ein „Verwaltungsabkommen über die Zusammenarbeit auf dem Gebiet der Raumordnung“[6] geschlossen, welches nach einmaliger Verlängerung bis zum 15. Dezember 1965 gilt. Diese Regelung überrascht, da das Bundesverfassungsgericht in seinem „Rechtsgutachten über die Zuständigkeit des Bundes auf dem Gebiet des Bau- und Bodenrechts“ vom 14. Juni 1954[7] dem Bund die Kompetenz für gewisse Regelungen einer Bundesraumordnung zugesprochen hat. So heißt es u. a.:

„Raumordnung kann nicht an den Grenzen der Länder halt machen. Erkennt man Raumordnung als eine notwendige Aufgabe des modernen Staates an, dann ist der größte zu ordnende und zu gestaltende Raum das gesamte Staatsgebiet. Im Bundesstaat muß es also auch eine Raumplanung für den Gesamtstaat geben. Die Zuständigkeit zu ihrer gesetzlichen Regelung kommt

---

[4] Raumordnung aus der Sicht des Bundes, S. 67, in „Die Raumordnung drängt“.

[5] Bundestagsdrucksache II/1656. Die 1935 geschaffene „Reichsstelle für Raumordnung“ muß außer Betracht bleiben, da ihre Aufgabe in Wirklichkeit die Beschaffung von Land für die öffentliche Hand, insbesondere für militärische Zwecke, war.

[6] Bundesanzeiger Nr. 25 vom 6. 2. 1958.

[7] BVerfGE 3, 407 ff.; vgl. dazu Bullinger, a.a.O., S. 78.

der Natur der Sache dem Bund als eine ausschließliche und volle Kompetenz zu."

Dank der dem Bund verfassungsmäßig zustehenden Kompetenz hat dieser nicht nur ein unabdingbares Recht, sondern eine ebensolche Pflicht, von sich aus die Ziele einer bundeseinheitlichen Raumordnung zu kodifizieren. In dem „Ersten Raumordnungsbericht" vom 1. Oktober 1963 hat sich die Bundesregierung unmißverständlich für ein Bundesraumordnungsgesetz ausgesprochen, da

„so grundlegende Entscheidungen, wie sie bei der Festlegung der materiellen Grundsätze der Raumordnung zu treffen sind, ihres politischen Ranges wegen in die Hand des nach Artikel 75 Nr. 4 GG dafür zuständigen Bundesgesetzgebers gelegt werden sollten[8]."

Der Bundestag hat das Raumordnungsgesetz am 12. Februar 1965 fast einstimmig beschlossen. Der Bundesrat hat ihm am 5. März 1965 gegen die Stimme Bayerns[9] und bei Stimmenthaltung Hessens zugestimmt, so daß das Gesetz inzwischen verkündet werden konnte[10].

Ein weiteres Merkmal der Planung und Raumordnung ist die Synthese zwischen der freizügigen Gestaltung und der Bindung des Bauens an das Gesamtbild. Die für Raumordnungsfragen zuständigen Landesbehörden dürfen nicht nur an die Belange ihrer Hoheitsgebiete denken, sondern müssen aus der Sicht der überörtlichen Planung die Interessen des ganzen Bundes berücksichtigen[11].

Schöpferische industrielle Kräfte werden nur von solchen Unternehmen und Persönlichkeiten entwickelt, denen ein genügender Spielraum für die Ausführung des eigenen technischen Gedankens bleibt. Raumordnungsfragen scheinen in Widerspruch zu einer freien Wirtschaftspolitik zu geraten, führen sie doch leicht zu staatlichen Eingriffen und schränken die unternehmerische Bewegungsfreiheit ein. Betrachtet man aber die Wirtschaft als Glied des sozialen Ganzen, müssen raumordnerische Pläne keineswegs den wirtschaftlichen Interessen zuwiderlaufen.

Zusammenhängende industrielle Räume sind in Würdigung dieser Momente in Entwicklungszone und Sättigungszone geschieden worden. Für jede Zone sind Wege und Ziele der Planung verschieden. Insgesamt aber leistet die eine der anderen Hilfe und Förderung.

---

[8] 4. Wahlperiode, Drucksache IV/1492, S. 53.

[9] Von Bayern sind Bedenken gegen das Gesetz erhoben worden, weil der Bund sich nicht an seine Rahmenkompetenz gehalten habe. Vgl. Die Welt vom 9. 3. 1965 und Industriekurier vom 20. 3. 1965. Zu den Kompetenzfragen im einzelnen: vgl. Nouvortne, a.a.O., S. 57.

[10] BGBl I, S. 306.

[11] In § 1 Abs. 3 des Bundesbaugesetzes wird Raumordnung daher auch als Nationalplanung gedeutet.

Früher hatte der Leitungstransport in der Bundesrepublik einen weitaus geringeren Anteil an der Raumordnung als die herkömmlichen Verkehrsträger. Rohrleitungen wurden überhaupt nicht als Bestandteil einer vorweggenommenen Verkehrsplanung betrachtet. Das hat sich jedoch in jüngster Zeit geändert, und die Zukunft wird weitere Wirkungen erkennen lassen. Der zur Zeit vorgehende Umschichtungsprozeß in der Struktur des Energieverbrauchs wird mit dem Ausbau des Fernleitungsnetzes auch die raumordnerischen Wirkungen des Fernleitungstransportes vergrößern. Inwieweit eine Notwendigkeit besteht, die Erdölfernleitungen in eine staatliche und gesetzliche Verkehrspolitik einzubeziehen, ist sehr umstritten und mag hier dahingestellt bleiben. Befürworter eines Fernleitungsgesetzes[12] fordern, daß dem Bund die konkurierende Gesetzgebung zustehen müsse. Ein dazu erforderlicher Schritt der Grundgesetzänderung müsse bald getan werden, „wenn der Gesetzgeber nicht von der stürmischen Entwicklung überrannt werden will"[13].

Die Einordnung geplanter Erdölfernleitungen in einen so verstandenen Rahmen ist dadurch erleichtert, daß es sich bei ihnen um einen unsichtbaren und geräuschlosen Verkehrsträger handelt, der im Gegensatz zu Eisenbahn und Straße diese Eigenschaften auch bei einer noch so großen Steigerung seiner Transportleistung beibehält. Der Fernleitungsbetrieb spielt sich fast ausschließlich unter Flur ab. „Die Erdoberfläche nebst dem Raum darüber und *darunter* zu einer zweckmäßig abgestimmten und mehr oder weniger genau vorausdisponierten Nutzung zu bringen"[14], gehört zum Aufgabenbereich des Landesplaners. Die an den Aufgabe- und Zielstationen erforderlichen Bauten wie Landebrücken, Tanklager, Pumpwerke, Schaltwarten und Sicherheitseinrichtungen sind landschaftsgerecht gestaltbar und entbehren sogar nicht einer gewissen technischen Schönheit[15].

Insoweit bietet also die Planung und Linienführung von Erdölfernleitungen keine unlösbare Aufgabe. Von größerer Bedeutung sind ihre folgenden Wesensbedingtheiten:

---

[12] Bullinger, a.a.O., S. 85; Soell in BB 1960, 609. Als Vorbild mag die Regelung in Frankreich gedient haben. Dort sind Aufstellung von Entwicklungs-Struktur- und Raumordnungsplänen mit dem Verfahren der Prüfung und Genehmigung von geplanten Fernleitungen gekoppelt; vgl. bei Westermann, Dokumentation.

[13] Soell in BB 1960, 609.

[14] Dittus in BlGBW 1958, 258.

[15] So wurde bei der Planung der Raffinerie in Neustadt/Donau auf eine störungsfreie Einfügung in das Landschaftsbild geachtet. Der Baumbestand wurde geschont, der Anstrich der Anlagen besonders ausgewählt; vgl. Liesen in Erdöl und Kohle, Erdgas, Petrochemie 1965, 184.

1. die Erdbedeckung über ihnen soll in angemessener Breite tunlichst unbebaut und unbedeckt von Sichthindernissen (Wald) sein,
2. die Möglichkeit von Ölversickerungen empfiehlt eine Linienführung abseits von besonders empfindlichen Objekten, insbesondere von Wassergewinnungsanlagen,
3. die Möglichkeit von bergbaulichen Einwirkungen eine solche abseits von Gebieten intensiven Bergbaues.

Die auf den ersten Blick erhebliche Bedeutung dieser Erschwernisse schrumpft durch Mittel der technischen Anpassung und Überwachung des Erdölfernleitungsbetriebes zusammen[16]. Deshalb läßt sich im Ganzen sagen, daß die raumordnende Großplanung von Staat und Gemeinden nur durch geringe Rücksichten auf Vorhaben der Erdölfernleitungsgesellschaften eingeengt sein wird und ihnen gegenüber mit einem Mindestmaß an Auflagen auskommen dürfte.

II. Planung von Raffinerien als bestimmend für die Linienführung von Erdölfernleitungen

Untrennbar von der Projektierung des Erdölfernleitungstransportes und sich gegenseitig bestimmend ist in der großräumigen Ordnung die Planung der Lage und Größe der Raffinerien. Sie sind die Zielstationen der Erdölfernleitungen und ihrer Abzweige. Die Raumplanung beschäftigen sie nicht nur als industrielle, mit Siedlungs-, Sozial-, Straßen- und Verkehrsmittelbedarf verbundene Anlagen, als bergbaulich empfindlicher Tagesgegenstand und als gemeindlicher Steuerzahler, sondern sie bewirken darüber hinaus eine langfristige Strukturveränderung der Gesamtwirtschaft, auf die im Rahmen dieser Arbeit nicht im einzelnen eingegangen werden kann. Für den Energieträger Erdöl eröffnen sich

---

[16] Die technischen Sicherungsmaßnahmen gegen Ölaustritt bestehen bei den Erdölfernleitungen in der Verwendung korrosionsbeständiger, gut schweißbarer Stähle, der Asphaltierung oder Tränkung von Umwicklungen usw. Die in Betrieb stehenden Erdölfernleitungen werden durch Luftbeobachtung mit einem Hubschrauber überwacht, um Ölflecken erkennen zu können. Sie haben selbsttätige Druckverlustanzeiger und werden regelmäßig begangen, genau wie eine Bahnanlage oder Starkstromfreileitung (Ölwehr). In gleichen Abständen liegen an der Bodenoberfläche über der Leitungsachse Marksteine. Ihr Auswandern nach Höhe, Tiefe, Länge und Seite wird durch Nivellement überwacht und ist besonders in Bergschadensgebieten, wo die Marksteine entsprechend dicht bis zu Abständen von 20 bis 30 m verlegt sind, das hauptsächliche Mittel, Spannungszustände der Fernleitung frühzeitig zu erkennen und zu beseitigen. Vgl. Uhde, in Schweizer Archiv 1963, 119 ff. Zu den besonderen geplanten Sicherungsmaßnahmen bei der parallel zum Bodensee verlaufenden ENI Pipeline vgl. das am 12. 8. 1964 in Lindau veröffentlichte Gutachten einer internationalen Expertenkommission über die Gefährdung des Bodensees. Vgl. dazu Engert in DVBl 1965, 6 und Gnüg in DVBl 1965, 150.

möglicherweise auch weitere Verwendungsarten, man denke nur an ein Kraftwerk auf Erdölbasis im Zuge einer neu zu ordnenden Verbundwirtschaft. Auch wird die Verwendung von Erdöl als Energieträger für Erzreduktion und Petrochemie an Bedeutung gewinnen. Die neuen Energieträger können, raumwirtschaftlich gesehen, eine ähnliche Wirkung wie Bodenschätze haben. Daraus ist ersichtlich, „welche Bedeutung der Raumerschließung durch Rohrleitungen für neue technisch-ökonomische Verfahren und für den Energieverbrauch in der Zukunft beizumessen ist“[1].

Da die Zuführung von Erdöl durch Pipelines praktisch an jeden Produktions- und Konsumort möglich ist, ergeben sich beachtliche raumordnerische Momente. So kann eine siedlungs- und bevölkerungspolitisch zweckvolle Dezentralisierung der Industriestandorte und Wohngebiete durch eine bestimmte Trassenführung erreicht werden. Neben dem Ziel der Entballung ist Aufgabe der Raumordnung die industrielle Erschließung von Gebieten, die bisher nicht an der wirtschaftlichen Entwicklung teilgenommen haben. Pipelines und Raffinerien können Voraussetzungen einer kostengünstigen Energieversorgung bilden, was die Möglichkeit für die Entwicklung neuer Industrien und Folgeindustrien schafft. Wichtig dabei ist die Tatsache, daß die Raffinerien als kapitalintensive Unternehmen mit einem Minimum an Arbeitskräften auskommen. Umso stärker jedoch wird die Nachfrage nach Arbeitskräften in der sich zwangsläufig anschließenden Folgeindustrie sein.

Die jüngste Entwicklung in Bayern und Schleswig-Holstein bietet ein anschauliches Beispiel, daß der Bau von Raffinerien ein potentielles Zentrum eines sich neubildenden Industriegebietes ist und zu einem energiewirtschaftlichen Strukturwandel führt. Der bayerische, wie der gesamte nördliche Raum werden von dem Alpdruck der „Revierferne“ und des „Diktats der Ruhr“ befreit. Der traditionelle Standortnachteil, verursacht durch die Abhängigkeit von der frachtungünstigen Kohlezufuhr als Energiegrundlage, wird weitgehend aufgehoben. Der Strukturwandel wirkt sich nicht nur im preisgünstigen Angebot von Mineralölprodukten aus, er ist auch für die Gas- und Elektrizitätswirtschaft von großer Bedeutung. Das Öl ist schon heute in jenen Gebieten ein ernsthafter Wettbewerber in der Rohenergieversorgung der Elektrizitätswirtschaft.

Aufgabe der Raumordnung sollte nicht nur sein, wie in dem uns zugewiesenen Raum immer mehr Menschen, Siedlungen, Arbeits- und Produktionsstätten Platz finden, sondern sie so unterzubringen, daß gegenseitige Störungen und Belästigungen auf ein Mindestmaß gemindert werden. Die Anstrengungen, genügend freien Raum zu lassen, in

---

[1] Guthmuths, a.a.O., S. 23.

welchem sich die Menschen vom Zwang des Massendaseins erholen und zu sich selber finden können, sind unverkennbar. Als Ziel neben diesen Aufgaben wird man die Koordination aller technischer und wirtschaftlicher Ziele in der Weise ansehen können, daß sie in dem zur Verfügung stehenden Raum ohne Gefährdung verwirklicht werden können.

Eine sorgfältige Standortwahl ist ein Weg zur Rationalisierung, welcher im gemeinsamen Markt der EWG für alle Unternehmen in zunehmendem Maße von Bedeutung sein wird.

Die Zielstation einer EFL läßt sich nach Konsum- und Arbeitskräftepotential ausrichten. Noch ist für unsere Verhältnisse nicht entschieden, ob als „nodal points" (Knotenpunkte) wie in den USA für die Errichtung von Raffinerien Konsum- oder Transportzentren besser geeignet sind[2]. So wurden in England, Frankreich und Italien die Raffinerien weitgehend rund um die Küste angelegt; sie umfassen daher auch einen relativ kleinen Versorgungsbereich. Im geographisch ungünstiger gelegenen Westdeutschland wandern die Raffinerien von den Hafenplätzen zu den Verbrauchszentren im Binnenland.

Die Mineralöl verarbeitende Industrie wird in ihrer Standortwahl freier und beweglicher, denn Fernleitungen können ihr sehr wirtschaftlich Erdöl in einem breiten Landbereich längs ihrer Trasse anbieten. Sie kann somit, ohne Erdölbeschaffungsmöglichkeiten besonders zu berücksichtigen, mit ihren Raffinerien und Produktionsstätten je nach Wunsch näher an günstige Großverbrauchszentren oder Plätze mit günstigen Möglichkeiten für die Beschaffung von geeigneten Arbeitskräften heranrücken[3]. Diese Vorteile der wirtschaftlich günstigsten Produktionsvoraussetzungen frei von Standortsorgen sind mit der Grund dafür, daß Erdöl über Staatsgrenzen hinweg durch Fernleitungen transportiert wird. Der Bau von Raffinerien in industriellen Ballungsgebieten folgt ökonomischen Gesetzen. Die ökonomisch richtigen Standorte für den Verbrauch eines Massengutes wie Rohöl sind Orte mit möglichst geringen Transportkosten. Das sind Orte, an denen die Zufuhrkosten für das Rohöl und die Abfuhrkosten für die Fertigprodukte einem Minimum zustreben. Diesen rein wirtschaftlichen Gesetzen sind Anlage und Bau von Raffinerien durch ihre Standorte nahe an Verbrauchsplätzen gefolgt.

---

[2] Mit diesem Problem haben sich Streicher, a.a.O., und Rupprecht, a.a.O., auseinandergesetzt. Vgl. auch Stratmann in Erdöl und Kohle, Erdgas, Petrochemie 1965, 226 ff. und Liesen daselbst, S. 181 ff.

[3] Vgl. Winkhaus „Neue Transportwege in der europäischen Energieverteilung", Vortrag vor dem Deutschen Nationalen Komitee der Weltkraftkonferenz 1960, in „Brennstoff—Wärme—Kraft" 12 (1960) Nr. 6 vom Juni 1960.

Es ist weniger die Aufgabe der Raumordnung als der Wirtschaftspolitik, Bedarfsüberschreitungen und Zusammendrängung von Erdölfernleitungen und Raffinerien zu vermeiden, sondern sie als Schlagadern der Energiewirtschaft unter Ausnutzung der spezifischen Vorteile des Fernleitungstransportes über den Gesamtraum zu verteilen[4].

In jedem Falle spielt die Rücksichtnahme auf den Bergbau und seine ausgedehnten Hilfsindustrien eine besondere Rolle. Sie sind ortsgebunden und können nicht ausweichen. Überblickt man die Rechtsprechung zu § 150 Abs. 1 ABG, also zur Versagung des Bergschadenanspruches als Mittel der Entlastung von einer zu engmaschigen Bebauung und Industrialisierung, so ergibt sich eine fast völlige Entwertung dieser bergrechtlichen Bestimmung. Der Schutz der „untertägigen Industrie" ist derart eingeengt worden, daß volkswirtschaftlich ungünstige Auswirkungen dieses Zustandes nicht ausbleiben können. Wird z. B. eine Raffinerie mit ausgedehnten Leitungs-, Tank- und Verarbeitungsanlagen — obwohl gerade sie zu den „beweglichen" Industrien zählt — auf ein wertvolles Bergwerksfeld gesetzt[5], so müssen unter Tage Sicherheitspfeiler vom Abbau ausgespart, Hohlräume sorgfältig verfüllt und zeitliche und örtliche Harmonisierungen der Ausgewinnung getroffen werden, welche beim Zusamenwirken mit anderen Abbauhindernissen wie etwa Verkehrsanlagen, Kanälen, Schleusen, Flüssen, Flußmündungen, die bergbaubedingt oder naturgegeben bereits vorhanden sind, die bergbauliche Substanz so herabsetzen können, daß eine moderne Bergwerksanlage sich kapitalmäßig nicht mehr lohnt. Zuzugeben ist dabei, daß eine falsche Rücksichtnahme auf drohende Bodenbewegungen angesichts der weiten Erstreckung bergbaulicher Gebiete und der wachsenden Einwirkungsbereiche eines tiefen Bergbaus leicht zu einer Unterbindung der Bautätigkeit oder zu einer völligen Aufhebung der Schadenersatzpflicht für Bergschäden hätte führen können. Das dürfte weder das Ergebnis der Raumplanung noch der Rechtsprechung sein.

Gerade für die Raffinerien, die Zielstationen der Erdölfernleitungen, gilt es, zu einer gerechten Abwägung der Standortfragen zu kommen und dabei auch dem Wandern des Bergbaus Rechnung zu tragen, der nach Erschöpfung eines „Abbaustreifens" im überschlagenden Einsatz von großen Betriebsstätten und großen Belegschaften zur Sicherung

---

[4] Nach dem „Gutachten über Mineralölfernleitungen" (S. 20 ff.) sind Erdölfernleitungen die billigsten Transportmittel für Massengüter. Ihre Tonnenkilometerkosten sollen im Mittel bei 0,005 DM liegen, womit sie um ein Mehrfaches geringer als die Vollkosten von Eisenbahn und Binnenschiffahrt sind. Vgl. auch S. 157 in „Untersuchungen über die langfristigen energiewirtschaftlichen Aussichten der Europäischen Gemeinschaft", Luxemburg 1964. Die Transportkosten durch eine EFL werden für 1970 auf 0,2 bis 0,3 Dollar je Tonne auf 100 km geschätzt!

[5] Dieser Vorwurf trifft die BP Ruhrraffinerie in Dinslaken.

seiner Nachhaltigkeit und Produktivität den nächsten Abbaustreifen in Angriff nehmen muß. In der Rechtsprechung hat sich bisher der Begriff der Ortsüblichkeit, wie er in § 906 BGB für vergleichbare industrielle Schäden besteht, für Bergschäden nicht eingeführt. Der Raumordnung, Landesplanung und Rechtsprechung ist damit eine Aufgabe gestellt. Die im Bergbau und seinen Zulieferindustrien tätigen großen Bevölkerungsanteile bringen für weite Gebiete Arbeit, Handel und Wandel sowie Wertsteigerungen des Grundbesitzes. Dies durch Fernhaltung der beweglichen, freizügigen Industrien und der Masse der geringfügigen Bergschadenforderungen aus der bergbaulichen Sphäre — durch Selbsthilfe kann letzteren vielfach vorgebeugt und abgeholfen werden — zu „vergelten", ist diese Aufgabe.

Der Bergschaden ist legale Folge und Auswirkung des Gewinnungsrechts, also des Bergwerkseigentums. Ein allgemeiner Verzicht oder Teilverzicht auf Bergschadenersatz steht für Raffinerien und Erdölfernleitungen besonders im Vordergrund[6]. Je geringer die Anfälligkeit und Geltendmachung, um so niedrigere Baulandpreise und Planungserschwernisse, um so weniger Grundstückshortung und Widerspruchsneigung seitens der Bergbautreibenden, um so sozial und ethisch verständlicher endlich der Ausgleich von Beeinträchtigung und Wertsteigerung des Grundeigentums durch die Grundindustrie in großen Bergbauräumen.

Soweit kein Bergbau umgeht und keine Wassergewinnungsanlagen bestehen, sind Linienführung einer EFL und Standortwahl einer Raffinerie keinen Beschränkungen unterworfen.

Dem Landesplaner ist durch Erdölfernleitungen die Möglichkeit eingeräumt, die wirtschaftliche und verkehrspolitische Ordnung vielseitig zu beeinflussen. „Somit werden Rohrleitungen zu tragenden Faktoren der Raumordnungspolitik"[7], ja sie vermögen, eine eigene Raumordnungspolitik herbeizuführen.

---

[6] Vgl. S. 62.

[7] Guthsmuths, a.a.O., S. 23.

D. Die Entwicklung des Rechts der Erdölfernleitungen

I. Administrative Maßnahmen

Bei einem jährlichen Rohöltransportaufkommen entfielen auf Erdölfernleitungen[1] (alles in Millionen Tonnen)[2]:

Jahr	Menge	Erdölfernleitung
1958	17,2	1,5
1959	30,1	7,6
1960	40,7	13,3
1961	47,8	18,2
1962	53,4	21,4
1963	—	27,5 a)
1964	—	39 b) (das sind 73 % des importierten Rohöls)

a) Handelsblatt vom 9. 7. 1964.

b) Industriekurier vom 4. 5. 1965, S. 5.

John[3] schätzt an Hand von Daten aus Energiegutachten und unter Auswertung der bisher bekannten Planungen über die künftige Raffinerie- und Pipelinekapazität das Mineralöltransportvolumen der Binnenverkehrsträger für 1975 auf 70 Millionen Tonnen. Von diesen sollen auf die Binnenschiffahrt 3, die Eisenbahn 4 und die Pipelines 63 Millionen Tonnen entfallen. Der Anteil des Straßenverkehrs wird nicht genannt.

Überblickt man angesichts dieser Tatsache die im Vorangegangenen aufgezeigten rechtlichen und verwaltungsmäßigen Fragen, so scheint eine Fülle von neuen Dingen vor uns zu stehen. Und doch beweist die schnelle und reibungslose Einführung des neuen Transport- und Verkehrsträgers, daß dies nicht der Fall ist bzw. daß sich Wege zu befriedigenden Lösungen, wenn auch zunächst vorläufiger Art, angebahnt haben.

[1] Ende 1964 gab es in der Bundesrepublik 1100 km Erdölfernleitungen, vgl. S. 13.

[2] Forstmeier in JAV 1964, 130 und Börsen -und Wirtschaftshandbuch 1965, Frankfurt a. M. 1965.

[3] a.a.O., S. 30.

Es gibt m. E. zwei hauptsächliche Gründe für diesen Erfolg. Die Fernleitungsgesellschaften haben in großzügiger Weise ihre Anpassungspflicht an bestehende Rechte von Grundeigentum, Siedlung, Landesplanung, Raumordnung, öffentlichen Unternehmen, Bergbau u. a. m. bejaht und nicht gezögert, dies in privaten Verträgen festzulegen. Diese Bereitwilligkeit hat dazu beigetragen, die Stellung der Erdölfernleitungen trotz ihres überwiegend kommerziellen Charakters innerhalb des „Wohls der Allgemeinheit" zu festigen, was ihnen in der öffentlichen Meinung und im Rahmen des Grundgesetzes (Art. 14 GG) als Voraussetzung von Bewegungsfreiheit, Eigenständigkeit und Enteignungsbefugnis zugute gekommen ist.

Aber noch ein anderes vorsorgliches Entgegenkommen der Fernleitungsgesellschaften der deutschen Mineralölwirtschaft weist und wirkt in diese Richtung, nämlich ihr freiwilliger Verzicht auf Erringung wirtschaftlicher Machtstellung und auf Absprachen zur Wettbewerbsbeschränkung, wie sie in § 1 GWB und Art. 85/86 des EWG-Vertrages behandelt sind. Auf der Grundlage dieser gemeinwirtschaftlichen Einstellung wird ein an der Fernleitungsgesellschaft nicht beteiligter Erdölverarbeiter die Rechte eines Gesellschafters und den damit verbundenen Verfrachtungsanspruch für sein Erdöl von und nach einem von ihm zu bestimmenden Übergabeplatz erwerben können. Er zahlt dafür keine höhere Fracht als der Gesellschafter mit größerem Anteil. Kapitaldienst und Unternehmergewinn je gefahrenen Tonnenkilometer werden jedem Verfrachter als Zuschlag zu den Eigenkosten berechnet oder vergütet. Die Eigenkosten sollen zur Zeit bei einem mittleren Satz von unter DM 0,05 je Tonnenkilometer liegen[4]. Für den überhaupt nicht am Gesellschaftskapital beteiligten freien Transportvertragspartner müßten die Tarife so bemessen sein, daß sie dem Nichteinzahlen einer Kapitalbeteiligung entsprächen. Diese nur durch die Leistungskraft der Fernleitung eingeschränkte Regelung bringt das Bedürfnis nach staatlicher Tarifaufsicht zum Wegfall und verringert auch in anderer Weise die Notwendigkeit staatlicher Mitverwaltung bei den behandelten Fragen.

Auf die volkswirtschaftlich interessante Frage, ob die wirtschaftliche Integration Westeuropas eine gemeinsame Verkehrspolitik — unter Einbeziehung des Rohrleitungstransportes — erforderlich macht, kann hier nicht eingegangen werden. Erwähnt sei aber Artikel 3/e der Grundsätze und Artikel 74 der Verkehrsbestimmungen des EWG-Vertrages, wonach die Mitgliedstaaten zu einer „gemeinsamen Verkehrspolitik" verpflichtet sind. Damit ist die Frage aufgeworfen, ob der Rohrleitungsverkehr unter das Recht des Verkehrs zu fassen ist. Da es sich unstreitig um einen Beförderungsvorgang handelt — mag das Beförderungsmittel

---

[4] Vgl. „Gutachten über Mineralölfernleitungen", S. 20 f.

auch nicht jedermann zugänglich sein — spricht viel für die Einbeziehung des Rohrleitungstransports in das Verkehrsrecht.

II. Gesetzgeberische Aufgaben auf dem Gebiete der Erdölfernleitungen

In dieser Arbeit bedurfte es der Bezugnahme auf ein vielschichtiges und umfangreiches Material, welches in zahlreichen Rechtsgebieten und Sonderrechtsgebieten — Verfassungs-, Verwaltungs-, bürgerliches, Verkehrs-, Energie-, Wasser-, Berg-, Boden-, Planungsrecht u. a. m. — verstreut ist. Es liegt nahe, eine Zusammenfassung und Aufgliederung dieses Stoffes für den besonderen Zweck des leitungsgebundenen Energietransportes zu empfehlen.

Der mit Sondergesetzen verbundene Nachteil eines ständigen Bedürfnisses auf Nachprüfung und Neufassung tritt angesichts der in- und ausländischen Erfahrungen mit Versorgungsleitungen — davon sind allein 500 000 km Erdölfernleitungen — in den Hintergrund. Sie sind heute ein bewährtes, technisch vollkommenes Beförderungsmittel für Massengüter innerhalb großer industrieller Planungsräume. Sie entlasten das Publikum von den Gefahren der Schiene, des Wasserwegs und der Straße, von unproduktiven Leer- und Rückfrachten, von Staub, Gasen und Lärm, von zusätzlich gebundenen Arbeitskräften, Bereitschaftsdiensten, Niveaukreuzungen und ähnlichem. Sie geben neue Arbeit durch Abfuhr und Verteilung der mit ihrer Hilfe hergestellten Erzeugnisse.

Vor einem, die Gesamtmaterie regelnden Bundesgesetz bedarf es erst einer rechtssystematischen Klärung der vielfältigen Fragen[1]. Die zur Diskussion stehenden Probleme sind noch nicht reif zur Entscheidung. Eine spezialgesetzliche Regelung für den Rohrleitungstransport scheint m. E. daher verfrüht[2].

---

[1] Ein schwieriges Problem bietet vor allem die Frage, ob dem Bund die Gesetzgebungskompetenz zusteht.

[2] Anderer Ansicht sind Niemeier-Müller, a.a.O., S. 81, welche eine spezialgesetzliche Regelung auf Bundesebene befürworten.

E. Anhang

I. Für die Bundesrepublik Deutschland wichtige Rohrleitungs-Systeme

1. Erdölfernleitungen

a) In Betrieb

aa) Nord-West-Oelleitung (NWO)[1]

An der Nord-West-Oelleitungs-GmbH mit einem Gesellschaftskapital von 65 Mill. DM sind folgende Unternehmungen beteiligt:

Esso AG	47,2 %
BP-AG	26,3 %
Purfina AG	8,3 %
Ruhrchemie AG	3,7 %
Scholven-Chemie AG	7,7 %
Union-Rheinische-Braunkohlen-Kraftstoff AG	6,8 %

Wichtige Daten:

Inbetriebnahme	Februar 1959
Streckenführung	Wilhelmshaven-Köln/Wesseling
Streckenlänge	390 km
Rohrdurchmesser	71 cm = 28″
Maximale Jahreskapazität	22 Mill. t
Investitionskosten	300 Mill. DM

Angeschlossene Raffinerien:

Emslandraffinerie Lingen
BP Dinslaken
ESSO Köln
Fina Duisburg
Ruhrchemie Oberhausen
Scholven Gelsenkirchen
Union Kraftstoff Wesseling

1964 wurde mit 16,2 Mill. t das bisher höchste jährliche Umschlagsergebnis erzielt. Bis Ende April 1965 wurden durch die NWO 80 Mill. t

---

[1] Seidenfus, Energie und Verkehr, S. 146, 147; Mitteilungsblatt der NWO-GmbH., Wilhelmshaven; Uhde in Schweizer Archiv 1963, 114; Sobek, a.a.O., S. 69.

Rohöl befördert[2]. Während des strengen Winters 1962/63 wurde auch leichtes Heizöl durch die NWO verpumpt.

Der Hafen von Wilhelmshafen wird derzeit ausgebaut, um auch die Einfahrt von Tankern bis 100 000 t (bisher 70 000 t) zu ermöglichen[3].

Die NWO fungiert als reines Transportunternehmen, da das von den Tankern angelieferte Öl Eigentum der jeweiligen Gesellschaften bleibt. Die NWO arbeitet seit 1962 mit erheblichen Gewinnen, nachdem vorher beträchtliche Verluste entstanden waren.

bb) Rotterdam-Rhein-Pipeline (RRP)[4]

Das Gesellschaftskapital der N. V. Rotterdam-Rijnpijpleiding Maatschappij in Höhe von 35 Mill. hfl wird von folgenden Gesellschaften getragen:

Shell/NV de Bataafsche Petroleum Mj, Den Haag	40 %
Gelsenkirchen + Mobiloil Handels- und Transport GmbH, Hamburg	40 %
California Texas Oil Corporation, New York	20 %

Wichtige Daten:

Inbetriebnahme	Juni 1960
Streckenführung	Rotterdam-Pernis, Mordijk, Venlo, Wesel, Wesseling
Streckenlänge	Rotterdam-Wesel 200 km Rotterdam-Wesseling 258 km Wesseling-Kelsterbach 156 km
Rohrdurchmesser	60 cm Wesel-Gelsenkirchen: 40 cm
Maximale Jahreskapazität	20 Mill t (Durchsatz 1964: 9,6 Mill t)
Investitionskosten	135 Mill hfl
Pumpstationen	Pernis/Rotterdam, Dongen, Rotterdam-Pernis, Mordijk, Venlo, Beck en Donk und Venlo
Fließgeschwindigkeit	etwa 2,6 m/sec = 9,5 km/h

Angeschlossene Raffinerien:

Shell, Godorf/Köln

Gelsenberg Benzin AG, Gelsenkirchen

Caltex, Kelsterbach/Raunheim

---

[2] Industriekurier vom 4. 5. 1965 S. 5. Interessant ist die Tatsache, daß seit 1964 auch inländisches Öl durch die NWO verpumpt wird. In Brögbern bei Lingen ist eine Tank- und Einspeisstation 1964 in Betrieb genommen worden. Das Emslandöl muß vor der Vermischung mit den ausländischen Ölen wegen seiner Zähflüssigkeit erhitzt werden. Die Vermischung ist durch den Wegfall der Importzölle für ausländisches Rohöl seit dem 1. Januar 1964 ermöglicht worden.

[3] Rohre, Rohrleitungsbau, Rohrleitungstransport 1965, 137.

[4] Druckschrift der N. V. Rotterdam-Rhijn-Pijpleiding Mj., Den Haag; Sobek a.a.O., S. 72; Rohre, Rohrleitungsbau, Rohrleitungstransport 1965, 137/38.

Die RRP wurde von Wesseling um 150 km nach Kelsterbach bei Frankfurt/M. verlängert, wo sie die Caltex Raffinerie mit Rohöl versorgt.

Interessant ist, daß durch die RRP während des strengen Winters im Jahr 1962/63 auch Heizöl verpumpt worden ist.

Da die Kapazitätsgrenze der RRP erreicht ist, werden derzeit Überlegungen für den Bau einer zweiten parallelgeführten Rohrleitung angestellt. Die Durchsatzkapizität der Shellraffinerie in Godorf soll auf acht Mill. t erhöht werden. Zunächst werden deshalb auf deutschem Boden zwei weitere Pumpstationen gebaut werden (bei Grevenbroich und Wesseling).

cc) Süd-Europäische-Pipeline (SEPL)[5]

Das Gesellschaftskapital der Société du Pipe-Line Sud-Européen in Höhe von 60 Mill. NF wird von 16 internationalen Erdölgesellschaften gehalten, worunter die Standard Oil Company mit 28 % den größten Anteil hat.

Wichtige Daten:

Inbetriebnahme	**April 1963 nach einer Bauzeit von 15 Monaten**
Streckenführung	**Lavéra/Marseille-Avignon-Besancon-Strassburg-Karlsruhe-Mannheim**
Streckenlänge	**782 km**
Rohrdurchmesser	**85 cm, Abzweigleitungen nach Mannheim und Speyer: 40 cm**
Maximale Jahreskapazität	**ca. 30 Mill t**
Investitionskosten	**500 Mill DM**
Transportzeitdauer Lavéra-Karlsruhe	**vier Tage**

Angeschlossene Raffinerien in Deutschland:

Wintershall/Marathon Mannheim
Esso Karlsruhe
DEA/Scholven Karlsruhe
Mobil-Oil/Gelsenberg Wörth
und indirekt die an die RDO angeschlossenen Raffinerien

Mit 29 Tanks, einer Lagerkapazität von 1 310 000 cbm und 15 Pumpstationen dürfte die SEPL die größte westeuropäische Pipeline sein. Bis Ende April 1965 wurden durch die SEPL 37 Mill. t Öl befördert[6].

---

[5] Seidenfus, Energie und Verkehr, S. 150; Erdöl und Kohle, Erdgas, Petrochemie, 15 Jg., März 1962, Nr. 3, S. 229, Die Südeuropäische Pipeline; Industriekurier vom 4. 5. 1965 S. 5; Rohre, Rohrleitungsbau, Rohrleitungstransport 1965, 138.

[6] Industriekurier vom 4. 5 1965, S. 5.

Die SEPL wurde inzwischen bis Speyer und Mannheim verlängert, um die dort entstandenen Raffinerien mit Rohöl zu versorgen.

Ursprünglich sollten durch die SEPL nur vier Raffinerien im Straßburger und Karlsruher Raum versorgt werden. Bereits 1965 aber wurden 16 Raffinerien — vier weitere sind im Bau bzw. in der Planung — beliefert.

Das Projekt der Trans-Alpinen-Pipeline hat das französische Industrieministerium veranlaßt, eine Erhöhung der Kapazitäten der SEPL anzustreben. Der Bau der TAL würde mit einer geplanten Jahreskapazität von 40 Mill. t die Bedeutung der SEPL schmälern, zumal geplant ist, die RDO in entgegengesetzter Richtung zu beschicken[7].

Die SEPL wird voraussichtlich 1966 von einer Anschlußstelle bei Straßburg mit einem Kostenaufwand von 30 Mill. DM um weitere 115 km nach Fürstenhausen im Saarland verlängert werden. Dadurch soll die im Bau befindliche deutsch-französische Saarland-Raffinerie versorgt werden, die eine Anfangsdurchsatzkapazität von 1,25 Mill. t Rohöl haben wird.

Die SEPL erhält eine weitere wichtige Abzweigung, die sogenannte Jura-Pipeline nach Cressier bei Neuchâtel. Durch diese 88 km lange Abzweigleitung soll die Schweizer Ölindustrie mit Rohöl versorgt werden. Eine weitere Abzweigleitung führt nach Basel.

dd) Rhein-Donau-Ölleitung (RDO)[8]

Das Stammkapital beträgt 30 Mill. DM und verteilt sich auf folgende Gesellschaften:

BP Benzin und Petroleum Aktiengesellschaft, Hamburg	12,50 %
Deutsche Erdöl-Aktiengesellschaft, Hamburg	10,50 %
Deutsche Shell Aktiengesellschaft, Hamburg	22,50 %
Deutsche Total-Treibstoff GmbH., Düsseldorf	2,00 %
Esso Aktiengesellschaft, Hamburg	22,50 %
Gelsenberg Benzin Aktiengesellschaft, Gelsenkirchen	11,25 %
Mobil-Oil-Aktiengesellschaft in Deutschland, Hamburg	11,25 %
Scholven-Chemie Aktiengesellschaft, Gelsenkirchen-Buer	5,00 %
Wintershall Aktiengesellschaft, Celle/Kassel	2,50 %

[7] Handelsblatt vom 21./22. 5. 1965, S. 19.

[8] Prospekt für den Verkauf von Inhaber-Teilschuldverschreibungen der RDO-GmbH, 1963 (Wertpapier Kennummer 379 700); FAZ vom 1. 9. 1964 S. 15/16; Industriekurier vom 4. 5. 1965, S. 5; Rohre, Rohrleitungsbau, Rohrleitungstransport 1965, 138.

Wichtige Daten:

Inbetriebnahme	November 1963
Streckenführung	Karlsruhe-Ingolstadt-Neustadt
Streckenlänge	300 km
Rohrdurchmesser	66 cm
Maximale Jahreskapazität	15 Mill t (Durchsatz 1964: 5,4 Mill t)
Investitionskosten	140 Mill DM

Angeschlossene Raffinerien:

ESSO Ingolstadt
Shell Ingolstadt
Mobil-Oil Gelsenberg Neustadt
und über die Esso-Raffinerie noch die ENI-Raffinerie in Ingolstadt.

ee) Erdölfernleitung der Deutschen Erdöl AG (DEA)[9]

Wichtige Daten:

Inbetriebnahme	24. März 1965
Streckenführung	Ascheberg-Nortorf-Alberstorf-Hemmingstedt
Streckenlänge	89 km
Rohrdurchmesser	25 cm
Maximale Jahreskapazität	3 Mill t
Anlaufkapazität	750.000 t bei drei einspeisenden Pumpstationen in den Erdölfeldern
Angeschlossene Raffinerie	Heide

Ferner besteht ein „Pipelinebündel" zwischen Heide und Brunsbüttelkoog. Durch eine der Leitungen wird Rohöl von Brunsbüttelkoog nach Heide zur Raffinerie gepumpt. Wegen der geringen Entfernung von 32 km dürfte man diese Leitung nicht als *Fern*leitung bezeichnen.

ff) COMECON-Leitung

Der Vollständigkeit halber sei auf die Comecon-Leitung, „die Pipeline der Freundschaft", hingewiesen, die von Kujbyschew über Mosyr nach Schwedt an der Oder führt, um die Ostblockländer und Mitteldeutschland mit Rohöl zu versorgen[10].

Von Schwedt wird eine Produktenfernleitung nach Ostberlin und in das mitteldeutsche Braunkohlengebiet gebaut (vgl. die Zeichnung im Anhang).

---

[9] Handelsblatt vom 22. 12. 1964; Auskunft der DEA.

[10] Sobek, A.: Der Ausbau des Pipelinenetzes in der UdSSR, in: Wirtschaftsdienst, Hamburg 43 Jg., Nr. 7, 1963, S. 302; Neues Deutschland (SED-Zentralorgan), Ost-Berlin, Nr. 292 vom 22. 10. 1960; FAZ vom 12. 11. und 17. 12. 1963.

b) Im Bau

ENI-Projekt

Die von der Ente Nazionale Idrocarburi (ENI), Rom, kontrollierte Südpetrol AG baut eine zweite, etwa 700 km lange Pipeline für die Versorgung des bayerischen Raumes. Sie zweigt hinter Mailand von der Pipeline Genua—Aigle ab und führt über Bellinzona, den St.-Bernhard-Paß, das Rheintal, Lindau, Altheim ebenfalls nach Ingolstadt. Der Abschnitt von Lindau nach Altheim (97,5 km) hat einen Durchmesser von 56 cm, der zweite bis Ingolstadt (132 km) einen Durchmesser von 46 cm. Der Durchsatz bis Altheim ist auf 8 Mill. Jahrestonnen, bis Ingolstadt auf 4 Mill. Jahrestonnen Rohöl geplant.

Die Leitung ist bis auf zwei kurze Teilstrecken fertiggestellt.

Da die Trasse entlang des Bodensees verläuft und im Falle eines Rohrbruches die Gefahr bestünde, daß das Bodenseewasser verseucht wird, wurde auf Proteste der betroffenen Länder und Gemeinden der weitere Pipelinebau bis zur endgültigen Klärung durch eine internationale Expertenkommission eingestellt[11]. Ein weiteres bisher nicht genehmigtes 5 km langes Teilstück in der Nähe von Ulm kann voraussichtlich Ende 1965 in Betrieb genommen werden, nachdem sich die Gesellschaft bereiterklärt hat, selbst für höhere Gewalt die Haftung zu übernehmen.

Um eine Versorgung der ENI-Raffinerie bei Ingolstadt zu gewährleisten, wird noch 1965 eine 5,2 km lange Verbundleitung von der benachbarten Esso-Raffinerie zur ENI-Raffinerie verlegt. Damit wäre ein Verbund zwischen der RDO und der ENI-Leitung hergestellt[12].

In Deutschland sollen die ENI-Raffinerie in Ingolstadt und die BP-Raffinerie in Vohburg angeschlossen werden.

c) In Planung

aa) Trans-Alpine-Pipeline (TAL)

Eine Gruppe führender deutscher und ausländischer Ölgesellschaften (u. a. Agip, BP, DEA, Esso, Gelsenberg, Marathon, Mobiloil, Scholven, Shell, Wintershall) hat eine Gesellschaft, die TAL GmbH, ins Leben gerufen, welche die wirtschaftliche Trasse einer EFL vom Mittelmeer nach Bayern ermitteln soll[13]. Die Partner der Arbeitsgemeinschaft TAL

---

[11] FAZ vom 14. 2., 15. 8. und 12. 9. 1964; Die Zeit vom 16. 7. 1965; Handelsblatt vom 15./16. 8. 1964; Industriekurier vom 20. 5. und 3. 6. 1965; vgl. Anm. 16 auf S. 149.

[12] Handelsblatt vom 13./14. 8. 1965.

[13] FAZ vom 21. 8. 1963, S. 12 und vom 31. 7. 1964, S. 22; Handelsblatt vom 21. 8. 1963, S. 4 und 1. 4. 1965; Der Volkswirt 1963, Nr. 35, S. 2008.

sind zum größten Teil auch Gesellschafter der RDO und beabsichtigen, im Bedarfsfall durch die TAL auch die Raffinerien im Karlsruher Raum zu versorgen. Das würde bedeuten, daß die RDO in entgegengesetzter Richtung benutzt würde[14]. Das TAL-Projekt wurde geplant, weil die SEPL von Marseille nach Karlsruhe praktisch „ausverkauft" ist[15]. Die Trasse der TAL soll von Triest durch die Felbertauern, Timau, Kitzbühl und Kufstein nach Ingolstadt führen. Von dort soll eine Stichleitung in das Chemiedreieck Burghausen am Inn gebaut werden, wo die unter französischem Einfluß stehende Marathon GmbH mit einem Kostenaufwand von 130 Mill. DM eine Raffinerie errichten will[16].

Kommt es zu dem von der Wintershall AG und der Texaco gemeinsam geplanten Bau der Raffinerie am Rhein-Main-Donau-Kanal zwischen Bamberg und Nürnberg, dürfte diese Raffinerie auch durch eine etwa 200 km lange Stichleitung an die TAL angeschlossen werden[17].

Der Bau der TAL ist seit Anfang 1965 im Gange. Bis Ende 1966 soll die Leitung fertiggestellt sein. Die Kapazität soll jährlich 40 Mill. t betragen. Die Kosten werden etwa 160 Mill. DM erfordern[18].

Eine wichtige Abzweigleitung erhält die TAL, um die Österreichische Mineralölwirtschaft in Schwechat bei Wien zu versorgen. Die verstaatlichte österreichische ÖMW-Erdölgesellschaft hat zusammen mit zahlreichen ausländischen Ölgesellschaften die Adria-Wien-Pipeline GmbH gegründet, um den Bau einer Leitung von Würmlach bei Hermagor (dort ist die Anzweigstation der TAL geplant) über 400 km nach Schwechat zu ermöglichen. Der Baubeginn soll noch 1965 sein. Geplant ist auch in der Nähe von Graz eine Raffinerie zu errichten. Durch diese Leitung wird ein früherer Plan einer Leitung von Triest nach Wien hinfällig.

bb) Pipeline Rotterdam Europoort — Amsterdam

Diese EFL soll 1965 mit einem Durchmesser von 28 Inch und einer Durchsatzkapazität von 20 Mill. t gebaut werden. Sie erfordert Investitionen in Höhe von 55 Mill. hfl. Interessant ist, daß die Aktionäre der zu errichtenden Gesellschaft der Staat und die Stadt Amsterdam sind. Sie garantieren auch Zinsen und Amortisation der Bau-Anleihen[19].

---

[14] Industriekurier vom 23. 2. 1965; Die Welt vom 5. 3. 1965.

[15] Blick durch die Wirtschaft vom 28. 8. 1963, S. 1

[16] Industriekurier vom 11. 3. 1965, S. 10.

[17] Handelsblatt vom 23. 3. 1965, S. 7. Nach Auskunft der Wintershall AG dürfte der Raffinerieneubau wegen der Preisentwicklung auf dem Heizölmarkt jedoch unterbleiben. Vgl. Handelsblatt vom 4./5. 6. 1965.

[18] Handelsblatt vom 27. 2. 1964, S. 5; Industriekurier vom 1. 3. 1964.

[19] Industriekurier vom 3. 3. 1965.

2. Erdölproduktenfernleitungen

In der Bundesrepublik Deutschland gibt es zur Zeit keine Fernleitung für Erdölprodukte[20].

Der Ölverbrauch ist flächenmäßig weit gestreut, daher eignen sich für die Versorgung durch Produktenpipelines nur Konsumschwerpunkte. Ein eindrucksvolles Beispiel liefert das Transportproblem in Ingolstadt, das durch die Binnenschiffahrt nicht erreichbar ist. Daher waren zugleich mit dem Bau der dortigen Raffinerien zwei Produktenfernleitungen nach München und Nürnberg geplant. Der Bau unterblieb, weil sich die interessierten Kreise verpflichtet haben, den Bau zunächst für drei Jahre zu unterlassen. Als „Gegenleistung" hat die Bundesbahn ihre entsprechenden Tarife um nicht weniger als 80 % gesenkt[21].

Die DEA hat allerdings Produktenpipelines gebaut, in denen sie schweres Heizöl von ihrer Raffinerie in Heide (Schleswig-Holstein) nach Brunsbüttelkoog transportiert[22]. Die Entfernung beträgt jedoch nur 32 km, so daß die Leitung noch innerhalb der Nahzone liegt.

Die neuen Raffineriezentren in Karlsruhe und Ingolstadt erfordern nach überschlägigen Berechnungen rd. 350 Mill. DM an zusätzlichen Straßenbauten. Zur Entlastung hat Verkehrsminister Dr. Seebohm den Bau von Produkten-Pipelines empfohlen[23].

Ob es dazu kommt, hängt von der Leistungskraft und Wirtschaftlichkeit der konkurrierenden Verkehrsträger ab.

Im westeuropäischen Raum gibt es bislang nur eine Ölproduktenleitung, in Frankreich von Le Havre nach Paris. Diese Rohrleitung befördert über 240 km bei einem Durchmesser von 25 cm und einer Kapazität von 2 Mill. Jahrestonnen bis zu 32 verschiedene Produkte[24].

Sie wird von der Société des Transports Petroliers par Pipeline (Trapil) betrieben, einer Gemeinschaftsgründung von Staat, staatlichen Körperschaften (Port autonome von Le Havre, Handelskammer und Departement Seine), der Petroleumindustrie und der Seine-Schiffahrt[25].

---

[20] In den USA hat das Netz der Pipelines für Mineralölprodukte 1964 mit 70 000 km Länge fast drei Viertel der Gesamtlänge erreicht, welche die amerikanischen Rohölpipelines haben. Vgl. Handelsblatt vom 22. 12. 1964.

[21] Vgl. die Bemerkung in Energiewirtschaftliche Tagesfragen 1964, 297.

[22] Schwandes „Neue Pipelinekonstruktion für schweres Heizöl", in: Rohre, Rohrleitungsbau, Rohrleitungstransport, 1963, 19; Handelsblatt vom 22. 12. 1964.

[23] Handelsblatt vom 1./2. 1. 1963, S. 9.

[24] Lambert, Verkehrswirtschaftliche Probleme des Ölferntransportes, in Rohrleitungen in der BRD, in Zeitschrift für Verkehrswissenschaft, 29. Jg. 1958, S. 142 ff.

[25] Seidenfus, Energie und Verkehr, S. 147/148. Eine zweite Produkten-Pipeline, Marseille/Lyon-Genf, wird von der Société d'Etudes du Pipe-Line Médi-

1965 soll eine 78 km lange Produktenleitung vom Baseler Rheinhafen nach Zürich verlegt werden[26].

Unberücksichtigt bleiben die Ölproduktenleitungen für militärische Zwecke. Die Nato hat in Frankreich, Deutschland und den Benelux-Raum ein zusammenhängendes System von Düsenkraftstoffleitungen (C.E.P.S.-Central-European Pipeline System)[27] von vielleicht 2200 Meilen Länge verlegt[28].

Den Auftrag zum Bau einer wichtigen Fertigproduktenleitung hat die Rhein-Main-Rohrleitungstransportgesellschaft mbH, eine Tochter der Deutschen Shell AG, an die Omnium Technique des Transports par Pipelines, die auch schon bei dem Bau der SEPL mitgewirkt hat, vergeben. Die 20″ starke Leitung wird über insgesamt etwa 300 km Länge von der Shell-Raffinerie Godorf bei Köln nach Ludwigshafen führen und soll 1967 in Betrieb genommen werden[29].

Die Anfangskapazität wird etwa 5 Mill. t betragen. Es sollen acht verschiedene Erdölprodukte verpumpt werden. Der ursprüngliche Plan einer rechtsrheinischen Trassenführung unter Ausnutzung der Trasse der RRP ist aus unverständlichen Gründen der Länderbehörden gescheitert. Die Leitung verläuft nunmehr voraussichtlich linksrheinisch über Undenheim, wo eine Abzweigleitung nach Flörsheim am Main geplant ist, nach Ludwigshafen.

Voraussichtlich wird die Leitung später noch zur Raffinerie der BP nach Dinslaken verlängert werden.

Weitere Zweigleitungen sind nach Koblenz und nach Oppau zur BASF geplant.

Von der Marathon-Raffinerie in Burghausen ist eine etwa 95 km lange Produktenleitung nach München geplant. Die Leitung soll 62 km in demselben Rohrgraben parallel zu der TAL-Abzweigleitung St. Christoph—Burghausen geführt werden. Das ist das erste Mal, daß eine EFL und eine Produktenleitung zu gleicher Zeit geplant werden.

---

tirranée-Rhone (SRMR) geplant und soll Sommer 1967 fertig sein, vgl. in Handelsblatt vom 25. 5. 1964, S. 5; FAZ vom 4. 8. 1964, S. 12. Fertigproduktenleitung vom Rhein zur Limmat?

[26] Vgl. Schweizerisches Archiv für Verkehrswissenschaft und Verkehrspolitik 1964, 384.

[27] Financial Times vom 8. 8. 1963.

[28] Rautenberg, Öl-Arterien für Europas Raffinerien, in Der Volkswirt, 10 Jg. 1956, Nr. 48, S. 14.

[29] Vgl. Industriekurier vom 26. 9. 1964; Die Welt vom 4. 12. 1964 und 30. 8. 1965 und Handelsblatt vom 1. 7. 1964, 29. 3. und 28. 7. 1965.

1965 wurden zwischen dem Main bei Kelsterbach und dem Frankfurter Flughafen zwei Rohrleitungen für den Transport von Kerosin gebaut[30].

Eine auch für die Bundesrepublik wichtige Produktenleitung ist in 240 km Länge und 32 cm Durchmesser von Straßburg nach Metz geplant[31]. Außerdem sollen sechs Abzweigleitungen verlegt werden. Durch diese Leitungen werden die Fertigprodukte der im Straßburger Raum errichteten Raffinerien geschickt.

Ob es zur Ausführung dieses Planes kommt, erscheint zweifelhaft. Wahrscheinlicher ist es, daß die SEPL bis in das Saarland verlängert und daß dort eine eigene Ölindustrie entstehen wird[32].

Die Dow Chemical Company stellt noch 1965 eine 100 km lange Leitung zum Transport von Äthylen von Pernis nach Terneuzen in Holland fertig[33].

---

[30] IAV 1965, 21.

[31] Die Welt vom 10. 4. 1965.

[32] Vgl. S. 160.

[33] Handelsblatt vom 5. 4. 1965.

II. Abbildungen und Skizzen

WICHTIGE ROHRLEITUNGEN FÜR DIE BUNDESREPUBLIK DEUTSCHLAND, STAND: OKTOBER 1965

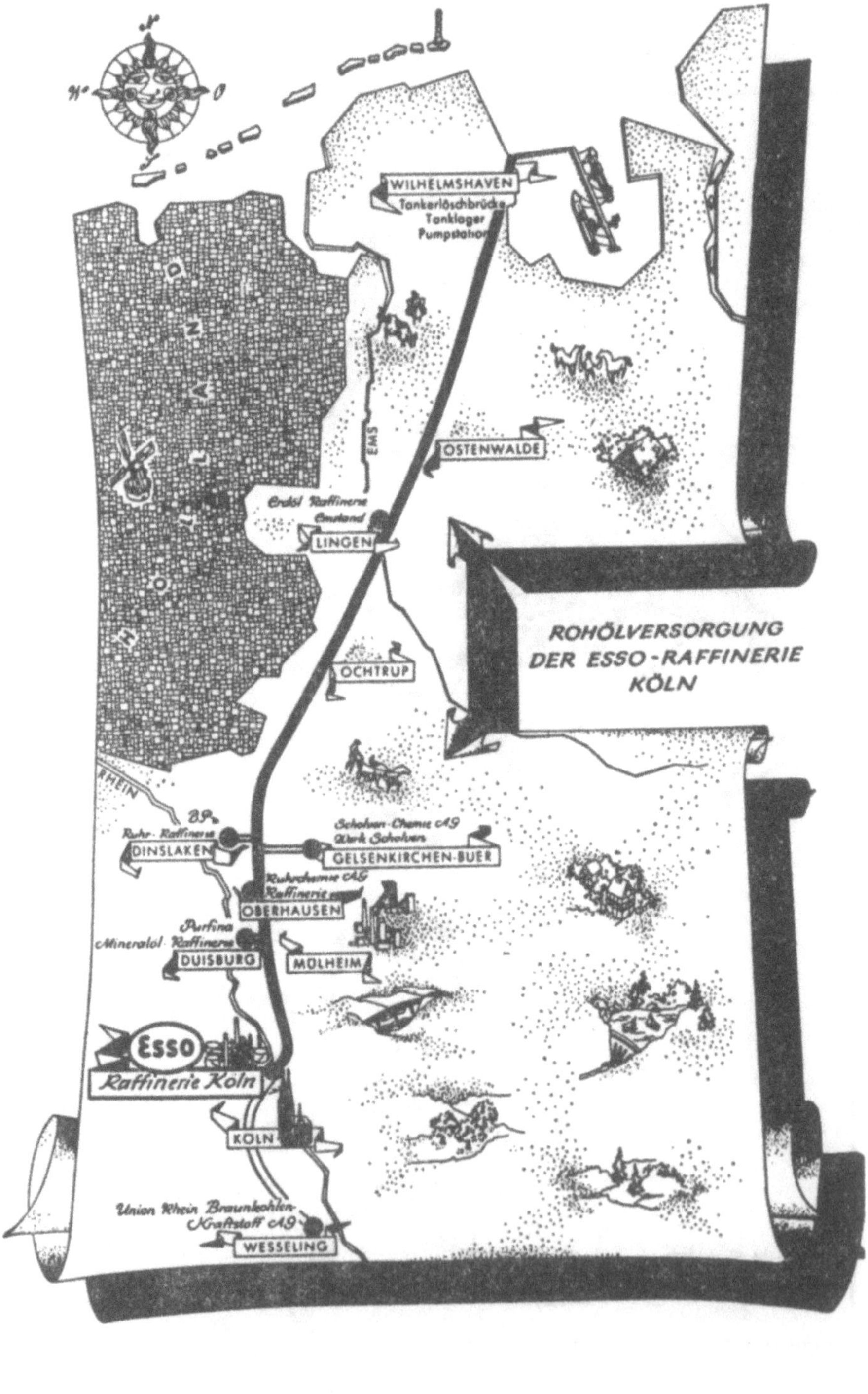
ROHÖLVERSORGUNG
DER ESSO-RAFFINERIE
KÖLN
WILHELMSHAVEN
Tankerlöschbrücke
Tanklager
Pumpstation
EMS
OSTENWALDE
Erdöl Raffinerie
Emsland
LINGEN
OCHTRUP
RHEIN
B.P.
Ruhr-Raffinerie
DINSLAKEN
Scholven-Chemie AG
Werk Scholven
GELSENKIRCHEN-BUER
Ruhrchemie AG
Raffinerie
OBERHAUSEN
Purfina
Mineralöl-Raffinerie
DUISBURG
MÜLHEIM
ESSO
Raffinerie Köln
KÖLN
Union Rhein Braunkohlen-
Kraftstoff AG
WESSELING

Verlegungsarbeiten bei der SEPL durch die Firmen „Bechtel“ und „Omnium Technique des Transports par Pipelines (OTP)“

Verschweißte Rohre vor dem Absenken mit Hilfe eines Seitenbaumtraktors

Aushub des Rohrgrabens durch eine Grabenfräse

Verlegung eines Dükers

Anteil der Energieträger am Energieverbrauch im EWG-Raum (in Prozent)

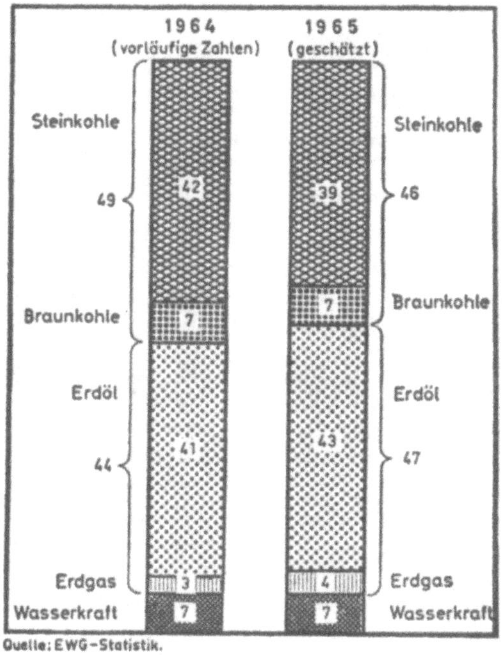

Quelle: EWG-Statistik.

Die westdeutsche Raffinerie-Kapazität

W. Th. DÜSSELDORF, 9. November (Eigener Bericht). Die Angaben über die geplanten Kapazitätsveränderungen der deutschen Erdölraffinerien stützen sich auf die Meldungen, die bei der Arbeitsgemeinschaft Erdölgewinnung und -verarbeitung in Hamburg vorliegen. Zu den Gemeinschaftsraffinerien ist zu bemerken, daß an den Raffinerien in Neustadt und Wörth die Gelsenkirchener Bergwerks-AG und die Mobil Oil AG (Socony) mit je 50 Prozent beteiligt sind. An der Gewerkschaft Emsland (Raffinerie in Lingen) sind die Wintershall AG mit 65 Prozent und die Gewerkschaft Elwerath mit 35 Prozent beteiligt; an der Gewerkschaft Elwerath hat Wintershall einen Anteil von 44 Prozent, die Esso und die Shell sollen ihre Anteile an Elwerath in der letzten Zeit von je 20 auf je 27 Prozent erhöht haben. An der Gemeinschaftsraffinerie in Karlsruhe sind die Dea und Scholven (Hibernia) mit je 40 Prozent und die amerikanische Ölgesellschaft Conoco mit 20 Prozent beteiligt; bei der Kapazitätserweiterung soll der Anteil von Scholven am Stammkapital, zumindest aber an der Erdölverarbeitung, auf 50 Prozent heraufgesetzt werden. An der für Fürstenhausen geplanten Raffinerie sollen die Saarbergwerke mit 50 Prozent beteiligt werden; in die anderen 50 Prozent sollen sich die lothringischen Kohlengruben (Charbonnages de France), die Compagnie Française des Pétroles und die französische Antar teilen. Die Raffinerie in Mannheim gehört zu 60 Prozent Wintershall und zu 40 Prozent Marathon Oil. An der Gewerkschaft Deurag-Nerag sind Elwerath mit 51 Prozent und Shell und Esso zusammen mit 11 Prozent beteiligt; wenn man die Gesellschafterverhältnisse bei Elwerath berücksichtigt, ergeben sich für Deurag-Nerag direkt und indirekt folgende Anteile: Wintershall rund 25, Shell und Esso je knapp 19 Prozent.

Die in der Bundesrepublik vorhandenen und geplanten Erdölraffinerien

Unternehmen und Standorte	Kapazitäten in 1000 Tonnen						
	1962	1963	1964	1965	1966	1967	1968
BP Benzin und Petroleum AG							
Hamburg	2 300	2 300	2 300	3 400	3 400	3 400	3 400
Dinslaken	4 400	4 400	4 400	4 800	4 800	4 800	4 800
Vohburg	—	—	—	—	—	3 000	3 000
Hamburg (Schindler)	220	220	220	220	220	220	220
Deutsche Shell AG							
Hamburg	3 000	3 000	3 000	4 100	4 100	4 100	4 100
Monheim	280	280	280	280	280	280	280
Godorf	4 000	4 000	4 000	4 000	4 000	8 000	8 000
Ingolstadt	—	2 300	2 300	2 300	2 300	2 300	2 300
Esso AG							
Hamburg	2 700	3 100	3 100	3 100	3 100	3 500	3 500
Köln	3 700	3 900	3 900	3 900	4 500	4 500	4 500
Karlsruhe	—	3 800	3 800	3 800	5 000	5 000	5 000
Ingolstadt	—	3 400	3 400	3 600	3 800	3 800	3 800
Caltex							
Raunheim	—	2 000	2 000	2 000	2 000	2 000	2 000
Mobil Oil							
Bremen	1 500	1 500	1 500	1 500	1 500	1 500	1 500
Fina							
Mülheim	360	350	350	350	500	500	500
Duisburg	2 000	2 000	2 000	2 000	2 500	3 000	4 000
Eni							
Ingolstadt	—	—	2 000	2 000	2 000	2 000	2 000
Frisia							
Emden	1 500	1 500	1 500	1 500	1 500	1 500	1 500
Union Générale des Pétroles							
Speyer	—	—	—	2 000	2 000	2 000	2 000
Gelsenberg (GBAG)							
Gelsenkirchen	5 500	6 500	7 000	7 000	7 000	7 000	7 000
Deutsche Erdöl AG (DEA)							
Heide	3 000	3 000	3 000	3 000	3 000	3 000	3 000
Scholven (Hibernia)							
Gelsenkirchen	2 300	2 600	2 600	3 500	3 500	3 500	3 500
Ruhrchemie (GBAG/Hibernia/							
Oberhausen	550	550	550	550	550	550	550
GBAG/Mobil Oil							
Neustadt	—	—	2 500	2 500	2 500	2 500	2 500
Wörth	—	—	—	—	3 700	3 700	3 700
Gewerkschaft Emsland (Wintershall/Elwerath)							
Lingen	3 200	3 350	3 350	3 350	3 600	3 600	3 600
Dea/Scholven/Conoco							
Karlsruhe	—	2 000	2 000	2 000	5 450	5 450	5 450
Saarbergwerke/Charb. de France /C. F. P./ Antar							
Fürstenhausen	—	—	—	—	—	1 500	1 500
Erdöl-Raffinerie (Wintershall/Marathon Oil)							
Mannheim	—	—	2 500	2 500	2 500	2 500	3 000
Gewerkschaft Deurag-Nerag (Elwerath/Esso/Shell)							
Misburg	2 000	2 000	2 100	2 100	2 100	2 100	2 100
Union (Braunkohle/RWE)							
Wesseling	3 000	3 000	3 000	3 000	3 000	4 000	4 000
Mineralöl- und Asphaltwerke							
Ostermoor	450	500	500	500	550	1 500	1 500
Kleinholz							
Essen	400	400	500	600	600	600	600
Wintershall							
Salzbergen	215	215	215	215	215	215	215
Mineralölwerke							
Peine	18	18	18	18	18	18	18
Nominelle Kapazität	46 582	62 182	69 883	75 683	85 783	97 133	98 633
Effektive Kapazität	39 500	52 900	59 400	64 300	72 900	82 000	83 700
in Prozent von 1962	100	133	150	162	186	209	212

FAZ, Nr. 262, vom 10. November 1964 Zum Stand vom 31. Dezember 1964 vgl. Industriekurier vom 23. Februar 1965, S. 6.

Raffineriekapazitäten im EWG-Raum

(in Millionen Tonnen)	Ende 1963	Ende 1964	Ende 1965	Zunahme 1963/1965 (in vH)
Bundesrepublik	62,2	69,9	76,1	+22
Frankreich	51,0	61,4	69,1	+35
Italien [a])	63,1	69,0	85,0	+35
Benelux	40,5	44,2	47,8	+18
Insgesamt	216,8	244,5	278,0	+28

a) Ohne die gesetzlich vorgeschriebenen Kapazitätsreserven.
Quelle: EWG-Statistik.

Der Energieverbrauch im EWG-Raum

(in Millionen t SKE)	1962	1963	1964 (vorläufig)	1965 (geschätzt)
Steinkohle	249	254	244	236
Braunkohle	35	37	38	39
Erdöl	175	207	238	264
Erdgas	18	19	20	23
Wasserkraft	37	44	40	45
insgesamt	514	561	580	607

Quelle: EWG-Statistik.

Der Energieverbrauch der Welt 1964[a])

(in Prozent)	Welt	Nord-amerika	Ostblock	EWG	OECD (ohne EWG und Nord-amerika)	Bundes-republik
Steinkohle	41	22	61	42	50	46
Braunkohle	6	—	13	7	2	14
Erdöl	31	39	15	41	35	36
Erdgas	16	33	9	3	1	1
Wasserkraft/ Atomenergie	6	6	2	7	12	3
insgesamt						
in Prozent	100	100	100	100	100	100
in Mill. t SKE	5342	1874	1812	580	460	253

a) Geschätzt.
Quelle: Geschäftsbericht Ruhrbergbau 1961—1963.

Erdölfernleitungen in Westdeutschland

Name	Verlauf	Länge (in km)	Durchmesser (in cm)	Fertigstellung	Kapazität (Mill. Jahrestonnen) Anfang	Maximal
NWO	Wilhelmshaven—Köln	390	71,12	Anfang 1959	9	20/24
RRP	Rotterdam—Köln/Wesseling	300	60,96	Mitte 1960	6,5	20
RRP	Wesseling—Kelsterbach/Frankfurt a. M.	150	60,96	Mitte 1963	rd. 2	·
SEPL	Lavéra/Marseille—Lyon—Straßburg—Karlsruhe	773	86,36	Anfang 1963	10	30
RDO	Karlsruhe—Ingolstadt—(Neustadt)	300	55,88	Anfang 1964	8	16
—	Genua—Mailand—Heilbronn—Ingolstadt	rd. 1000	55,88	Anfang 1964	8	16/18

Literaturverzeichnis

A. Juristisches Schrifttum

I. Lehr- und Handbücher

Bergdoldt: Preußisches Wasserrecht, Köln 1957.

Enneccerus/Nipperdey: Allgemeiner Teil des BGB, Teil 1, Tübingen 1959.

Forsthoff: Lehrbuch des Verwaltungsrechts, Allgemeiner Teil, 8. Aufl., München 1961.

Kodal: Straßenrecht, München 1964.

List: Energierecht, 2. Aufl., Wiesbaden 1952.

Meisner/Stern/Hodes: Nachbarrecht, 4. Aufl., Berlin 1964.

Meyer/Thiel/Frohberg: Enteignung von Grundeigentum, 5. Aufl., Berlin 1959.

Motive zum Entwurf eines Bürgerlichen Gesetzbuches für das Deutsche Reich, zit.: Motive. Band III Sachenrecht, Amtl. Ausgabe, Berlin und Leipzig 1888.

Neufang: Grundstücksenteignungsrecht, Tübingen 1952.

Protokolle der zweiten Kommission zum Entwurf I des BGB, zit.: Protokolle. Abgedruckt bei: Mugdan „Die gesamten Materialien zum BGB für das Deutsche Reich", Band III, Sachenrecht, Berlin 1899.

Westermann: Lehrbuch des Sachenrechts, 4. Aufl., Karlsruhe 1960.

Wolff: Das Sachenrecht, 7. Bearbeitung, Marburg 1927.

Wolff, H.-J.: Verwaltungsrecht I, 5. Aufl., Berlin 1965.

Wolff/Raiser: Sachenrecht, 10. Bearbeitung, Tübingen 1957.

II. Kommentare

Bartholomeyczik: Elektrizitäts-, Gas- und Wasserwirtschaft, in „Der Wirtschaftskommentator" Teil C: Wirtschaftsrecht I, Frankfurt/M. 1950.

Boldt: Das Allgemeine Berggesetz, 1. bis 3. Aufl., Münster 1948, Zit.: Boldt ABG.

Bonczek/Halstenberg: Bau-Boden, Bauleitplanung und Bodenpolitik, Hamburg 1963.

Brügelmann/Forster/Grauvogel/Kopp/Oedekoven/Pohl/Stahnke: Kommentar zum Bundesbaugesetz, Stuttgart 1964.

Burghartz: Wasserhaushaltsgesetz und Wassergesetz für das Land Nordrhein-Westfalen, München 1962.

Darge/Melchinger/Rumpf: Energiewirtschaftsgesetz, Teil I, Berlin 1936.

Das Bürgerliche Gesetzbuch, Kommentar, zit.: RGRK., herausgegeben von Reichsgerichtsräten und Bundesrichtern, 11. Aufl., Band I und III, Berlin 1959 und 1963.

Ebel/Weller: Das Allgemeine Berggesetz, 2. Aufl., Berlin 1963.

Eger: Das Gesetz über die Enteignung von Grundeigentum vom 11. 6. 1874, 2 Bände, 3. Aufl., 1911.

Eiser/Riederer/Sieder: Energiewirtschaftsrecht, 2. Aufl., München, Stand 1. November 1961.

Erman: Bürgerliches Gesetzbuch, 3. Aufl., Münster 1962, 2 Bände.

Feldt: Hessisches Wassergesetz, Berlin 1964.

Gerber: Erdölgesetzgebung, Berlin 1935.

Gierke: Deutsches Privatrecht, 2. Band, Sachenrecht, Leipzig 1905.

Gieseke/Wiedemann: Wasserhaushaltsgesetz, München 1963.

Hamann: Grundgesetz, 2. Aufl., Berlin 1956.

Holtz/Kreuz/Schlegelberger: Das Preußische Wassergesetz, Band II, 4. Aufl., Berlin 1955.

Kierdorf: Wasserrecht in Rheinland-Pfalz, Mainz 1963.

Kolb: Das Gesetz zur Ordnung des Wasserhaushaltes, Köln 1958.

Landmann/Rohmer/Eyermann/Fröhler: Gewerbeordnung, 12. Aufl., München, Stand Juli 1964.

Ludwig/Cordt/Stech: Elektrizitäts-, Gas- und Wasserwirtschaft, Frankfurt am Main 1964.

von Mangoldt/Klein: Das Bonner Grundgesetz, 2. Aufl., Berlin/Frankfurt 1957.

Marschall: Bundesfernstraßengesetz, 2. Aufl., Köln 1963.

Merländer/Freytag/Zachen: Anlagen zur Lagerung, Abfüllung und Beförderung brennbarer Flüssigkeiten zu Lande. Vorschriftensammlung Vb F/T VbF mit Kommentar, Bd. I, Köln 1964, Bd. II, Köln 1965.

Miesbach/Engelhardt: Bergrecht, Berlin 1961.

Palandt: Bürgerliches Gesetzbuch, 23. Aufl., München 1964.

Planck: Kommentar zum BGB, Band III, Sachenrecht, 5. Aufl., Berlin 1933.

Ramforth: Landesstraßengesetz NRW, Köln 1962.

Rehder: Niedersächsisches Wassergesetz, 2. Aufl., Hannover 1963.

Reuss/Grotefend/Dapprich: Das Allgemeine Berggesetz, 11. Aufl., Köln und Berlin 1959.

Rössler: Bauordnung für das Land NRW, Köln 1964.

Schrödter: Bundesbaugesetz, Berlin 1964.

Schütz/Frohberg: Bundesbaugesetz, 2. Aufl., Neuwied 1962.

Seufert: Bayerisches Enteignungsrecht, Berlin 1957.

Soergel/Siebert: Bürgerliches Gesetzbuch, I. und III. Band, Stuttgart 1959 und 1960.

Staudinger: Bürgerliches Gesetzbuch, Band I, 1. Teil, 10. und 11. Aufl., Berlin 1936 und 1957 und III. Teil, 11. Aufl., Berlin 1956.

Tegethoff: Die Bayerische Bauordnung, dargestellt unter besonderer Berücksichtigung vom Bauvorhaben der Energie-Versorgungsunternehmen, Frankfurt 1963.

Witzel: Wasserhaushaltsgesetz, 5. Aufl., Berlin 1964.

Wüsthoff: Handbuch des Deutschen Wasserrechts, 5. Lfg., Berlin-Bielefeld-München 1959.

Zinkahn/Bielenburg: Bundesbaugesetz, München 1965.

III. Einzeldarstellungen

Austermann: Bergschadenrecht, Münster 1954.

Bullinger: Die Enteignung zugunsten Privater, in Der Staat, Bd. 1, 1962, S. 449 ff.

— Die Mineralölfernleitungen, Stuttgart 1962.

Butze: Bundesbaugesetz, seine Bedeutung für Planung, Bau und Unterhaltung von Energie-Versorgungsanlagen, Vereinigung Deutscher Elektrizitätswerke, Frankfurt 1961.

Deilmann: Erdöl und Erdgas in der Bundesrepublik, Essen 1964.

Ernst: Raum und Ordnung, Probleme der Raumordnung in der Bundesrepublik, Recklinghausen 1963.

— Raumordnung aus der Sicht des Bundes, in: „Die Raumordnung drängt", Köln 1964.

Fischerhof: Rechtsfragen der Energiewirtschaft, Frankfurt 1956.

Friesenhahn: Probleme des Energierechts, Frankfurt 1956.

Graber: Common Carrier Pipeline Operations and Accounting, Pulsa/Okl. 1954.

Heinemann: Der Bergschaden, 3. Aufl., Berlin 1961.

John: Strukturwandlungen und Entwicklungstendenzen im Güterverkehr der Bundesrepublik 1950—1975, Berlin 1964.

Köttgen: Gemeindliche Daseinsvorsorge und gewerbliche Unternehmerinitiative, Göttingen.

Linden/Weber: Leitungstransport und Verkehrswesen, Raum und Verkehr III — Forschungsberichte des Ausschusses Verkehr der Akademie für Raumforschung und Landesplanung, Band VIII, Bremen 1958.

Malzer: Das Recht der Leitungsverlegung auf fremden Grundstücken, VIK Berichte Nr. 127, März 1962, Essen (zit. Leitungsverlegung).

— Die Verlegung von Versorgungsleitungen über (unter) fremde Grundstücke hinweg, Beiträge zum Energierecht, Essen 1959.

Mische: Die Rohrfernleitungsunternehmung — ein spezieller Verkehrsträger für Rohöl, Mineralölprodukte und Gas, Berlin 1964 (unveröffentlichte Arbeit beim Institut für Verkehrswissenschaft an der Freien Universität Berlin).

Müller: Die Rechtslage der Fernleitungen auf öffentlichen Wegen, Berlin 1930.

Niemeier/Müller: Raumplanung als Verwaltungsaufgabe, Hannover 1964.

Nouvortne: Raumordnung aus der Sicht der Länder, in: „Die Raumordnung drängt", Köln 1964.

Peters/Salzwedel: Die Kostenverteilung zwischen Straßenbaulastträgern und öffentlichen Verkehrsunternehmen, Berlin 1960.

Ringbuch der Energiewirtschaft, herausgegeben von VDEW und vom Verband der Deutschen Gas- und Wasserwerke, Lfg., 8, 9, 10, Frankfurt 1958.

Schulz: System der Rechte auf den Eingriffserwerb, in ACP 105, S. 1 ff.

Seidenfus: Energie und Verkehr, Band 18 der List-Gesellschaft, Tübingen 1960.

Spanner: Grenzen zwischen öffentlichem und bürgerlichem Wegerecht, Bielefeld 1958.

Stohler: Die Integration des Verkehrs, Tübingen 1963.

Streicher: Raffineriestandorte und Rohrleitungspolitik, Hamburg 1963.

Thierbach: Die Rechtsverhältnisse von Leitungsnetzen, Berlin 1915.

Uhde: Sicherheitsmaßnahmen bei der Planung, beim Bau und während des Betriebes der Nord-West-Ölleitung, in Schweizer Archiv, April 1963, S. 114 ff.

Westermann: Aktuelles und werdendes Recht der Mineralölfernleitungen, Karlsruhe 1964 (zit. Dokumentation).

— Die Bestimmung des Rechtssubjekts durch Grundeigentum, Abhandlung zum deutschen Gemeinrecht, Heft 9, Heide 1942.

Willers: Die Rechtsnatur der Stromverteilungsanlagen, Stuttgart 1960.

Wissenschaftlicher Beirat des Bundesverkehrsministeriums, Gutachten über Mineralölfernleitungen, Heft 8 der Schriftenreihe, Bad Godesberg 1960.

IV. Dissertationen

Gerrads: Grenzen des Grundeigentums nach § 905 BGB und moderne Technik, Erlangen 1935.

Grünewald: Ferntransport von Erdöl und Erdölerzeugnissen in Rohrleitungen, Darmstadt 1944.

Hamerla: Rechtsfragen beim Bau und Betrieb elektrischer Leitungen, Erlangen 1959.

Herold: Die Sachen des § 95 BGB, Erlangen 1910.

Holland: Die Rohrleitung als Ferntransportmittel, Hamburg 1961.

Keppeler: Das Zubehör im Liegenschaftsrecht, Erlangen 1914.

Rupprecht: Mineralölraffinerien, Beeinflussung der Umgebung, Standortfaktoren, zukünftige Standorte, Wien (TH) 1963.

Synkule: Über die rechtliche Natur der Gasfernleitung, Leipzig 1932.

V. Aufsätze

Balkenholl: Minderung des Grundstückswertes durch Versorgungsleitungen, RdL 1963, 147.

Bauer: Die Tragweite des § 905 BGB für die Verlegung von Versorgungsleitungen, in Veröffentlichungen des Instituts für Energierecht an der Universität Bonn, Heft 5, Düsseldorf 1962.

Bochalli: Zur Problematik der Landeswassergesetze, in ZfW 1962/63, Heft 2, S. 65.

Bock: Haftungsvereinbarungen zwischen Ölleitungsgesellschaften und Landkreisen, in „Die Wasserwirtschaft", Sept. 1960, Heft 9.

Börner: Faktische Verträge im Energierecht, in Festschrift für Nipperdey, Bd. I, S. 185, München 1965.

Burchard: Pipelines in der Raumordnung, Industriekurier, Sonderausgabe Öl und Industrie, Juni 1963.

— Rohrleitungen, Jahrtausende alt und hochaktuell, in „Verkehrswirtschaftliches Seminar", Hamburg II, 1961.

Burgbacher/Hofmann: Genehmigungspflicht für Mineralölfernleitungen im EWG-Bereich, in „Energiewirtschaftliche Tagesfragen" Nr. 102, Mai 1962, 129.

Butze: Beschädigung von Leitungen bei Tiefbauarbeiten, in BB 1959, 178.

Czychowski: Gewässerschutz und Mineralöltransport in Rohrleitungen, in NJW 1964, 1888.

Dennler: Zum Begriff der Grundstücksbestandteile, in Zeitschrift für Rechtspflege in Bayern 1905 (Nr. 7), 166.

Derpa: Ölleitungen, eine Gefahr für die Wasservorkommen, in GWF 1958, Heft 46.

Dittus: Die Rechtslage bei der Kreuzung von Straßen mit unterirdischen Fernleitungen, in BlGBW 1960, 337 und 353.

— Zur Bemessung der Entschädigung für Leitungsservituten, in NJW 1965, 718.

— Zur normativen Selbständigkeit des Enteignungsrechts, in BlGBW 1958, 241 und 257.

Engert: Das Veranlassungsprinzip bei der Kreuzung öffentlicher Straßen durch Energiefernleitungen, in NJW 1964, 1550.

— Das zweite Gesetz zur Änderung des Wasserhaushaltsgesetzes (Pipeline-Gesetz), in DVBl 1965, 6.

— Die dingliche Sicherung des „Leitungsrechts“ von Fernleitungsunternehmen bei der Kreuzung von öffentlichen Straßen, in BlGBW 1960, 260.

— Die Haftpflicht der Mineralöl-Fernleitungs-Unternehmer, in BB 1963, 657.

— Die Kreuzung öffentlicher Straßen durch unterirdische Fernleitungen nach neuem Wegerecht, in NJW 1964, 1300.

Foag/Fleer: Die Eigentumsbeschränkung durch Leitungs-Dienstbarkeiten, in RdL 1963, 281.

Frieseke: Die Entwicklung des Wasserrechts in der Bundesrepublik, in NJW 1963, 2297.

Friesenhahn: Grundgesetz und Energiewirtschaft, in EWT 1957, 12.

Frohberg: Enteignungsentschädigung für Fernleitungsdienstbarkeiten, in NJW 1963, 2004.

— Problem der Kreuzung von Straßen mit unterirdischen Fernleitungen, in BlGBW 1961, 49.

Gieseke: Leitungen auf fremden Grundstücken, in Festschrift für J. W. Hedemann zum 80. Geburtstag, Berlin 1958.

Gossrau: Das Recht der Mineralölfernleitungen, in Das Recht der Wasserwirtschaft, Veröffentlichung des Instituts für das Recht der Wasserwirtschaften an der Universität Bonn, Heft 13, 1964, 24.

— Das neue Pipeline-Gesetz, in BB 1964, 947.

Gnüg: Das zweite Gesetz zur Änderung des Wasserhaushaltsgesetzes, in DVBl 1965, 149.

Gummert: Probleme des Transports in Leitungen, in Zeitschrift für Verkehrswissenschaft 1952, 243.

Guthmuths: Rohrleitung in der Landesplanung, Beilageheft Mai 1962 zu der Zeitschrift „Der Volkswirt“.

Haarmann: Stand und Probleme des Raumordnungsrechts, in DVBl 1963, 833.

Hamann: Enteignung von Grundstücken zu Gunsten größerer industrieller Vorhaben, in BB 1957, 1258.

— Öffentlich-rechtliche Bau- und Planungsmaßnahmen und die Eigentumsgarantie des Art. 14 GG, in DVBl 1957, 513.

Jamm/Roelen: Für und Wider die Pipelines, die modernen Verkehrsträger für den Erdöltransport, in IAV, Heft 10, 1961.

Jesch: Der Gemeingebrauch in JuS 1963, 213.

Joachim: Die Rechtsnatur der Enteignungsanordnung, in DVBl 1959, 338.

Kopelmanas: Internationale Rechtsfragen des Energietransportes durch Pipelines, in 3. Vortragsveranstaltung des Instituts für Energierecht an der Universität Bonn am 9. und 10. 3. 1960.

von Kries: Versorgungs-Fernleitungen, ein brennendes landesplanerisches Problem, in Raumforschung und Raumordnung 1956, 210.

Kruchen: Die Auswirkungen des Strukturwandels in der Energiewirtschaft auf die Verkehrsunternehmen in rechtlicher Betrachtung, in „Die Bundesbahn", Heft 16, 1961, 741.

Liesen: Die Gründe für die Wahl der Erdölraffinerie in Neustadt/Donau, in Erdöl und Kohle, Erdgas und Petrochemie 1965, 226.

Mattheis: Erforderlichkeit der Enteigung für Energieversorgungsunternehmen, in NJW 1963, 1804.

Michaelis: Ölleitungen im Licht amerikanischer Erfahrung, in FAZ vom 26. 9. 1959, Nr. 223.

Romeiß: Zur Anwendung des § 4 EnWG, in EWT 1953, 259.

Rummert: Die Frage der Eingliederung der Mineralölfernleitungen in die Verkehrsordnung, in „Glückauf" 1960, 1361.

Schack: Das rechtliche Wesen der wegerechtlichen Sondernutzung nach altem und neuem Recht, in VerwArch. 54 (1963), 43.

— Enteignung, „nur zum Wohle der Allgemeinheit", in BB 1961, 74.

— Enteignung öffentlicher Wege zugunsten von Versorgungsunternehmen, in NJW 1963, 1905.

Schelberger: Das Verhältnis des Anzeigeverfahrens nach § 4 EnWG zu sonstigen Verfahrensbestimmungen über Bauvorhaben, in EWT 1957, 29.

— Überlegungen zur heutigen Situation der energiewirtschaftlichen Investitionskontrolle, in Festschrift für Gieseke, S. 387, Karlsruhe 1958.

Scheuten: Planung und Sicherung von Leitungswegen, in Energiewirtschaftliche Tagesfragen 1964, 269.

Schulke: Abwendung der Enteignung durch Angebot eines Gestattungsvertrages?, in BayVBl 1963, 170.

Seidenfus: Die Einordnung des Rohrleitungsverkehrs in das Verkehrssystem, in Zeitschrift für Verkehrswissenschaft 1961, 101.

Siebert: Zubehör des Unternehmens und Zubehör des Grundstücks, in Festschrift für Gieseke, S. 59 ff., Karlsruhe 1958.

Soell: Ein Mineralölfernleitungsgesetz, in BB 1962, 605.

Steuernagel: Öltransport in Rohrleitungen, in Zeitung des Vereins mitteleuropäischer Eisenbahnverwaltungen, Berlin 1942, Heft 82.

Stratmann: Technische und wirtschaftliche Aspekte des Mineralöltransports, in Erdöl und Kohle, Erdgas und Petrochemie 1965, 226.

Theel: Mineralöl weiter im Vormarsch, in „Der Volkswirt" Beiheft zu Nr. 27 vom 3. 7. 1964, S. 14 ff.

Tengelmann: Bergschäden an Versorgungsleitungen für Wasser, Gas und Strom, in ZfB 56, 365.

Thoma: Die Gasröhrenkonzession und die Rechtslage des Röhrennetzes nach Ablauf der Konzessionsdauer, in AÖR, Bd. 38, 307.

Tobias: Eigentumserwerb durch Verbindung, in ACP, Bd. 94, 371.

Ullmann: Straßenbenutzungsverträge zwischen Kleinbahnunternehmen und Wegeunterhaltspflichtigen, in Gruchots Beiträgen Bd. 56, 250.

Weber: Raumordnung und Raumplanung, in DÖV 1963, 785.

Weis: Schadensersatzpflicht bei durch bergbauliche Einwirkung verursachten Rohrbrüchen, in „Glückauf" 1940, 426.

Weise: Die neuere Entwicklung auf dem Gebiet des Wege- und Kreuzungsrechts für Versorgungsleitungen, in Das Gas- und Wasserfach 1964, 269.

— Durchleitungsprobleme bei der Ferngasversorgung, in Vorträge des Seminars in Essen-Heisingen vom November 1957 der Fortbildungsstelle für Diplom-Ingenieure der Fachrichtung Bergbau e. V., Essen.

Wernicke: Das Einbringen und Einleiten sowie das Lagern und Ablagern von Stoffen im Wasserhaushaltsgesetz, in ZfW 1963, 270.

Westermann: Nachbarrechtliche Vorschriften in einem Bundesbaugesetz, in Bauliches Nachbarrecht, Schriftenreihe des Bundesministers für Wohnungsbau, Heft 4, S. 9 ff., Kassel 1954.

Winkhaus: Pipelines: Moderne Transportmittel für Massengüter, in „Eisen- und Stahlindustrie", Beilageheft zu der Zeitschrift „Der Volkswirt" Nr. 44, vom 29. 10. 1960, S. 29 ff.

B. Wirtschaftliches und technisches Schrifttum

I. Monographien und Aufsätze

Cookenboo: Crude Oil Pipelines and Competition in the Oil Industry, Cambridge (Massachusetts, 1955).

Grünewald: Die Röhre als Transportmittel, in Europa-Verkehr, 3. Jg., Heft 1, Stuttgart 1955.

Lambert: Verkehrswirtschaftliche Probleme des Ölferntransports in Rohrleitungen in der Bundesrepublik, in Zeitschrift für Verkehrswissenschaft, Heft 3 (29) 1958, 142.

Meyer: Einsatzgrenzen der Ölfernleitungen in verkehrswirtschaftlicher Sicht (TH Stuttgart), Berlin 1962.

Predöhl: Verkehrspolitik, Göttingen 1958.

Sobek: Die wirtschaftliche Bedeutung von Rohölfernleitungen in der Bundesrepublik, Göttingen 1959.

Stille: Die Entwicklung des Rohrleitungstransports, insbesondere auf dem Gebiet des Mineralöls, in der Bundesrepublik und im umliegenden Europa, Archiv für Eisenbahnwesen 1960, 493.

v. Thümen: Die deutsche Mineralölwirtschaft, Hamburg 1956.

Umlauf: Die Abgrenzung der Aufgabengebiete und Zuständigkeiten der Landesplanung, der Stadtplanung und der Bauplanung, Raumforschung und Raumordnung, 1955, 5.

Wolbert: American Pipelines, Oklahoma 1951.

II. Statistiken und andere Veröffentlichungen

Die Raumordnung in der Bundesrepublik Deutschland, Gutachten des Sachverständigenausschusses für Raumordnung, Stuttgart 1961.

Europäische Wirtschaftsgemeinschaft, Probleme im Zusammenhang mit dem Ausbau der Rohrleitungen zur Beförderung flüssiger Brennstoffe, Arbeitsdokument, Brüssel, 15. Juni 1961.

Organisatorischer Aufbau der Landesplanungsgemeinschaft Rheinland, Schriftenreihe des Ministerpräsidenten des Landes NRW, Landesplanungsbehörde Düsseldorf, Düsseldorf 1952.

Prospekt der 7prozentigen Inhaber-Teilschuldverschreibungen der Nord-West Ölleitung GmbH. Karlsruhe, Kenn-Nr. 376 600.

Prospekt der 6prozentigen Inhaber-Teilschuldverschreibungen der Rhein-Donau-Ölleitung GmbH. Karlsruhe, Kenn-Nr. 379 700.

Schiedsgutachten vom 10. März 1958 zwischen der Nord-West Ölleitung GmbH. und dem Rheinischen Landwirtschaftsverband e. V., erstattet vom OLG-Präsidenten des OLG Hamm, Wiefels.

Wandlungen im Mineralölverkehr der Bundesrepublik, Wochenbericht, 31. Jg. vom 15. Mai 1964 des Deutschen Instituts für Wirtschaftsforschung Berlin.

III. Fachzeitschriften und Tageszeitungen

Blick durch die Wirtschaft, Frankfurt.

Erdöl und Kohle, Erdgas und Petrochemie, Hamburg.

Frankfurter Allgemeine Zeitung, Frankfurt.

Glückauf, Essen.

Handelsblatt, Düsseldorf.

Industriekurier, Düsseldorf.

Internationales Archiv für Verkehrswesen, Frankfurt.

Rohre, Rohrleitungsbau, Rohrleitungstransport, Baden-Baden.

Tätigkeitberichte der Arbeitsgemeinschaft Erdölgewinnung und Erdölverarbeitung.

Der Volkswirt, Frankfurt.

Die Welt, Hamburg und Essen.

FSC
www.fsc.org
MIX
Papier | Fördert gute Waldnutzung
FSC® C083411

Kolibri 360 GmbH
Ferdinand-Jühlke-Straße 7
99095 Erfurt, Deutschland
produktsicherheit@kolibri360.de

Druck:
CPI Druckdienstleistungen GmbH
im Auftrag der
Kolibri 360 GmbH
Ferdinand-Jühlke-Str. 7
99095 Erfurt